U0541423

■ 国家社会科学基金项目
■ 重庆市人文社会科学重点研究基地——网络社会发展问题研究中心支持项目

Zhongguo Daolu Yu
Zhongguo Moshi Chuangxin Yanjiu

中国道路与中国模式创新研究

● 陈纯柱 何关银 等著

中国社会科学出版社

图书在版编目（CIP）数据

中国道路与中国模式创新研究/陈纯柱等著. —北京：中国社会科学出版社，2015.7
 ISBN 978－7－5161－6439－6

Ⅰ.①中…　Ⅱ.①陈…　Ⅲ.①中国特色社会主义—研究
Ⅳ.①D616

中国版本图书馆 CIP 数据核字（2015）第 152488 号

出 版 人	赵剑英
责任编辑	孔继萍
责任校对	邓雨婷
责任印制	何　艳

出　　版	中国社会科学出版社
社　　址	北京鼓楼西大街甲 158 号
邮　　编	100720
网　　址	http://www.csspw.cn
发 行 部	010－84083685
门 市 部	010－84029450
经　　销	新华书店及其他书店
印刷装订	北京市兴怀印刷厂
版　　次	2015 年 7 月第 1 版
印　　次	2015 年 7 月第 1 次印刷
开　　本	710×1000　1/16
印　　张	19.25
插　　页	2
字　　数	326 千字
定　　价	72.00 元

凡购买中国社会科学出版社图书，如有质量问题请与本社联系调换
电话：010－84083683
版权所有　侵权必究

胡锦涛指出：

世界上没有放之四海而皆准的发展道路和发展模式，也没有一成不变的发展道路和发展模式，必须适应国内外形势的新变化、顺应人民过上更好生活的新期待，结合自身实际、结合时代条件变化不断探索和完善适合本国情况的发展道路和发展模式，不断增加全社会的生机活力，真正做到与时代发展同步伐、与人民群众共命运。

——胡锦涛在博鳌亚洲论坛年会开幕式上的演讲（2008年4月12日）

习近平指出：

道路问题是关系党的事业兴衰成败第一位的问题，道路就是党的生命。中国特色社会主义，是科学社会主义理论逻辑和中国社会发展历史逻辑的辩证统一，是根植于中国大地、反映中国人民意愿、适应中国和时代发展进步要求的科学社会主义，是全面建成小康社会、加快推进社会主义现代化、实现中华民族伟大复兴的必由之路。

——习近平在中央党校对新进中央委员、候补委员贯彻党的十八大精神研讨班上的讲话（2013年1月5日）

习近平指出：

天下没有放之四海而皆准的经验，也没有一成不变的发展模式。中国特色社会主义必须随着形势和条件的变化而向前发展。我们愿意借鉴人类一切文明成果，但不会照抄照搬任何国家的发展模式。

——习近平在人民大会堂接受金砖国家媒体联合采访时的讲话（2013年3月19日）

目 录

导论　对模式的探索有利于社会主义走向科学 ……………………（1）
　第一节　社会主义革命模式的探索 ………………………………（2）
　第二节　社会主义建设模式的探索 ………………………………（6）
　第三节　科学发展观开辟了"中国模式"创新的新境界 …………（10）
　第四节　关于模式的学术辨析 ……………………………………（13）
　第五节　本书的研究思路 …………………………………………（31）

第一编　研究"中国模式"的学术基础探微

第一章　研究模式的实践唯物主义世界观的厘定 ………………（43）
　第一节　现有模式理论缺陷与品质分析 …………………………（43）
　第二节　模式双重"基因"及其架构 ………………………………（48）
　第三节　模式"双重基因"的非对称性组合问题 …………………（49）

第二章　模式的创新本质与学术逻辑的研究 ……………………（53）
　第一节　时代的阶段锁定及其对"嬗变创新"的指认 ……………（53）
　第二节　"模式轴"和模式维度与模式创新 ………………………（58）
　第三节　"嬗变创新"与"中国模式"的线索 ………………………（60）

第三章　"模式轴"与模式结构基础 ………………………………（66）
　第一节　"模式轴"理论硬核的论证 ………………………………（67）
　第二节　模式轴与模式维度 ………………………………………（70）
　第三节　非对称性与模式结构的完善 ……………………………（74）

第四章 "全景视野"与模式问题的思维方式 ……………………（77）
　第一节 模式问题的思维片面与视野偏好 …………………（77）
　第二节 "全景视野"与模式的辩证思维 ……………………（81）
　第三节 客观认识与评价"中国模式" ………………………（83）

第二编 "中国革命模式轴"创新类型研究

第五章 毛泽东思想与"中国革命模式"的成功选择 …………（91）
　第一节 "井冈山根据地"与中国革命模式轴 ………………（92）
　第二节 延安抗日根据地与中国革命模式的完善 …………（96）
　第三节 根据地革命模式在解放战争中的质的飞跃 ………（101）
　第四节 中国革命模式的解构 ………………………………（105）

第六章 毛泽东对"中国建设模式"的探索 ……………………（109）
　第一节 毛泽东为代表的中国共产党人为探索"中国建设模式"
　　　　 提供了物质基础 ……………………………………（110）
　第二节 毛泽东为代表的中国共产党人为探索"中国建设模式"
　　　　 奠定了制度基础 ……………………………………（117）
　第三节 毛泽东为代表的中国共产党人为探索"中国建设模式"
　　　　 奠定了理论基础 ……………………………………（121）

第三编 中国特色社会主义理论体系下
"中国模式"的创新

第七章 "中国模式"创新的学术基础 …………………………（133）
　第一节 "中国模式"创新的必然性分析 ……………………（134）
　第二节 "中国模式"创新的实践性分析 ……………………（139）
　第三节 "中国模式"创新的基本特征分析 …………………（146）

第八章 邓小平创造的"有中国特色的发展模式" ……………（151）
　第一节 邓小平关于"中国模式"的心路历程 ………………（152）

第二节　邓小平创造的"有中国特色的发展模式" ………………（157）
　　第三节　从模式视角看邓小平的历史地位 …………………………（164）

第九章　"三个代表"重要思想对中国特色建设模式的丰富 ……（170）
　　第一节　与时俱进与"三个代表"重要思想 …………………………（171）
　　第二节　"三个代表"重要思想与解决重大战略问题 ………………（175）
　　第三节　"三个代表"重要思想的学术价值分析 ……………………（185）
　　第四节　"三个代表"重要思想与"中国模式"维度创新 ……………（190）

第十章　科学发展观对"中国模式"的飞跃性提升 ………………（198）
　　第一节　科学发展观对"发展世界观"的变革 ………………………（198）
　　第二节　科学发展观是发展价值观的飞跃 …………………………（203）
　　第三节　科学发展观对"中国模式"创新的影响力 …………………（207）

第十一章　推进科学发展观的实践与"中国模式"创新 …………（220）
　　第一节　推进科学发展观实践活动与"中国模式"的创新 …………（221）
　　第二节　推进科学发展观实践活动的智慧与方法 …………………（227）
　　第三节　推进科学发展观所需要的国际环境 ………………………（236）

第十二章　"中国梦"的战略创新"中国模式" ……………………（248）
　　第一节　"中国梦"的提出及其战略背景 ……………………………（248）
　　第二节　实现"中国梦"的战略支撑 …………………………………（258）
　　第三节　实现"中国梦"的战略任务和根本动力 ……………………（270）
　　第四节　实现"中国梦"的战略，创新着"中国模式" ………………（278）
　　第五节　推进"四个全面"，为创新"中国模式"提供战略保障 …（289）

参考文献 ………………………………………………………………（295）

后记 ……………………………………………………………………（297）

导 论

对模式的探索有利于社会主义走向科学

引导词：

科学社会主义存在理论与实践、时代与国情等复杂的理论逻辑与现实转换关系。模式，有助于这些逻辑演化与现实转换。所以，对模式探索有利于社会主义走向科学！

时代与国情的问题，共同催生与形成革命或建设"道路"；实践证明正确"道路"的历史与现实必然通过模式定格与定型。

在科学社会主义视野中，长期以来人们关注得比较多的是理论与实践的关系，对模式问题的关注是近年才发生的事情。但是，如果仔细考察会发现，模式的形成有利于社会主义从实践上升到理论、再从理论到实践，从而实现科学的模式，这有利于社会主义走向科学。这或许是更值得关注的问题。1880年1—3月，恩格斯写下了《社会主义从空想到科学的发展》。[①] 在这部科学社会主义的重要著作中，恩格斯主要是讲，空想社会主义因为理论基础是人性论、缺乏唯物史观指导，实践上缺乏对资本主义生产方式的科学分析而无法找到实现社会主义的阶级力量，所以，当时在欧洲盛行的以圣西门、欧文、傅立叶为代表的"社会主义"是空想而非科学。由此可见，什么是"科学社会主义"，按照恩格斯的观点，应该是理论与实践都是科学的。如果进一步追问，社会主义理论与实践怎样才能逐步同样走向科学？或许模式是使社会主义的理论与实践走向科学必不可少的平台，社会主义革命与建设的实践都反复证明着这个本质性、规律性的问题。

---

① 《马克思恩格斯选集》第3卷，人民出版社1972年版，第376—443页。

第一节　社会主义革命模式的探索

科学社会主义是指导社会主义革命与建设的理论，社会主义的历史逻辑应该始于社会主义革命。如何通过社会主义革命使工人阶级成为统治阶级，不仅要有正确的理论，还要使实践获得成功。社会主义革命实践成功的过程，存在与凸显着模式的重要性。马克思恩格斯尝试用共产国际模式，实践"联合行动"革命的道路或战略；列宁用"武装起义"模式，实现了"社会主义一国胜利"的道路或战略；毛泽东同志用"根据地"模式，实现了农村包围城市的道路或战略。

一　"共产国际"与马克思恩格斯对社会主义革命模式的探索

1847年12月至1848年1月完成的《共产党宣言》[①]，是马克思主义的科学社会主义理论与实践创立的标志。

在《共产党宣言》中，马克思恩格斯将历史唯物主义与科学社会主义紧密结合，把资本主义基本制度矛盾基础上的社会基本矛盾运动与阶级斗争辩证统一，为资本主义必然灭亡、社会主义必然胜利奠定了无可怀疑的理论与实践基础。

但是，具体怎样才能推动社会主义代替资本主义的实践进程？在《共产党宣言》中，马克思恩格斯提出了两个战略构想：一是联合行动道路。"联合行动，至少是各文明国家的联合行动，是无产阶级获得解放的首要条件之一。"二是把社会主义过程分为革命时代与执政时代。《共产党宣言》指出，工人革命要分两步走，第一步是"上升为统治阶级"，第二步是采取"十项措施"建立社会主义基本制度解放与发展生产力。

马克思恩格斯当时面临的主要问题是使工人阶级通过联合行动"上升为统治阶级"。于是，采取了成立共产国际的组织模式，各国共产党都是共产国际的一个支部。"共产国际"事实上充当了马克思恩格斯将科学社会主义理论与实践相结合的革命模式。1864年在伦敦成立了第一国际，马克思是事实上的领袖。第一共产国际在通过反对蒲鲁东主义与巴枯宁主义提高工人阶级觉悟、促进共产党组织的发展方面发挥了重要的历史作

[①] 《马克思恩格斯选集》第3卷，人民出版社1972年版，第228—286页。

用。"巴黎公社起义"失败后，鉴于当时的形势，1876年第一国际在美国费城宣布自动解散。后来，1889年又在巴黎成立了第二国际，在恩格斯逝世后，第二国际在伯恩斯坦等人的主导下，成为帝国主义进行第一次世界大战的工具而事实上破产了。1919年在莫斯科又成立了第三国际，但在1943年5月也根据第二次世界大战的形势自动解散了。

回顾尝试用共产国际模式实现社会主义革命"联合行动"的战略，总体上看是没有实现当初的构想。其原因在于列宁后来指出的"革命不平衡规律"。各个国家之间，由于历史与现实原因，存在着从自然到社会经济文化发展的不平衡，使"联合行动"战略在实施中遇到了未曾料到的困难与阻碍，"共产国际"作为推动世界无产阶级革命的实践模式，总体上其正面效果与当初预期是差距较大的。特别是后来的"第三国际"，对世界革命指导往往存在脱离国情的弊端。比如，曾经要为中国革命丢失井冈山根据地负重大责任的李德，就是共产国际派来的，他不了解中国革命规律，又以"钦差大臣"身份独断专行地指挥红军，其后果不可避免是灾难性的。

二 "武装起义"与列宁对社会主义革命模式的解决

1915年8月，列宁在《论欧洲联邦口号》一文中提出，"经济政治发展的不平衡是资本主义的绝对规律。由此应得出结论：社会主义可能首先或者甚至在单独一个资本主义国家内取得胜利"。[①] 这就是著名的"社会主义一国胜利"的道路或战略构想。

后来，列宁又指出，帝国主义时代资本主义是一个相互依存的"链条"，革命可以在这个"链条"的薄弱环节率先发生，俄国正是这样的"薄弱环节"。相对于《共产党宣言》的"联合行动"，"一国胜利"是重大的理论与实践创新，这种创新的依据就是帝国主义时代条件的变化。

怎样才能使"社会主义一国胜利"的道路或战略构想在俄国率先实现？列宁在著名的"四月提纲"中提出了武装起义模式问题。列宁在《论策略书》中说："马克思和恩格斯都反对只是背诵理论公式、提出一般任务的教条主义，我们要通过把握历史过程的阶段与环境的事实，确定

---

① 《列宁选集》第2卷，人民出版社1972年版，第707页。

任务与活动方式。"①

1917年9月，列宁在《马克思主义和起义》一文中指出，把布尔什维克党团的力量开到工厂去，像对待艺术那样组织起义，是客观事变提到日程上来的事情。

通过克服各种阻力，进行勇敢而坚决的武装起义，俄国十月革命取得了胜利。马克思恩格斯关于工人阶级上升为统治阶级的理论，在俄国第一次得到了实现。同时，列宁的资产阶级民主革命理论、国家与革命、战争与革命理论，都借助于十月革命模式的胜利，在实践中得到了检验，并且从理论飞跃为生活的现实即实践。反之，如果没有十月革命模式的胜利，从马克思和恩格斯到列宁的社会主义的种种科学理论，都不可能成为成功的实践。

三 "根据地"与中国革命模式

毛泽东同志在《论人民民主专政》中说：十月革命一声炮响，给中国送来了马克思主义，也同时给我们送来了俄国式的社会主义。②

1919年冬，受中国共产党创始人之一的陈独秀之托，陈望道翻译了《共产党宣言》的第一个中文全译本，经李汉俊校阅、陈独秀审定之后，于1920年8月第一次在上海出版。《共产党宣言》在中国出版意义巨大。1936年仲夏，毛泽东同志在陕北保安对美国记者斯诺畅谈他革命理想的形成的时候说："有三本书特别深地铭刻在我的心中，使我树立起对马克思主义的信仰。我接受马克思主义，认为它是对历史的正确解释，以后，就一直没有动摇过。"③ 这三本书首先指的是《共产党宣言》；然后是柯卡普著述、李季翻译的《社会主义史》；考茨基撰写的，恽代英翻译的《阶级争斗》。

在中国怎样才能争取社会主义革命实现胜利？只有马克思主义理论与俄国的社会主义样子还不行，还必须根据中国国情找到中国革命的道路或战略思想以及实现这种战略的模式才行。

---

① 《列宁选集》第3卷，人民出版社1972年版，第25页。
② 《毛泽东选集》第4卷，人民出版社1991年版，第1470—1471页。
③ 引自黄国秋《关于毛泽东首次读〈共产党宣言〉等三本书的时间》，《求索》1982年第3期。

《毛泽东选集》的第一篇文章是《中国社会各阶级的分析》，通过这篇文章我们可以看出，毛泽东同志当时虽然未形成"新民主主义革命"的系统理论，但是，他对中国国情的把握已经达到了本质性、规律性的水平。毛泽东同志明确提出了这样的观点："勾结帝国主义的军阀、官僚、买办、大地主阶级及其附属他们的一部分反动知识界，是我们的敌人。工业无产阶级是我们革命的领导阶级。一切半无产阶级、小资产阶级，是我们最接近的朋友。那动摇不定的中产阶级即民族资产阶级，其右翼可能是我们的敌人，其左翼可能是我们的朋友（但要时常提防他们）。"[①]

基于上述对中国国情的正确认识，毛泽东同志在第一次革命战争中积极发展共产党领导下的农民革命运动。"农民运动"可以看成是毛泽东同志根据中国国情以及第一次国内革命时期的条件，创立的第一个有中国特色的社会主义革命模式。

随着"四·一二"事变的发生，毛泽东同志在"八七会议"及时提出了"枪杆子里面出政权"的观点。这一观点的提出，为根据地模式的创立奠定了政治思想基础。继而，毛泽东同志领导了"秋收起义"，创建了井冈山革命根据地。

毛泽东同志在《中国的红色政权为什么能够存在?》一文中，站在中国与世界关系的战略全局，分析了井冈山根据地存在与发展的必然性。在《星星之火，可以燎原》中，毛泽东同志提出了以井冈山根据地的坚持和扩大，根据地的星火燎原，逐步会像一轮朝阳在东方升起那样，形成中国革命的高潮直至胜利的战略构想。可见，根据地是毛泽东同志关于中国革命的全部理论与实践的关键。

在《中国革命战争的战略问题》中，毛泽东同志指出，用军事战争形式、围绕根据地的"围剿"与反"围剿"，既是中国革命的主要形式，也是红军的胜利与失败的主要标志。只要丢了根据地，政权就没有了，红军也难以发展并壮大。

毛泽东同志在中国革命实践中，创立了"农民运动"与"根据地"两个模式。"农民运动"这个模式虽然当时效果好，历史影响也大；但是，对中国革命进程的具体推动最大、最起持续性作用的还是根据地模式。

---

① 《毛泽东选集》第1卷，人民出版社1991年版，第9页。

综观中国共产党的革命历史，毛泽东同志把中国革命（无论是国内土地革命或民族抗战）从困难转向胜利、从胜利走向更大胜利的实践模式，主要还是根据地。所以，应该认定"根据地"模式是中国革命的主要模式。对这个问题，本书还要作专章研究。

第二节 社会主义建设模式的探索

科学社会主义理论发挥对实践的指导作用，是与社会主义实践的具体阶段相联系的。通过暴力革命道路，即城市武装起义或建立农村根据地等模式，俄国与中国的共产党都从革命党变成了执政党。从革命党变成执政党，这是科学社会主义发展阶段历史性的根本变化。随着这个变化，共产党的理论与实践及其模式，都必须要发生根本变化。具体说来，要从以阶级斗争为核心的革命理论，转变为以经济建设为中心的解放与发展生产力；实践要从急风暴雨式的"群众运动"夺取政权，转变为在制度法制基础上有序搞改革开放促进经济社会发展。模式视野也要改变"空间落地"的选择，即从夺取政权为中心变为解放与发展生产力的体制选择及其创新。列宁开创了共产党执政后理论与实践及其模式的根本变化；斯大林、毛泽东同志为推进这些变化的深入进行了探索，同时也留下了值得吸取的教训；邓小平同志及其继承者全面、成功地解决了共产党执政后理论与实践及其模式的根本变化。

一 列宁"新经济政策"与社会主义建设模式的探索

1917年十月革命后，俄国无产阶级在以列宁为首的布尔什维克党的领导下，用不到半年的时间，粉碎了国内敌人的武装反抗，同德国签订了"布列斯特和约"，为巩固政权并逐步转向经济建设为中心赢得了时间。列宁发出了"现在我们应当管理俄国"的号召。在《苏维埃政权的当前任务》一文中，列宁指出："当无产阶级夺取政权的任务解决以后，随着剥夺剥夺者反镇压，他们反抗的任务大体上和基本上解决，必然要把创造高于资本主义社会的社会经济制度的根本任务，提到首要地位；这个根本任务就是提高劳动生产率。"[①] 可见，列宁主张共产党成为执政党以后，

---

① 《列宁选集》第3卷，人民出版社1972年版，第509页。

就应该树立起以经济建设为中心、解放与发展生产力的理论观点。

但是，不久爆发了十四国武装干涉，经济建设被迫中断。为了集中一切资源赢得战争，实行了计划到每一吨煤炭和每一个面包的严格计划经济，这就叫作"战时共产主义政策"。战争一直进行到1920年年底，终于以苏维埃俄国的胜利而结束。战争刚刚结束，列宁就明确指出：经济任务、经济战线现在又作为最主要的任务和基本的战线提到我们面前来了。如果我们不能恢复我国的经济，那么我们就落在而且将来还要落在资本主义列强的后面，我们就会挨打。① 为了迅速恢复陷入崩溃的国民经济，巩固无产阶级同农民的联盟，俄共（布）党适时地调整了党的经济政策，在全国范围进行了经济改革，从战时共产主义转入了新经济政策。"新经济政策"的主要标志，是用粮食税代替余粮征集制。国家用税收的形式向农民征收一部分粮食，税额比余粮征集制低。缴纳粮食税之后的余粮完全归农民支配，允许农民在市场上自由买卖。根据1921年5月24日的指令，自由买卖的范围扩大到手工业品和家庭工业品。实行粮食税，就是允许在苏维埃国家和全民所有制的国营经济的领导和控制下一定范围的自由贸易，开放粮食等自由市场。同时，对国营经济的领导和管理体制也进行了改革。为了按专业化和协作的原则组织生产，撤销总管理局，建立了托拉斯。为了利用商品货币关系，贯彻物质利益的原则，国营工业企业开始推行经济核算制。为了贯彻按劳分配，克服平均主义，制定了新的工资等级表，用货币工资代替实物工资。

"新经济政策"包括了对外开放。苏维埃政权还颁布了租让制法令，允许出租国营企业和组织合股公司。到1921年年底，私人租借的小企业有3874个。1921—1926年，同外国资本签订的租让合同有135个。

列宁的"新经济政策"和根据这个政策进行的经济改革，很快就取得了预期的成果，城乡人民生活有了改善，市场供应好转。1921—1925年，粮食产量增加了77%，粮食采购量增长1925—1926年比1921—1922年增长了123%。棉花产量增长了26倍。牲畜头数除马之外都超过了战前。苏维埃俄国的农业仅仅用五年的时间就走完了资本主义国家用十年时间走过的路程。工业总产值1926年超过战前8.1%。五年内工业生产增

---

① 《列宁选集》第4卷，人民出版社1972年版，第380页。

长了 4.5 倍。零售商业流转额增长了 1.5 倍。在工业总产值中，私营工业的比重由 4.3% 下降到 3.6%。

列宁指出："新经济政策是我们开始学习管理经济的一种形式。""学习管理"的实质是什么？是宏观经济政策选择和经济体制构建，内容是从计划到每一块牛奶面包的计划经济转向市场经济，也就是用市场经济办法建设社会主义。俄共（布）十一次代表会议提出："从市场的存在出发并考虑市场的规律，掌握市场，通过系统的、深思熟虑的、建立在对市场过程的精确估计之上的经济措施，来调节市场和货币流通。"

二　苏联和中国对建设社会主义模式的探索

第一，苏联对建设社会主义模式的探索。

列宁逝世后，斯大林建立了在经济、政治、文化等各个领域高度集权，在体制与运行机制方面与资本主义高度对立的所谓"斯大林模式"，并且依托这个"模式"建设社会主义。

依靠"斯大林模式"建设社会主义的结果是，成绩不能否认，问题也确实不容忽视，至今评价争议仍然分歧巨大。

"斯大林模式"建设社会主义的成绩可以概括为三个方面：

（1）保证了苏联在 20 世纪 30 年代高速度地发展重工业，实现了社会主义工业化，完成了农业的社会主义改造，实现了农业集体化，建成了苏联社会主义的物质基础。

（2）保证了苏联在 20 世纪 30 年代政治局势的稳定，这是苏联完成社会主义改造和开展社会主义建设的一个重要条件。

（3）保证了苏联反对希特勒法西斯战争的胜利。

随着时代从战时向和平环境的发展，"斯大林模式"的积极一面逐步转化为弊端日益突出，这主要表现在两个方面：

（1）经济上过分集权，统得过死，整个经济运作缺乏生机和活力。高度中央集权，经常产生政策的失误。优先发展重工业是以挤轻工业、卡农民、压农民消费为代价的。农、轻、重比例失调，人民生活长期得不到明显改善。

（2）政治上权力高度集中、民主和法律遭到破坏，机构臃肿、官员众多，势必滋长官僚主义，导致管理机构特权和个人专制、个人崇拜现象的产生。

第二，中国对建设社会主义模式的探索。

1949年10月1日，随着中华人民共和国的成立，中国革命也随之进入了建设社会主义的阶段。什么是社会主义？如何建设社会主义？这对中国共产党来说，又是必须根据时代与国情从头探索的问题。由于自己缺乏经验，当时可以学习的社会主义建设的国家只有斯大林领导的苏联。所以，20世纪50年代，中国建设社会主义中的"学苏联"，在当时也是现实的选择；"学苏联"建设社会主义，事实上就只能引进"斯大林模式"。

1956年，毛泽东同志发表了《论十大关系》，开始了对从中国国情出发建设社会主义的思考，对苏联的社会主义建设模式有所改革。但由于各种原因，毛泽东同志的初衷始终未能很好实现。一直到十一届三中全会，中国才开始了用改革开放、市场经济的办法结束苏联的社会主义建设模式影响的过程。

也就是说，在毛泽东同志担任党和国家最高领导的27年时间里，中国社会主义建设从模式角度看，主要是受苏联的社会主义建设模式影响。如何看待这个时期？与苏联的情况差不多，依然是成绩巨大不能否认，问题也确实不容忽视。以毛泽东同志为核心的党的第一代中央领导集体带领全党全国各族人民完成了新民主主义革命，进行了社会主义改造，确立了社会主义基本制度，成功实现了中国历史上最深刻最伟大的社会变革，为当代中国一切发展进步奠定了根本政治前提和制度基础。建立了独立、完整的国民经济体系，取得了原子弹与氢弹爆炸及卫星上天等科技成果，初步改变了旧中国"一穷二白"的面貌。当然，也留下了不合实际地长期坚持以阶级斗争为纲甚至发生"文化大革命"错误、生产关系搞"一大二公"、生产力发展中"大跃进"式的急于求成等深刻教训。

三 邓小平创立了"中国特色的发展模式"

怎样建设社会主义？实践虽然始于列宁，中间又经过了斯大林与毛泽东同志的再探索，但直至邓小平同志才创立了建设社会主义的成功模式。

邓小平同志创立的建设社会主义的成功模式内容十分丰富，我们在后面还要专章研究。这里只是概要地梳理邓小平同志提出的建设中国特色的社会主义道路、创立的邓小平理论、改革开放及市场经济与建设社会主义模式的关系。

邓小平同志提出了建设中国特色的社会主义道路，这是有中国特色的社会主义建设模式产生的理论基础与实践前提。

邓小平理论既是中国特色的社会主义道路的理论基础与实践指导，也是有中国特色的社会主义建设模式"合法性"的根据。有中国特色的社会主义建设模式，它的主要功能就是使中国特色的社会主义道路、邓小平理论转化成了生机勃勃的社会主义的现实存在，并为未来美好理想的实现奠定了坚实的基础。

改革开放、市场经济是中国社会主义建设模式的产生、存在、发展的直接依据。邓小平理论指导下的有中国特色的社会主义建设模式，内容涉及社会生活的方方面面，但是，基础是社会主义经济建设。社会主义经济建设，必须坚持改革开放不动摇，而且要以市场经济为经济体制改革的方向。正是从这个意义上说，中国特色社会主义的建设模式，就是解决改革开放、市场经济"空间落地"的平台。试想，如果没有"特区"、"新区"、"城乡统筹试验区"等具体模式，改革开放与市场经济怎么能够在当代中国变成富有强大生命力的鲜活事实呢？

第三节 科学发展观开辟了"中国模式"创新的新境界

从历史逻辑看，科学社会主义理论、实践、模式当然比科学发展观提出的时间要早得多。但是，值得注意的是，科学发展观的创立，对于科学社会主义发展的意义是非常重要且巨大的，因为它开辟了中国模式创新的新境界。为什么这样讲？因为根据《共产党宣言》的观点，科学社会主义分为共产党领导工人阶级夺取政权"上升为统治阶级"以及执政后解放与发展生产力两个阶段或时代。根据苏联解体的经验教训，工人阶级夺取政权"上升为统治阶级"固然是包含着千百万烈士鲜血的艰苦奋斗过程，但是，巩固共产党为领导核心的人民民主政权、解放及发展生产力的难度并不亚于夺取政权。共产党领导工人阶级夺取政权"上升为统治阶级"后，不以经济建设为中心解放与发展生产力不行。同时，在解放与发展生产力中不树立科学发展观也是不行的。虽然本书对科学发展观对中国模式的创新还将在后面有专章研究，但这里也必须将科学发展观开辟的中国模式创新新境界的总体观点予以陈述。

一 科学发展观引领"中国特色发展模式"的完善与升华

科学发展观的提出,不仅是中国特色社会主义道路实践中的重要理论创新成果,对于中国模式的完善与升华也产生了重要的影响。

首先,科学发展观"以人为本"的价值导向,对中国模式的完善与升华产生了重要影响。有了科学发展观"以人为本"的价值导向,中国模式的社会主义本质在理论与实践中更加稳定、更加充分地固化与显现出来。正如中共中央宣传部中国思想政治工作研究会的范希春教授所说,科学发展观强调的经济社会全面协调地发展,为中国发展模式的调整提供了科学的指导思想和战略依据。张维为教授则认为,科学发展观重点是两个内容,一个是以人为本可持续发展,一个是构建和谐社会。正是科学发展观的这两个方面的价值引领,促进了中国模式的升华和完善。

科学发展观对中国发展模式的完善与升华作用,不仅表现为提供价值引领,还为中国发展模式的完善与升华提供了崭新的方法论。这种方法论,集中体现在"五统筹"上。坚持用"五统筹"来实现全面发展、协调发展、均衡发展、可持续发展、和谐发展,这既是中国共产党21世纪现代化建设的重要方法论,其影响力不仅是解决国内诸多发展矛盾的方法,同时也具有国际性的示范意义。俄罗斯科学院院士季塔连科在2004年撰文论述中国现代化进程及其发展模式国际意义时认为,中国实现现代化,提供了成功解决深刻的国内和国际矛盾的经验,为发展中国家树立了鲜活的榜样,提供了切实可行的现代化模式,更为它们发展与中国的合作提供了广阔的平台。

国务院参事、中国科学院可持续发展战略组组长牛文元将科学发展观推动下中国模式的升华和完善的具体表现概括为六个方面:(1)始终保持经济的理性增长。它既不同意限制财富积累的"零增长",也反对不顾一切条件提倡过分增长。(2)全力提高经济增长的质量。除了在结构上要不断合理与优化外,新增财富在资源消耗和能源消耗上要越来越低;在对生态环境的干扰强度上要越来越小;在知识的含量和非物质化方面要越来越高;在总体效益的获取上要越来越好。(3)满足"以人为本"的基本生存需求是一切发展的基石。通过基本资源的开发提供充分的生存保障程度;通过就业的比例和调配,达到收入、分配、储蓄等在结构上的合理性,进而共同维护全社会成员的身心健康。(4)把人口自身再生产同物质的再生产"同等地"保持在可持续发展的水平上。人口数量的年平均增长率首先应稳定地低于 GDP 的年平均增长率，提高人口的素质。
（5）维持、扩大和保护自然的资源基础，始终调控环境与发展的平衡。
（6）集中关注科技进步对于发展瓶颈的突破。科学技术的发展、经济社会的发展、管理体制的发展，这三个主要方面将作为一个互为联系的大系统，通过宏观的调适和寻优，达到突破发展瓶颈的目标要求。

二 科学发展观开辟了社会主义建设模式的新境界

胡锦涛同志在十八大报告中指出，科学发展观是马克思主义同当代中国实际和时代特征相结合的产物，是马克思主义关于发展的世界观和方法论的集中体现，对新形势下实现什么样的发展、怎样发展等重大问题作出了新的科学回答，把我们对中国特色社会主义规律的认识提高到了新的水平，开辟了当代中国马克思主义发展新境界。

我们认为，科学发展观开辟社会主义建设模式的新境界主要表现在三个方面。

首先，科学发展观开辟了发展实践的崭新框架的新境界。实践总是在一定框架或架构中进行的。比如，革命或建设实践，总存在客观时代与国际背景、国情及其区域条件，主观也存在各种既统一又有差异或矛盾的主体力量，这些主客体条件与方面在实践阶段与形势中动态统一与变化，构成了特殊的实践框架并形成了特定的有因果链条的过程及结果。科学发展观通过以人为本的理论核心或"第一理论硬核"，把发展从效率或 GDP 为中心的实践框架嬗变为了以人为本。

其次，科学发展观开辟了发展标准的新境界。发展标准是什么？此前具有明显片面性的"效率标准"是占领人们头脑的主导标准。科学发展观既讲"发展是第一要务"，又讲"以人为本是核心"，在这基础上提出了又好又快、可持续发展的要求。科学发展观关于又好又快与可持续发展的要求，实际上是提出了关于衡量发展的新标准。按照这一标准和要求办事，我们的现代化建设不仅速度不会受影响，而且发展的经济效益、社会效益、生态效益都会更上一层楼。

最后，科学发展观开辟了发展方法论的新境界。过去引导发展的方法论是比较单一的。科学发展观强调把统筹兼顾作为指导发展战略的方法论，这就开辟了发展方法论的新境界。胡锦涛同志在十七大报告中说，科学发展观是指导中国特色社会主义的战略思想。对此可以这样理解，如果说科学发展观的指导性或实践"穿透力"主要是体现在发展的战略层次，那么统筹兼顾是使科学发展观在战略层面上具有指导力的方法论。这样，科学发展观在世界观意义上的作用和方法论意义上的作用就真正统一起来了，我国就能真正做到经济建设、政治建设、文化建设、社会建设、生态文明建设"五位一体"地全面协调发展。

三　"学习实践科学发展观活动"与社会主义建设模式的新境界

党的十七大确立了科学发展观在中国特色社会主义实践中的指导思想地位，胡锦涛同志在十七大报告中既对科学发展观的理论内容作了概括，同时又部署了"学习实践科学发展观活动"。

"学习实践科学发展观活动"，开辟了社会主义建设模式的理论与实际紧密结合的新境界。模式的重要效用或功能是使理论与实践创新成果"空间落地"。值得重视的是，在"学习实践科学发展观活动"中，理论向实践的指导作用发挥、党的理论创新最新成果的落实、理论与实际相结合，具有了前所未有的自觉和有组织、大规模实施等特色，极大地促进了中国以经济建设为中心的发展模式进入又好又快、可持续的阶段与水平。

中央部署开展的"学习实践科学发展观活动"，明确提出了"让老百姓得实惠"、"以解决民生问题"为重点的工作要求，被称为"'学习实践科学发展观活动'中的顶层设计"。"以解决民生问题"为重点的工作要求，使科学发展观的"以人为本"的理论核心内容，能够迅速变成全党、全国的工作实践，并迅速转化为现代化生活的现实。这种理论与实际的结合、理论向实际的转化是前所未有的。

"学习实践科学发展观活动"中形成的这种理论与实际的结合、理论向实际转化的发展模式，体现了社会主义建设模式确实在走向新的境界。

第四节　关于模式的学术辨析

今天，人们似乎都喜欢谈"模式"，其实，人们在一般生活中所谈的模式观与马克思主义的模式观在哲学基础、概念内涵上都是有很大差别的。这是我们在谈模式时少有注意、但今后必须引起重视的问题。

一　作为范本、模本的模式观

在《辞海》中,"模式"亦称"范型",一般可以指作为范本、模本的式样。

在社会学中,"模式"是研究自然现象或社会现象的理论图式和解决方案,同时也是一种思想体系和思维方式。

国外学者通常使用"model"和"pattern"来表述模式。"model"的名词意思主要是人或事物的三维肖像,供效仿的范例、模特儿,产品的范本,过程或体系的简单模型。

刘爱武、肖贵清在《山东社会科学》2012年第2期上发表的《中外不同语境中的"中国模式"概念辨析》一文研究认为,国外关于模式的理解侧重于思维"发散路径",而中国人则往往把模式理解为"按照模型仿造事物"。

据考证,中国人使用"模式"概念历史是比较悠久的。《魏书·源子恭传》说,司空冲所造明堂样,成为西安与洛阳两京之模式。这里的模式含义是"成功的个案",被普遍当作自愿学习的榜样。宋代张邦基《墨庄漫录》卷八说,"闻先生之艺久矣,愿见笔法,以为模式"。这里的模式含义仍然是"自愿学习的榜样"。

从上述文献中可以看出,对关于模式是什么的理解,学术观点是多元的。但是规范性学术解释的"主流"是强调模式的"一般性"。但是,中国人最初对模式的理解是倾向于当个别建筑或书法产生了一般性影响后,就成了自愿学习的榜样。

从促进模式本身的健康发展、正确发挥模式的"榜样效应"看,应该立足于特殊性来谈模式。但是,又应该承认,一旦模式作为"成功的个案"后可能与应该具有的普遍性影响。

关于道路与模式的关系,我们认为,可以这样来理解和把握:道路是指立足于本国国情,走出的一条具有自己特色的革命或者建设之路,侧重于发展过程和发展形态本身。模式是指建立在发展过程和发展形态上的、经过抽象和升华提炼出来的核心理论体系,侧重于对发展过程和发展形态的理论概括,尤其是方法论总结。

二 马克思主义的创新型模式逻辑

前面我们表达了这样一个基本观点：模式是科学社会主义的理论与实践实现"空间落地"的必不可少的平台。这种"空间落地"又以社会主义革命或建设的阶段性任务为基础，与特殊世界时代及其国情条件相联系，所以，这就需要概要地回顾从马克思、列宁、斯大林、毛泽东到邓小平的社会主义模式发展的历史线索。

马克思与恩格斯在《德意志意识形态》中指出，他们的理论立足点是用现代化时代潮流下世界普遍交往形成的"世界历史"，并认为世界普遍交往形成的"世界历史"是共产主义的条件。[①] 正是基于这种理论立足点，马克思与恩格斯首先强调世界生产方式的现代化共性。在这个"历史图景"基础上，马克思深入分析了现实资本主义制度引发的"社会基本矛盾"的特殊性与现代化历史趋向的普遍性，得出资本主义社会基本矛盾的社会主义革命规律。马克思曾经指出，"巴黎公社实质上是工人阶级的政府，是生产者阶级同占有者阶级斗争的产物，是终于发现的可以使劳动者在经济上获得解放的政治形式"。[②] 马克思与恩格斯正是根据当时生产方式的现代化共性即"世界历史"条件，试图用"共产国际模式"使他们创立的科学社会主义理论实现"空间落地"。应该承认，这在学术上讲是一种有严密逻辑性的理论。但是，在理论与实践比较中，当实践相对于理论具有"检验真理（包括理论）标准"的优先性时，革命模式选择权重的天平就偏向国际环境与国情的阶段性及其现实组合，马克思的"共产国际"模式就存在理论与实践再认识的必要。

到了列宁时代，由于无产阶级革命的国际条件帝国主义的时代变化，社会主义实现"空间落地"，从发达西欧转移到相对落后的俄国。列宁坚信马克思主义这一科学的总结，始终强调无产阶级专政的政权形式应该是巴黎公社式的国家。因此，列宁在领导俄国无产阶级革命的过程中，成功地发现了在俄国建立巴黎公社式国家政权的具体组织形式——苏维埃。苏维埃是俄国1905年革命过程中工人群众自己创立的一种领导起义的机关，列宁当时敏锐地指出：苏维埃是革命政权的萌芽。列宁在革命与建设模式

---

① 《马克思恩格斯选集》第1卷，人民出版社1972年版，第40页。
② 马克思：《法兰西内战》，载《马列著作选编》，中共中央党校出版社2011年版，第461页。

选择的思想立足点上转向了强调共性中的个性。1917年4月，列宁在著名的《四月提纲》中明确指出不要议会制的共和国，而要从下到上由全国的工人、士兵和农民代表苏维埃组成的共和国。这是列宁对无产阶级政权形式问题的一个重大突破。不久，列宁又在《布尔什维克能保持国家政权吗？》一文中进一步发展了对苏维埃形式的见解。他全面地揭示了苏维埃共和国的根本特点，指出它是一个新型的国家机构，它在人类解放事业中起着极大的作用。他说：苏维埃是新型国家机构。一是它有同人民极密切联系着的极其强大的革命的工农武装力量；二是这个机构同广大人民群众有极其密切的联系；三是这个机构的成员依据民意选出和更换，比以前的机构民主得多；四是它保证同各种各样的行业有紧密的联系，使极深刻的改良容易实行；五是它是被压迫阶级的先锋队，能够用来发动、教育、训练和领导这些阶级全体广大群众的机构；六是它保证能够把议会制的长处和直接民主制的长处结合起来，也就是把立法的职能和执行法律的职能在选出的人民代表身上结合起来。因此，同资产阶级议会制比较起来，这是在民主发展过程中具有全世界历史意义的一大进步。

列宁多次肯定苏维埃是俄国无产阶级专政的最好的国家形式，并把苏维埃和巴黎公社列为同一类型的国家。为了实现革命与建设模式选择思想立足点的转向，列宁首先在哲学思想上进行了创新性的探讨。列宁说："一切民族都将走向社会主义，这是不可避免的，但是一切民族的走法却不完全一样，在民主的这种或那种形式上，在无产阶级专政的这种或那种形态上……每个民族都会有自己的特点。"[①] 列宁在《辩证法的要素》中指出，从每个事物的联系看，事物具有一般、普遍的性质，但并不排斥每个事物向自己的特征、规定的转化。在《谈谈辩证法》中，列宁更明确提出了"一般只能在个别中存在"的逻辑。[②] 正是在这些理论创新的基础上，列宁提出了城市"武装起义"、"新经济政策"的革命与建设模式。

在中国革命过程中也面临着模式选择立足点是从个性、特殊的实际出发，还是照搬书本或现有的成功经验的思考、选择和斗争。具体表现为以毛泽东同志为代表的以"实事求是"思想路线在同教条主义的斗争中，创立了"新民主主义革命"理论，提出了农村包围城市的革命道路、"根

---

① 《列宁全集》第28卷，人民出版社1990年版，第163页。
② 《列宁选集》第2卷，人民出版社1995年版，第558页。

据地模式"。在中国的社会主义建设中，虽然毛泽东同志未能成功创立有中国特色的建设模式，但是，从《论十大关系》到20世纪60年代的农村实行"队为基础，三级所有"、工业旨在加强管理的"工业60条"等，也可以看出毛泽东同志探索社会主义建设模式的创新努力。不过，由于多种原因，在中国革命与建设中，模式概念淡化了，主要表述为不同道路的主张。在延安整风中，毛泽东同志在《改造我们的学习》一文中，把中国革命道路选择的原则概括为"实事求是"基础上的理论与实际的统一。①

总之，世界与中国革命和建设的经验说明，关于模式的是非成败、盛衰荣辱，不在于模式本身的有无存废、高下优劣，关键在于对待模式的态度、模式选择中的思想立足点，即思想路线问题。

通过对从马克思、列宁、斯大林、毛泽东到邓小平的社会主义模式发展的历史线索的回顾，我们又可以形成这样的观点：马克思主义存在一种立足于创新谈模式的理论与历史逻辑。

三 中国共产党几代领导人对"中国模式"的探索和表述

第一，以毛泽东为代表的中国共产党人对"中国模式"的探索和表述。

把马克思主义基本原理与中国的具体实际相结合、走自己的路，这是中国共产党领导革命和建设最基本的历史经验，也是毛泽东的最大历史功绩。

中华人民共和国成立之初，中国采取了社会主义改造和经济建设并举的方针，变革生产关系与发展生产力有机地统一在这个进程中，改造和建设齐头共进。从1953年开始，中国的社会主义改造创造了适合中国特点的成功道路，积累了许多新鲜经验。与之比较，中国的经济建设虽然也取得了前所未有的巨大发展，但是自己的创造较少。在毛泽东的正确领导下，我国用较快的速度基本完成了生产资料的社会主义三大改造。中国步入一个全面建设社会主义的新时期。此刻，毛泽东敏锐地觉察到这一历史性的变化，他及时把注意力转向了社会主义经济建设，开始了社会主义建设道路的探索。为了寻求一条适合国情的建设社会主义的道路，毛泽东对

---

① 《毛泽东选集》第3卷，人民出版社1991年版，第798—799页。

我国的经济建设进行了广泛而深入的调查研究，由于中国共产党没有管理过现代化工业和整个国民经济，它不得不在最初的经济发展阶段借鉴苏联模式。苏联的建设经验曾给我们以极大的参考、借鉴和帮助，严格来讲，我们在计划、财政、金融、物资流通等各项体制都是仿效苏联的，因此，这也是中国在很长时间内难以摆脱"苏联模式"的原因。

在社会主义建设上，毛泽东主张独立探索，反对照抄照搬别国的经验。通过总结和研究，毛泽东发现，苏联模式在经济上的特征表现为：所有制形式过于整齐划一，实行完全公有；在管理体制上过于高度集中，以行政手段为主管理经济；在经济建设指导方针上，片面强调指令性计划经济，忽视价值规律，排斥市场机制等。在实践中，毛泽东觉察到苏联的某些经验并不都是好的。1957年，毛泽东在莫斯科同波兰统一工人党中央第一书记哥穆尔卡说道："我们搞革命有经验，但建设没有经验，还须硬搬一部分苏联的经验，……因为我们不向苏联学向谁学呢？"苏联"老大哥"固然给中国提供了一个可资模仿的样板，但地理、资源、文化、历史等方面的差异，决定了它的经验即使是正确的，也有许多不适用于中国的地方，何况它还有不少负面的东西。毛泽东指出：在社会主义建设中，一切民族、一切国家的长处都要学，但是，必须有分析有批判地学，不能盲目地学，不能一切照抄，机械搬运。他还说，苏联方面暴露了他们在建设社会主义过程中的一些缺点和错误，对他们走过的弯路，我们要引以为戒。正是在这样一个时代背景下，毛泽东经过慎重思考，告诫人们要以苏联为鉴，要探索一条有别于苏联模式、适合中国国情的社会主义建设道路。毛泽东在《论十大关系》的报告中，响亮地提出了中国要走自己的路，要探索一条适合中国国情的建设社会主义的道路。

第二，以邓小平为代表的中国共产党人对"中国模式"的探索和表述。

邓小平同志是"中国模式"提法的重要提出者与支持者。但是，翻阅党的十二大提出初级阶段理论，翻阅十一届三中全会以来改革开放实际经验的历次代表大会文献，权威理论著作、文章，我们看到，在大多数情况下，邓小平对"中国模式"提法和"中国特色"、"中国特色社会主义道路"、"中国特色社会主义理论"、"中国特色社会主义理论体系"经常是同时使用的。

1978年中国共产党召开了十一届三中全会，实现了全党工作重心的战略转移。从那个时候开始，我们党逐步形成了在新时期的基本路线，这就是，以经济建设为中心，坚持四项基本原则，坚持改革开放。这一基本路线规定了国家事业发展的目标系统、动力系统和价值系统，强调发展是解决当代中国一切问题的关键。这种发展是科学的发展，这种发展要有利于巩固社会主义制度，这种发展必须依靠改革开放来推动。30多年来，我们一直坚持这条基本路线不动摇。邓小平说，这条基本路线是我们党的生命线，一百年不变。实际上，这条基本路线就是中国在新的历史时期的总战略。这是中国模式最重要、最根本的内容。

1982年9月1日，在中国共产党第十二次代表大会开幕词中，邓小平同志提出了"照抄照搬别国经验、别国模式，从来不能得到成功。这方面我们有过不少教训"。1986年9月29日，他在会见波兰统一工人党领导人时说："我们两国原来的政治体制都是从苏联模式来的。看来这个模式在苏联也不是很成功的。即使在苏联是百分之百的成功，但是它能够符合中国的实际情况吗？能够符合波兰的实际情况吗？"[①]

1987年10月25日召开的党十三大，在报告中第一次使用"建设有中国特色社会主义理论"的概念，并对"中国特色社会主义理论"概括出了12个理论观点，由此构成了建设有中国特色社会主义理论的轮廓。1988年5月18日，邓小平会见莫桑比克总统希萨诺时说："世界上的问题不可能都用一个模式解决。中国有中国自己的模式，莫桑比克也应该有莫桑比克自己的模式。"[②] 在这句话里，"中国自己的模式"显然是指"中国特色社会主义"道路，这是邓小平对"中国模式"的首次公开表述。同年10月17日，邓小平在会见罗马尼亚共产党总书记齐奥塞斯库时也说："各国只能根据本国的实际情况来制定自己的发展战略和与之相适应的方法、方式，制定适合自己具体实际的政策……都是一个模式不行。"1989年5月16日，他在会见苏共中央总书记戈尔巴乔夫时谈道："在革命成功后，各国必须根据自己的条件建设社会主义。固定的模式是没有的，也不可能有。"[③] 邓小平提出"中国有中国自己的模式"，既是对我们党坚持"走自己的道路"的探索精神和基本理念的赞赏，也是对开

[①] 《邓小平文选》第3卷，人民出版社1993年版，第178页。

[②] 同上书，第261页。

[③] 《邓小平年谱（1975—1997）》下，中央文献出版社2004年版，第1254页。

辟这条新路所取得成效和经验的肯定和认可。

第三，以江泽民为代表的中国共产党人对"中国模式"的探索和表述。

进入20世纪90年代，国际形势风起云涌，第二次世界大战后冷战格局的解体和经济全球化时代的快速发展，为人们思考不同社会制度、意识形态的国家如何和平共处，如何构建国际新秩序等提供了重要契机。在这种情况下，如何坚持中国特色社会主义发展道路和发展模式，并拓展其在世界舞台的生存发展空间，这是以江泽民为核心的第三代中央领导集体必须面对和解决的时代命题。①

1990年12月30日，党的十三届七中全会又提出了建设有中国特色社会主义的12条原则；1991年7月1日，江泽民总书记在庆祝中国共产党成立70周年的讲话中，又分别从政治、经济、文化三个方面论述了建设有中国特色社会主义的基本特征和主要内容。1991年10月29日，江泽民在接受美国《华盛顿时报》原主编博奇格雷夫采访时指出："苏联和东欧发生剧变后，国际上有些好心的人对中国的前途和命运感到忧虑，也有些人干脆要中国放弃社会主义，甚至预言中国会步苏联的后尘。我想这些人起码是缺乏对中国历史和现实的了解。中国的社会主义既不是苏联模式，也不是东欧模式，而是有中国特色的社会主义。走这条道路，是中国人民经过一百多年的奋斗与摸索作出的历史性的选择。事实证明，我们所走的这条道路是完全正确的。我们没有理由改变这条道路。我们对未来充满信心。一个国家采取什么样的发展模式和社会制度，取决于这个国家的历史传统、经济发展和文化教育水平，取决于这个国家人民的选择。中国无意输出自己的模式，但我们也反对别人将其模式强加给我们。"② 1992年10月12日，党的十四大把建设有中国特色社会主义理论的主要内容概括为9个方面。

江泽民提倡发展模式多样化和各国都有自己独立的发展模式。1993年11月19日，他在同美国总统克林顿会晤时说："各国人民根据各自国情，选择符合本国实际情况的社会制度和发展模式，制定行之有效的法律

---

① 王香平：《解析中共领导人关于"中国模式"的论述》，《当代中国史研究》2013年第5期。

② 《江泽民思想年编（1989—2008）》，中央文献出版社2010年版，第69—70页。

和政策，是合情合理的，应该受到尊重"，"历史经验特别是近百年的历史经验一再告诫人们，强求一种模式的后果是严重的"。① 江泽民指出，尊重和坚持不同的发展模式，关键是要反对霸权主义和强权政治。江泽民在联合国成立50周年特别纪念会议上讲话指出：不顾当代世界丰富多彩的客观实际，企图把自己的社会制度、发展模式和价值观念强加于人，动辄以孤立、制裁相威胁，这种霸道行为只能以损人开始，以害己告终。2000年9月，江泽民在联合国千年首脑会议上讲话时说："如同宇宙间不能只有一种色彩一样，世界上也不能只有一种文明、一种社会制度、一种发展模式、一种价值观念"，"只有相互尊重，相互促进，保持经济发展模式、文化和价值观念的多样性，世界文明才能生机盎然地发展"。②

第四，以胡锦涛为代表的中国共产党人对"中国模式"的探索和表述。

进入21世纪，随着中国经济的强劲增长及其对世界影响力的大幅提升，中国和世界的关系发生了深刻的历史性变化。以胡锦涛为总书记的中共中央高瞻远瞩，不仅为丰富和深化"中国模式"提供了富有远见的战略思维，也对发展完善"中国模式"提出了新的要求和努力方向。

2004年6月14日，胡锦涛在罗马尼亚议会演讲中说："应该尊重各国根据各自国情选择的发展道路和发展模式。"这里，他同样把发展道路与发展模式相提并论，体现了二者概念指称的一致性。③ 2005年4月22日，胡锦涛在亚非峰会上指出："尊重各国选择社会制度和发展模式的自主权，推动不同文明友好相处、平等对话、发展繁荣，共同构建一个和谐世界。"④ 2005年10月15日，胡锦涛在第七届20国集团财长和央行行长会议上作了阐述："保持各国发展模式的多样性，推动各种发展模式之间的优势互补，对世界经济充满活力地向前发展十分重要。我们要支持各国根据本国国情选择适合自身条件的发展道路，从自身实际出发完善发展模式，同时充分利用经济全球化带来的有利条件和机遇，促进世界不同发展模式在竞争比较中取长补短、在求同存异中共同发展，不断为世界经济发

---

① 《江泽民文选》第1卷，人民出版社2006年版，第331页。
② 《江泽民思想年编（1989—2008）》，中央文献出版社2010年版，第69—70页。
③ 王香平：《解析中共领导人关于"中国模式"的论述》，《当代中国史研究》2013年第5期。
④ 《十六大以来重要文献选编》，中央文献出版社2006年版，第850—851页。

展注入新的活力。"①

中国的"发展道路、发展模式在国际上的影响日益扩大","要广泛宣传中国特色社会主义发展道路、发展模式"。2007年12月3日,胡锦涛在中央经济工作会议上指出:"我国经济发展对世界经济增长的贡献越来越大……我国选择的发展模式和发展道路必然对世界经济产生重大影响。"2008年4月12日,胡锦涛在博鳌亚洲论坛年会开幕式上的演讲,明确提出了发展道路和发展模式问题。他指出:"世界上没有放之四海而皆准的发展道路和发展模式,也没有一成不变的发展道路和发展模式,必须适应国内外形势的新变化、顺应人民过上更好生活的新期待,结合自身实际、结合时代条件变化不断探索和完善适合本国情况的发展道路和发展模式,不断增加全社会的生机活力,真正做到与时代发展同步伐、与人民群众共命运。"② 2011年4月15日,在博鳌亚洲论坛年会上,胡锦涛再一次指出:"世界上没有放之四海而皆准的发展模式,也没有一成不变的发展道路。"

第五,以习近平为代表的中国共产党人对"中国模式"的探索和表述。

2012年11月,十八届一中全会上,习近平当选为中国共产党新一任的总书记。十八大以后,习近平提出了实现"中国梦"的伟大战略,创新着"中国模式"。

习近平讲,实现"中国梦"有三大要求:第一,必须坚持走中国道路。第二,必须弘扬中国精神。第三,必须凝聚中国力量。习近平讲的中国道路、中国精神、中国力量这三大要求,就是"中国模式"这一独特的方式和路径,它是实现中华民族伟大复兴,即"中国梦"的具体的途径和根本保证。

习近平在访问俄罗斯时说:鞋子合不合适还要自己穿。那中国只能穿这个鞋子,大一点、小一点、紧一点,可能还需要不断调整,但只有这个鞋子能穿,别的鞋子不合适,你就是这么一个脚,就只能适合这个鞋子,那有什么办法呢?那只能调整它的尺寸、号码、大小,只能是这个鞋,所

---

① 胡锦涛:《加强全球合作,促进共同发展》,载《金融工作文献选编(1978—2005)》,中国金融出版社2007年版,第702—703页。
② 胡锦涛:《在博鳌亚洲论坛年会开幕式上的演讲》,《海南博鳌》2004年4月24日。

以我们现在想入非非是不现实的。西方脚大、个子高，那适合穿那个鞋。所以俄罗斯学生也觉得讲得很好，不错。所以很多事情要从实际出发，这是最根本的。具体途径怎么样实现它？我想还是要坚持和发展中国特色社会主义，用这个道路、用这个理论、用这个制度来作保证去实现它。①

关于中国改革发展，习近平强调，中国共产党在中国执政，就是要带领人民把国家建设得更好，让人民生活得更好。中国共产党必须加强自身建设，不断提高科学执政、民主执政、依法执政水平，更好为人民服务。改革开放是发展中国特色社会主义的必由之路。在新的历史条件下，我们要开创发展新局面，就必须实现改革新突破。我们将加强改革的顶层设计和总体规划，协调推进经济、政治、文化、社会、生态等各方面体制改革，坚决破除一切妨碍科学发展的体制机制弊端。

习近平指出：正如一棵大树上没有完全一样的两片树叶一样，天下没有放之四海而皆准的经验，也没有一成不变的发展模式。中国特色社会主义必须随着形势和条件的变化而向前发展。我们愿意借鉴人类一切文明成果，但不会照抄照搬任何国家的发展模式。中国改革是中国特色社会主义制度的自我完善和发展。只有走中国人民自己选择的道路，走适合中国国情的道路，最终才能走得通、走得好。

习近平强调："中国特色社会主义是社会主义而不是其他什么主义，科学社会主义基本原则不能丢，丢了就不是社会主义。一个国家实行什么样的主义，关键要看这个主义能否解决这个国家面临的历史性课题。历史和现实都告诉我们，只有社会主义才能救中国，只有中国特色社会主义才能发展中国，这是历史的结论、人民的选择。随着中国特色社会主义不断发展，我们的制度必将越来越成熟，我国社会主义制度的优越性必将进一步显现，我们的道路必将越走越宽广。我们就是要有这样的道路自信、理论自信、制度自信，真正做到千磨万击还坚劲，任尔东西南北风。"②

习近平强调，脱离了中国的历史，脱离了中国的文化，脱离了中国人的精神世界，脱离了当代中国的深刻变革，是难以正确认识中国的。中国不能全盘照搬别国的政治制度和发展模式，否则的话，不仅会水土不服，

---

① 石仲泉：《谈习近平出访俄罗斯谈及的"鞋子理论"》，新华网，2013 年 4 月 2 日。
② 习近平：《毫不动摇坚持和发展中国特色社会主义》，新华网，http: //news. xinhuanet. com/2013-01/05/c_114258698. htm，2013 年 1 月 5 日。

而且会带来灾难性后果。①

关于中国同世界的关系，习近平强调，随着国力不断增强，中国将在力所能及范围内承担更多国际责任和义务，为人类和平与发展作出更大贡献。中国将坚定不移走和平发展道路。我们也希望世界各国都走和平发展道路，国与国之间、不同文明之间平等交流、相互借鉴、共同进步，齐心协力推动建设持久和平、共同繁荣的和谐世界。②

在改革动力上，习近平提出了全面的改革计划，包括政治、经济、文化、环境、政党和社会六大方面。按照马克思主义经济作用论，经济改革可以为其他几个方面改革提供动力。

在发展方式上，摈弃追求高 GDP、放弃大举政府刺激的投资、强调发挥市场的决定性作用、促进民营企业发展，经济的变革正在进行；严格控制"三高"企业，着力把生态保护放在重要地位，并制定了国家主体功能区规划。

在稳定保障上，通过反腐来刮骨疗伤，治标的反腐能为治本的法治建设树立氛围和环境，并通过机构改革、简政放权等优化治理体系、提高治理能力，从而提高国家确保稳定的能力。

如今两年时间匆匆而过，回首习近平两年来的施政举措和他所阐述的施政理念，我们不难发现，习近平正在努力改变中国原有的发展、稳定和改革模式，努力构建新的政治、经济和文化模式，着力打造全新的中国模式。到了习近平时代，中国的经济社会环境已经发生了很大的变化。经济发展方面，粗放的、低附加值的，高耗能、高污染、高成本的发展已无法持续；社会稳定方面，利益多元背景下，人民的权利意识不断增强；在变革方面，虽然各方都意识到了变革的重要性，但既得利益集团对触动自身利益的改革的抵制，让变革更显艰难。于是，习近平提出全面推进改革，全面推进依法治国，把权力关进制度的笼子里，提出要建立以制度型为核心的中国模式。

习近平两年中采取的措施有很多，更多的措施还在酝酿中，不过他打造中国模式的决心和策略已经显露出来。

---

① 习近平：《告诉欧洲朋友中国是什么样的国家》，《北京青年报》2014 年 4 月 2 日。
② 习近平：《中国不照搬照抄他国发展模式》，《三秦都市报》2013 年 3 月 20 日。

四 中外学者对"中国模式"的讨论

"中国模式"的重新提起,由两个方面构成,一是国外学者率先讲,这是"由头",二是中国特色社会主义发展的阶段性特征的内在要求。

2004年5月,美国学者乔舒亚·库珀·雷默提出"北京共识"概念后,如何概括和理解中国的发展道路,成为国内外关注和讨论的话题。《香港经济日报》在《"北京共识":发展中国家的上位模式》一文中指出,"北京共识"的核心是按照国情,走自己的路。英国《卫报》在《中国解决亿万人民温饱问题的经验》一文中认为,中国的崛起为其他国家提供了除西方发展模式之外的一个强有力的选择。从国外学者率先讲"中国模式"的"由头"看,就是所谓"北京共识"。他们认为,中国改革开放取得了令人瞩目的成就,中国社会出现了巨大变化,创造了一种不同于斯大林模式、也不同于西方的发展模式。①

一般说来,国际社会常用"中国模式"这个概念,而国内学界则习惯用"中国道路"这一概念。虽然概念不同,但总的来说,绝大多数研究者对其主要内涵的认识大体趋同,即无论是"中国模式"还是"中国道路",都指改革开放以来中国形成的不同于西方资本主义国家、不同于其他社会主义国家,也不同于中国改革开放之前的一整套发展方式、治理模式、体制架构和智慧经验,涉及经济、政治、文化、社会等各个方面。②

当然,国外也有反对"中国模式"的学者。德国学者托马斯·海贝勒就以"中国正处于从计划经济向市场经济的转型期","将伴随有急剧的社会变革和政治变革"为由,否认"中国模式"的客观实在性。在这个基础上,他认为谈论"中国模式"为时过早。英国学者里奥·霍恩在2008年题目为《中国模式背后的真相》的文章中声称,中国之所以成功,恰恰在于没有什么"模式"。2009年6月,美国哈佛大学教授傅高义,又以中国与东南亚四小虎的成功"有相似之处"为由,认为中国的发展是

---

① 俞可平、庄俊举:《中国与全球化:华盛顿共识还是北京共识》,社会科学文献出版社2009年版。

② 王香平:《解析中共领导人关于"中国模式"的论述》,《当代中国史研究》2013年第5期。

"属于亚洲后期快速发展的一种模式",也就是否认中国模式的独立存在价值。

国内学者中,一些人是明确反对提"中国模式"的。他们主要担心有人借"中国模式"名义,强化集权制和政府干预,使中国市场经济的改革方向发生逆转。

国外学者热议中国模式的消息传到国内,首先在"民间"引起强烈反应。2008 年 12 月 25 日,人民论坛《千人问卷》调查组公布了一个调查结果:74.55%民众认可"中国模式"。调查显示,民众认可的"中国模式"的六大关键词是:改革、发展、渐进、开放、试验、稳定。

面对国内外学者有赞成、有反对中国模式提法的情况,我们到底应该持什么态度?

2009 年 2 月 9 日,《北京日报》发表了原中共中央党校理论室主任吴江同志的观点:面对世人争谈"中国模式",我们应当更加自警自检,如实估量自己,谨行慎思,绝不可自我膨胀,自夸"盛世"。

"财经网"在 2010 年春举办了由黄亚生、科尔奈、李君如、潘维、张维为、姚洋参与的"中国模式六人谈"。结果是争论较多、分歧不小。"基本否定派"并不能胜出"基本肯定派";而就逻辑力量而言,两派的缺陷几乎一样多。

2011 年 7 月 8 日,《南方周末》发表了中国著名的社会主义理论研究专家高放对中国模式问题的观点。高放指出,既不能简单说没有什么中国模式,也不能说中国模式好得很,其他国家都要向我们学习,因为这两种观点都是片面的。

应该说,国外大多数赞成中国模式的学者还是善意的,他们的基本倾向是用中国模式这一研究平台肯定改革开放 30 多年中国的发展成效。当然,一些国外学者在分析中国模式时是加入了过分政治意识形态的偏好,这也是我们应警惕的。

面对"中国模式"的分歧不小的局面,课题组是主张在创新理论与实践基础上来谈中国模式的。这里包括两层意思:一是要允许讨论中国模式,二是要创新性的研究。我们认为,中国模式从回避到现在"热议",是中国特色社会主义发展的阶段性特征的内在要求。十一届三中全会以来,中国在建设中国特色社会主义道路上,凭借我们的理论优势、制度优势,现代化建设取得了举世瞩目的成绩,国家面貌与人民生活发生了巨大变化,有人说是"三十多年走完了西方上百年才走完的路"。怎样才能把我们的发展成绩与经验定格定型化?我们现有的认识"主流"是道路、理论、制度,这些都是要不断发展的。也就是说,现有的中国特色社会主义认识工具缺乏将我们的成绩与经验定型、定格化的功能。如果引进模式范畴,使之成为道路、理论、制度在实践中的动态链接工具,成为特殊"历史情景"、"历史时间"下成绩与经验定型、定格化的理论认识工具,是有益于中国特色社会主义的。

根据我们的研究考证,对"中国模式"的研究大致存在着十一届三中全会以来的中国共产党历届中央领导集体和中国学术界这样两个既相互联系、又相对独立的线索。从第一条线索看,是邓小平同志首先作出了"中国有自己的发展模式"的判断,并多次谈到"中国模式"这一概念,为中国模式的研究奠定了基础;胡锦涛、习近平同志也都在重要讲话中谈到了中国模式,不过各自强调的视角有区别。比如,2008年4月,胡锦涛同志在博鳌亚洲论坛的讲话中,是强调模式与时代、国情、人民的关系;2013年9月,习近平同志在哈萨克斯坦纳扎尔巴耶夫大学的演讲中,强调的是中国模式发展的主要内容与功能。从第二条线索看,中国学术界在2008年才正式开始了对"中国模式"的研究。2011年1月,《红旗文稿》发表了题目为《中国模式研究综述》的文章。文章认为,学术界主要围绕概念、特征、走向对中国模式进行研究。同时,这种研究目前仍处于百家争鸣、各抒己见的阶段。我们认为,这个判断是符合实际的。

著名未来学家约翰·奈斯比特与赵启正对话"中国模式"时说:"如果你自己不能充分肯定自己,你又怎能让别人来肯定你呢?所以,应该为自己的成功模式感到高兴。"[①]

关于中国道路与中国模式的关系,我们认为,可以这样来理解和把握:中国道路是指立足于本国国情,从中国实际出发,走出的一条具有中国特色的革命或者建设之路,它侧重于中国发展过程和发展形态的实践本身。中国模式是指基于中国革命与建设发展过程和发展形态上的、对中国实践经验抽象和升华提炼出来的核心理论体系,侧重于对发展过程和发展形态的理论概括,尤其是方法论指导。

---

① 赵启正、[美]约翰·奈斯比特、[奥]多丽丝·奈斯比特:《对话:中国模式》,新世界出版社2010年版,第15页。

五 理论创新是突破模式问题窘境的良策

之所以有人不那么赞成正式承认"模式"这一概念，在相当程度上是出于对模式理论本身的缺陷引发的若干后遗症障碍的担忧。比如，高放同志就指出，千万不要因为"中国模式"而使我们陷入头脑膨胀、故步自封的泥潭。

如何既正面承认中国模式，又克服模式本身的缺陷容易引发的故步自封与教条主义化的弊端？我们认为，唯有对模式理论进行范式转换意义上的创新。"范式转换"是美国学者库恩提出的著名观点，其基本意思是讲，随着实践的发展变化，原来的理论落后于实践是必然的。相对于实际落后或"过时"了的理论，对实际就失去了"解谜"即解释功能。在这种情况下，唯有对原理论进行核心概念的变化、创新即"转换"，也就是创新理论，才能改变理论的落后或"过时"。我们认为，用已有的关于"模式"的理论为标准，讲中国模式确实两难：不讲模式，无法将改革开放的成绩、经验定型、定格化；讲模式，难逃僵化与故步自封怪圈。

我们认为，用"范式转换"创新模式的理论与实践基础，再用创新了的模式理论分析中国模式，应该重视著名学者徐崇温对模式问题创新提出的意见。2010年4月12日，徐崇温发表题为《对"中国模式"有四个误解》的文章，文章虽不是从范式转换角度说中国模式，但是，徐崇温的观点对"模式的范式转换"的研究有借鉴意义。徐崇温在文章中说：(1) 要准确理解邓小平提出中国模式的着眼点，不要再从"示范、样板"之意的视角理解模式。邓小平说："任何国家的革命道路问题，都要由本国的共产党人自己去思考和解决"，因此，"我们认为国际共产主义运动没有中心，不可能有中心，我们也不赞成搞什么'大家庭'，独立自主才真正体现了马克思主义"。邓小平提出中国模式时的着眼点，恰恰是反对苏联的大国沙文主义，主张各国要独立自主地寻找适合本国情况的发展道路和发展模式。(2) 要正确处理模式本身的"定格"与变化的关系。正如胡锦涛同志所指出的那样，世界上"没有一成不变的发展道路和发展模式。我们既不能把书本上的个别论断当作束缚自己思想和手脚的教条，也不能把实践中已见成效的东西看成完美无缺的模式。我们要适应国内外形势新变化、顺应人民新期待"。中国模式正处在发展变化之中，这无疑是符合客观实际的。因为任何国家的发展模式都是在特定的时间条件下，为实现发展的战略目标,解决人们生活中存在的突出问题而形成和发展起来的。所以,随着国内外形势的发展变化,人们生活中突出问题的发展变化,它的发展模式也要发生相应的变化。①

根据徐崇温同志的观点,现有模式理论的创新首先是一个哲学方法论问题,核心是要正确处理模式的普遍与特殊、定型与变化的关系。

六 问题、道路、模式、理论关系辨

中国人对模式的接受还是拒斥、是回避还是主动的面对选择,关键在于要把讲模式的目的和对模式相关关系处理好。在这些关系中,主要是对问题、道路、模式、理论关系的认识与处理。

为什么不能回避模式?我们认为,根本原因在于模式在解决时代问题中具有不可缺少的作用。由此也决定了,讨论模式必须首先以问题的产生、存在、变化为标准。一旦用这种标准看待模式,那么,任何正确或成功的模式都一定是可以解决或已经解决了的特定时空与条件下的问题。而且现实的模式也只能解决特定时空与条件下的问题,不存在可以解决一切问题、永远可以解决任何问题绝对正确、永远正确的模式。同时,随着时空与条件的变化,特别是根本性的变化,用可以解决新问题的、创新了的模式去代替原有过时了的模式,是必然的,也是人们认识世界和改造世界的重要任务。

模式与道路的关系,迄今仍是理论界与实际工作者特别关注的问题。毫无疑问,道路是模式形成的前提与发展之依托。没有道路,模式是无本之木,无源之水;没有道路,模式之"车"寸步难行。胡锦涛同志在十八大报告中说得好:道路关乎党的命脉,关乎国家前途、民族命运、人民幸福。

在实践过程中,道路与模式是互相排斥、还是可以并存的关系?这是讨论模式问题的关键所在。有这样的说法,"肯定了模式,就必然否定道路",即道路与模式是水火不相容的关系。这种观点的前提是把已有模式当作"绝对正确"的化身,横向的"别人"、纵向的"继承者"对已有模式只能复制,不能有怀疑,更别说创新了。在这样的思维下,已有的模式就成了"神",有了它这个"模式或'模子'",别的道路都不能存在

---

① 徐崇温:《关于如何理解中国模式的若干问题》,《马克思主义研究》2010 年第 2 期。

了。所以，关于道路与模式水火不相容关系的认识，首先体现在模式的主观指导思想与思维方式上就有问题。我们认为，模式对于道路来说既不是可有可无，也不是水火不相容的关系。模式是实践过程或道路上的里程碑。模式对于道路是历史的里程碑，是现实成功经验的集合，是通向未来发展的基础。

认为道路与模式可以兼容，主张在中国特色社会主义道路前提下讲模式的学者也是有的。《马克思主义研究》2012 年第 11 期，发表了程礼伟题目为《理论创新不应当回避"中国模式"问题》的文章。[1] 程礼伟在文章中认为，存在"中国道路"向"中国模式"演进的必然趋向。也就是说，讲道路否认模式，将使中国道路的演进出现实践逻辑的中断。

我们主张把模式存在与发展的基础与标准立足在实践、时代问题上，目的是防止把模式教条化、僵化的片面性。这是过去在模式问题上的主要教训。但是，并不能由此走向另一种片面性，否认理论的重要性。模式基础在实践，但也不能离开理论而存在与发展。因为任何成功模式的内容，不可能只有实践，没有理论内容。成功模式的内容总是同等重要地包含着理论创新、实践创新两个方面的成果。

当然，需要强调的是，与模式所解决问题相对应的理论，并非专门学术化的那种一定要系统得可以号称"体系"的理论，而是理论硬核。在这里，库恩关于"理论硬核"的观点对我们是有启发的。库恩的不同于理论体系全盘继承或否定、主张对理论进行范式转换意义上的创新的基本主张是：通过研究方法创新推动"理论硬核"适应新情况的解释力的转换。[2] 这就意味着，与模式对应的以理论硬核为核心的理论，不仅是构成模式不可缺少的内容，同时还为模式在解决时代问题的过程中提供价值选择导向、过程难题"解谜"的支持及其实践结果"合法性"等诸多不可缺少的支持。比如，今天的改革开放极大地提高了中国的生产力与改变了人民生活，但是，也存在各种矛盾与问题，对改革开放是"好得很"、还是"糟得很"的认识分歧又成了困扰社会的问题。只有站在中国现代化的历史规律或问题解决的高度，以中国特色社会主义理论体系作指导，我

---

[1] 程礼伟：《理论创新不应当回避"中国模式"问题》，《马克思主义研究》2012 年第 11 期。

[2] ［美］库恩：《科学革命的结构》，金吾伦、胡新和译，北京大学出版社 2003 年版。

们才能全面正确认识改革开放的伟大历史功绩,坚定在错综复杂的矛盾中把改革开放进行到底的决心。在探索解决时代问题的道路、创新解决问题的模式中,必须同步创新理论;在致力于时代问题的解决中总结、肯定某种模式的时候,也必须对理论创新成果进行适时总结并发挥其应有作用,这就是我们应有的态度和行动。

所以,我们对问题、道路、模式、理论的关系形成了图0—1:

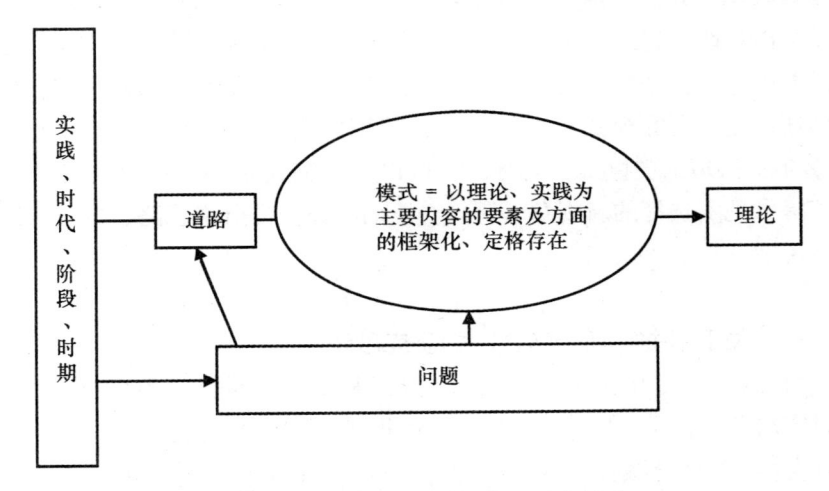

图0—1 问题、道路、模式、理论关系

（图示：实践、时代、阶段、时期 → 道路 → 模式=以理论、实践为主要内容的要素及方面的框架化、定格存在 → 理论；问题指向道路与模式）

吴敬琏先生说过,"让历史照亮未来的道路"。模式不是复制未来或"他者"的模具或桎梏,但是,模式是历史精华的凝结,模式可以是思想未来的参照系,模式可以是链接"历史→现实→未来"的桥梁。

因此,一个国家采用的模式是一个国家的大战略,包括政治、经济和文化等多方面,它至少要能回答三个问题:如何实现发展？如何在发展中保持稳定？在发展和稳定之间如何保持变革的张力？围绕这三个问题,新中国成立以来,中国共产党人进行了多方面和多种方式的探索。

第五节 本书的研究思路

根据前面的论述,从学术上看模式是从来就有、且作用很大的,只是长期以来缺乏深入的理论探讨而已。所以,习近平同志在2013年8月19

日的全国宣传思想工作会议上的讲话中,及时提出了一个值得我们重视的观点:对当代中国的认识,应达到理性的水平。理性认识水平的内容,包括对中国发展道路和发展模式的科学、客观的认识。

2008年源于美国并波及全球的金融危机,为"中国模式"被广泛重视提供了由头或契机。但是,为开展"模式"与"中国模式"的研究提供压力及其动力的基础,在于中国特色社会主义的发展阶段。21世纪的中国以改革开放为直接动力的现代化建设,进入历史累积与现实矛盾的凸显期,深化改革也进入了"深水区"。科学、客观地看待改革开放的过去与沿着中国特色社会主义道路继续推进改革都同样不易、同样艰难。如果我们通过创新研究模式与中国模式,就可以为正确认识改革开放的过去30多年提供理论支撑点,同时,也可以为全面建设小康社会阶段的深化改革提供现实选择的新视角。所以,下面将我们的研究思路、方法与结构作一说明。

一 关于本书"两个结合"的研究思路

"模式"与"中国模式"问题,从学科归属来看是"科学社会主义"的研究对象。但是,"模式"与"中国模式"问题的研究,又不能受"科学社会主义"学科划地为牢的束缚。所以,在本书中我们确立了"两个结合"的研究思路。

一是在"模式"与"中国模式"问题的研究中,将马克思主义哲学与科学社会主义相结合。因为在马克思、恩格斯、列宁、毛泽东同志那里,科学社会主义的革命或建设问题的探讨都是与哲学世界观及方法论紧密相结合的。马克思恩格斯合著的《共产党宣言》,是哲学历史唯物论、历史辩证法与科学社会主义相结合的范例;列宁在提出"社会主义一国胜利论"时,也首先进行了辩证法的哲学理论探讨;毛泽东同志在20世纪50年代解决中国社会主义建设的国民经济、社会矛盾问题时,也是把这些问题的思考同研究认识论、辩证法、社会基本矛盾等哲学理论相结合的。

二是在"模式"与"中国模式"问题的研究中,将模式与理论创新及其实践创新相结合。我们认为,如果仍囿于通行说法,把模式禁锢在事物及其模型的形而下学范围内研究,就无法深入揭示模式的本质与创新特征。只有将模式与理论创新及其实践创新相结合,才能够通过揭示模式创新的本质，从而在创新的阶段性需求与成果中客观地肯定现存的模式；同时，又能在理论创新及其实践创新中，深入揭示模式再创新的规律。

二 本书的逻辑结构

本书由一个导论、三编十二章构成。

导论的中心观点是，"社会主义实践借助模式走向科学"。通过社会主义革命与建设两个历史阶段的回顾，力图证明科学社会主义理论在走向实践、理论与实践的创新，都不能离开模式，模式的功能就是使理论与实践创新实现"空间落地"。导论还对人们普遍关心的道路、模式、理论等关系作了比较深入的探讨。

第一编由四章构成，重点是探讨模式的学术基础。

第一章主张突破现有模式的"事物"逻辑基础，把模式置于理论与实践的"双重基因"之上。该章指出，中国模式具有理论与实践双重基因的内涵，因为理论与实践存在"弱相互作用"，以致形成模式的理论与实践基因的非对称性格局；并认为，中国模式需要的理论与实践支撑点也存在理论及其实践创新的非同步、非称性问题，由此将引起模式创造、发展中的一系列实际问题。

第二章探讨时代阶段性、理论硬核对模式创新的影响。由于模式内在的理论与实践之双重基因，理论与实践的本质或存在方式就是创新，由此，模式创新也就成了必然。在模式创新中，必须注意时代的阶段性、理论硬核的作用。

第三章探讨模式创新的模式轴与维度的结构基础。该章认为，任何模式结构都存在模式轴与维度。模式轴是由时代主题与国情共同决定的社会有机体的某个领域或方面，稳定性强。也就是说，所谓"模式轴"，就是被时代主题与国情共同决定或锁定为"中心"的、社会有机体的某个领域或方面。在模式轴基础上，将形成并拓展模式维度，模式轴还将决定模式维度之间的关系。所谓"模式维度"，也不过是社会有机体领域、方面、生活的关系地位的历史定格。本章研究的意义在于，把模式以创新为核心与标准分为两大类：模式轴不同的类型创新，模式轴相同但模式维度有差异类型的创新。

第四章探讨对模式的辩证思维方式。模式虽然重要，但人们对模式的认识与评价存在因各种片面性而产生分歧。因此，要反对对模式的片面思维方式，提倡"全景式思维"，这样才能客观地评价与认识中国模式。

第二编由两章构成，重点是研究中国革命与建设中模式轴类型的创新。具体内容是研究毛泽东同志革命时期与建设时期不同的模式轴变化的中国模式创新问题。

第五章探讨毛泽东思想与"中国革命模式"的成功选择。该章认为，毛泽东同志关于中国革命的理论、道路、实践创造都是借助井冈山根据地模式变成活生生的生活事实的。同时，井冈山根据地模式的内容，也可以兼容（容纳）或包含中国革命从道路延伸到理论概括及其实践的一切要素、创造，就像恩格斯认为《关于费尔巴哈的提纲》就包括了马克思天才世界观萌芽的全部内容一样。在中国革命中被迫开始的二万五千里长征，证明了根据地的得失存亡关系着中国革命的全部理论与实践的盛衰荣辱；抗日战争与解放战争的实践，也是依托根据地进行与发展的。所以，本书把毛泽东同志创造的中国革命模式具体概括为"井冈山根据地模式"。

第六章探讨新中国成立至十一届三中全会召开前，在毛泽东同志领导下对中国社会主义建设的探索。胡锦涛同志在十八大报告中指出，以毛泽东同志为核心的党的第一代中央领导集体在探索建设社会主义的过程中，虽然经历了严重曲折，但为新的历史时期开创中国特色社会主义提供了宝贵经验、理论准备、物质基础。本书正是按照这一精神，概括了在毛泽东同志领导下对中国社会主义建设的探索历程。

第三编由六章构成，重点是探讨中国特色社会主义理论体系下"中国模式"的维度型创新问题，即研究在改革开放30多年中，继邓小平创立的有中国特色社会主义建设模式在以经济建设为中心、改革开放大政方针始终坚持即模式轴稳定性的基础上，在"三个代表"重要思想、科学发展观等创新理论推动下，"中国模式"的维度型创新问题。

第七章概括在邓小平同志领导下，创立有中国特色的社会主义建设模式。该章认为，邓小平同志之所以能够领导我们创立有中国特色的社会主义建设模式，首先在于邓小平同志以实事求是为思想路线，从中国国情即社会主义初级阶段出发即像列宁那样立足个别，同时结合国际和平发展的一般时代主题谈模式。至于邓小平的社会主义建设模式是什么，我们认为应该从党在社会主义初级阶段的基本路线为切入点来讨论这个问题，并借助图示来说明其观点。

第八章探讨"中国模式"的维度型创新的必然性。该章认为,时代主题稳定性下的国际形势风云变幻、国情阶段性特征稳定性下的现代化建设成绩推动下的量变,是提出"中国模式"的维度型创新必然性的主要依据。

第九章探讨"三个代表"重要思想与中国模式维度创新。该章认为,在"三个代表"重要思想创新成果推动下,中国特色的社会主义建设模式的创新主要反映为全面开创社会主义现代化建设新局面、经济体制改革的市场经济方向确立及社会主义政治、经济、文化"总体布局"的认识与格局形成。

第十章探讨科学发展观理论与中国模式维度创新。该章认为,科学发展观理论的提出,是发展世界观的根本变革,是发展价值观的飞跃。科学发展观对中国建设模式创新的影响力主要表现,是以"发展上水平"牵引下的建设质量和发展效益的提高。

第十一章探讨推进科学发展的实践进程与中国模式维度创新。该章认为,随着"学习贯彻落实科学发展观活动"的开展及其科学发展实践的推进,中国特色社会主义的建设模式在以人为本指导下,发展的架构真正开始了从"物本"向"人本"的"乾坤大挪移"式的变化。

第十二章探讨了"中国梦"的提出创新着中国模式的问题。该章研究了中国梦的内涵、特征、动力机制问题,研究了中国梦的战略支撑和战略措施等重大问题。该章还研究了"四个全面",认为它为创新中国模式提供了战略布局。

三 本书的创新亮点

我们认为,本书有六个方面的创新性成果。

第一,创新了模式的理论基础。主要表现为两个方面:(1)创新了模式的哲学基础。现有通行的模式的哲学基础是强调其普遍适应性,似乎一旦登上模式"宝座",就可以充当"模子"被到处膜拜复制。我们认为,模式的哲学基础是个性、特殊时代与条件,对模式思维方式的基础应该是实事求是的思想路线。虽然个性的模式或许包含普遍性价值,但是,其普遍性价值实现一定是创新的过程。(2)创新了模式概念的内涵。通行的模式内涵强调的是其形式方面,"供效仿的范例、模特儿、产品的范本或模型";我们则认为模式的内涵是理论与实践"双重基因",这双重基因的本质是创新与再创新。

第二，原创性地提出了模式轴与模式维度概念，并用模式轴与模式维度作为分析模式内在结构的基础，概括中国模式的两种类型，并区别共产党作为革命党与执政党不同时代创立模式与模式创新的实践。

第三，对中国模式发展作了具有原创性的概括。中国共产党90多年在革命与建设的不同时代，其模式式样也应该分为中国革命或建设不同时代、阶段的模式式样。对于这个有重要理论与实践意义的问题，过去少有人概括与研究，本书进行了这方面积极的尝试。

第四，对中国特色社会主义实践中中国模式创新的必然性进行了创新性的探讨。改革开放30多年，中国共产党理论创新的"节奏"加快是事实，产生了邓小平理论、"三个代表"重要思想、科学发展观理论。党的理论创新节奏是与实践周期压缩相关的，我们30多年走完了发达国家上百年才完成的任务且未出现大的曲折，这与理论和实践创新的自觉有关。本章认为，正是在时代稳定下的形势风云变幻、国情未变但又出现阶段性变化的特征背景下，提出了理论与实践创新的要求，而理论与实践的创新又呼唤与促进了中国模式的创新。

第五，对科学发展观开辟了中国模式创新的新境界进行了专门的深入研究。党中央多次强调，要用马克思主义的最新成果指导中国特色社会主义的实践。科学发展观是马克思主义创新的最新成果，胡锦涛同志在十八大报告中说："面向未来，深入贯彻落实科学发展观，对坚持和发展中国特色社会主义具有重大现实意义和深远历史意义，必须把科学发展观贯彻到我国现代化建设全过程、体现到党的建设各方面。"[①] 所以，进行科学发展观开辟了中国模式创新的新境界的研究是必要且有益的。

第六，分析了"中国梦"的提出创新着中国模式的问题。党的十八大以后，以习近平为代表的党中央提出了实现"中国梦"的问题，提出了实现"中国梦"的科学内涵、三大要求、动力机制和战略步骤，它创新着中国模式。

我们认为，在中国特色社会主义现代化建设的今天，在以习近平为总书记的党中央带领下，我们党正把十八大提出的奋斗目标、十八届三中全会部署的全面深化改革的重大举措和十八届四中全会提出的全面依法治国

[①] 胡锦涛：《在中国共产党第十八次全国代表大会上的报告》，人民出版社2012年版。

战略途径，以及群众路线教育总结会提出的全面从严治党目标加以贯彻落实。我们有理由相信，中国特色社会主义的建设模式会在新的发展起点上进一步完善创新。同时，随着全面深化改革实践的向前推进，对"中国模式"的研究将继续深入下去，对中国特色社会主义道路的理性认识必将上升到新的更高的水平。

第一编

研究"中国模式"的学术基础探微

在前面导论部分，我们回顾了模式概念与模式问题，中国上千年前就使用了模式概念，但它在众多中国词汇中并不具有突出位置。

对中国模式的研究范式创新应当怎样进行？我们认为，应该重点解决模式研究的哲学方法论的创新、模式创新的路径依赖基础的确立、对"模式轴"为核心的模式结构的分析、模式思维方式的"全景视野"的树立这四个方面的问题。

关于模式研究的哲学方法论的创新问题，要强调分析模式的方法论创新与对待模式的世界观即思想路线的统一。库恩在谈到方法论时曾经指出，方法论也是世界观。反过来说，科学的世界观必然具有研究方法论的功能。徐崇温指出，在模式问题上我们主要面临的是普遍与特殊、模式定型与变化矛盾的处理。这些问题，从理论上讲都是一个哲学问题，即关于模式的世界观与方法论问题。马克思在《关于费尔巴哈的提纲》中，把他的哲学世界观称为"实践唯物主义"，并认为实践唯物主义是以解决世界问题为中心并达到改造世界目的的哲学。只有把模式问题面临的普遍与特殊、模式定型与变化这一矛盾，置于实践现实与变化的系统与历史情景中去分析，才能有较科学的认识。所以，解构模式的方法论首先要到实践结构中去分析。

研究模式是为了帮助别人、激励自己不断进行理论与实践双重的、同步的创新。历史经验证明，把握模式的理论与实践创新本质是关键。要把模式创新的基础与路径依赖从事物位移到实践，在实践中探讨模式的理论与实践支撑点的创新需求及其关系。

我们认为，讨论模式，注重其形式方面特点的区别是对的，的确，没有特点难以成模式。同时，作为一个模式的事物的特点本身也是将转化为内容的有机整体、系统集合。比如，中国特色社会主义与斯大林体制相比较，具有若干创新性特点，这些特点又是中国特色社会主义理论与实践的丰富内容。这些由模式特点形成的有机整体、系统集合的转化了的内容，我们用"模式轴"概念加以概括，有了它，可以极大地深化对模式及其特点的讨论。

现有关于模式的理论中，比较强调的是模式思维方式功能的内容。但是，以往关于模式的理论与实践的教训，往往也出在思维方式上面。模式的创造者"自己"与模式的"他者"，都容易出现思维方式错误。模式的创造者"自己"，往往容易用故步自封、"顶峰论"的绝对主义看待模式，不容易认识到任何成功模式只是特殊历史时空条件下的产物，一旦内外条件发生变化，过去的成功模式将让位于创新了的模式。模式的"他者"，往往容易对影响自己的模式犯绝对主义与相对主义的思维错误，要么对别人创造的模式不以为然，要么搞教条主义的照抄照搬。我们认为，这就是关于模式问题的"全景视野"思维方式。

第一章

研究模式的实践唯物主义世界观的厘定

引导词：

模式的逻辑起点是联系事物还是实践？这是研究模式问题首先要厘清的"基本问题"。

传统模式观认为模式是事物的附庸或可复制的事物一般形式的集合。

我们认为，模式的逻辑起点是联系实践。由于实践受时代与国情双重制约，任何实践都存在理论与实践双重"基因"。

如果这样看模式，其创新本质、理论与实践内涵、时代与国情的个别特质都浮现出来了！

这样就颠覆了现行模式观，打开了以创新为宗旨研究模式的"方便之门"！

在导论中，我们提出了关于通过对模式研究的创新来突破模式问题上窘境的观点。那么，模式理论创新的起点是什么？我们认为，应该是把模式理论置于马克思主义的实践唯物主义世界观基础上，从理论基础上赋予模式既随实践条件定型化、又具有与时俱进"基因"的理论基础。

第一节　现有模式理论缺陷与品质分析

现有模式理论的根本缺陷是什么？是对模式拘泥于"事物"实证局限的形而下学研究。换句话说，现有模式理论的对外盲目输出、对内僵化的实践后果，与其理论基础的哲学高度不够有着内在的紧密关系。因此，要创新模式研究理论，必须要突破模式载体的"实证"误区，用马克思主义的实践唯物主义哲学世界观来解构模式的结构与本质,这是正确理解把握模式的前提和基础。

一　现有模式理论拘泥于"事物"实证的局限

理论界认为,模式是研究自然现象或社会现象的理论图式和解决方案。可以这样说,现有模式理论主要是拘泥于具体事物"现象",因而不可避免存在形而下学这一实证局限性的客观事实。我们认为,如果研究模式的理论基础是以形而下学的事物为逻辑起点,将带来以下三个弊端。

第一,以具体事物为模式的逻辑起点与止点,不符合客观实际。事物只是客观世界的"具体现象载体",不是世界的全部与发展态势。如果以事物为模式的逻辑起点与止点,必然留下对模式认识的只见树木不见森林、只见现实而忽视发展过程的片面性。

第二,以具体事物为模式的逻辑起点与止点,不符合人类社会实践的逻辑。马克思在《关于费尔巴哈的提纲》中强调,"社会生活的本质是实践",人们实践的结果将使一切原来神秘的东西得到合理的解决。[1] 在《路德维希·费尔巴哈和德国古典哲学的终结》中,恩格斯指出,社会实践是以千百万人有目的、有激情、有持久性的活动,并形成"伟大的历史事变"的形式展开的。[2] 恩格斯在这里实际上给我们揭示了一幅实践逻辑图。这个图的关系是"人的活动→伟大的历史事变"。如果说模式指向的事物就是伟大的历史事变,那么,历史事变是因人的活动而产生,也将随人的活动的继续而变化与发展。讲模式,如果只讲事物或事变,撇开其生成、变化之人的实践,其弊端是显而易见的。

第三,用旨在凸显具体的事物模式理论来说中国模式,更显其理论贫乏。中国模式,追溯其历史,应该从毛泽东同志领导我们开辟的中国革命道路以及新中国成立后在建设中的实践探索开始。十一届三中全会以后,邓小平同志又领导我们开辟了有中国特色的社会主义道路,迄今又经历了几届领导集体的30多年继往开来的接力奋斗。无论是中国革命道路,还是建设有中国特色的社会主义道路,其理论基础都是马克思主义的实践哲学,具体内容是通过形成以实事求是为核心的思想路线,以保证在活动中

---

[1] 《马克思恩格斯选集》第1卷,人民出版社1972年版,第18页。
[2] 《马克思恩格斯选集》第4卷,人民出版社1972年版,第243—249页。

理论联系实际，从而通过解决革命或建设中的重大战略问题，开创革命或建设发展的新局面。

二 模式的理论与实践双重品质分析

什么是品质？据"百度百科"的解释，品质是关于事物内部定型了的技术状态的有关信息，主要指人的行为和作风所显示的思想、品性、认识等实质。

我们认为，毛泽东同志在《实践论》中指出，实践逻辑存在感性认识与理性认识的区别，又存在感性认识向理性认识飞跃的必然性。可以这样说，实践的过程与逻辑存在实践与理论双重内涵、基因。运用研究的方法来看待模式的品质，就完全可以说理论与实践是"模式的双重品质"。研究模式的理论与实践双重品质有什么意义或必要性？就在于奠定模式研究冲破现有的局限或事物局限的逻辑起点与止点，把模式的理论研究空间扩展到理论与实践的双重境界。同时，如果用理论与实践的双重品质看待模式，那么我们对模式的认知维度、思维方式与水平将发生根本性的改变。

理论与实践是"模式的双重品质"，这种界定从模式自身看有根据吗？我们认为，迄今为止出现的被称为"模式"的事物载体，无论其正确与否，都具有理论与实践的双重品质。无论是表现为客观性框架还是主观行为的模式，都是如此。比如，今天仍盛行于西方的选举民主、现代企业制度、思想自由等都是被广泛认可了的事实上模式化了的东西，都有其理论基础与实践运作程序。选举民主与思想自由的理论基础是现代人权理论，有一套法制化了的保证选举权利与合法表达思想的制度设计与程序；现代企业制度除了法律制度外，还有一系列实现企业法人的各项资本要素得以配置与重组的市场载体及其运作程序。西方现代化中出现的一些错误模式，也是有理论与实践的双重品质。比如，金融危机制造者们的理论基础，是非理性的逐利动机，这体现在"金融杠杆"运用中的过度投机行为等。

把理论与实践界定为"模式的双重品质"，揭示了包括中国模式在内的革命与建设模式的共性。其理由如下：

其一，理论与实践并重，是马克思主义的一贯主张。马克思在《关于费尔巴哈的提纲》中，强调用"实践唯物主义"对"旧唯物主义"进行理论变革,同时又十分强调要通过解决问题改革世界的实践。认识把握理论与实践的关系,还要重视因国情与文化水平的差异所产生的特殊性问题。在西欧,由于社会发展水平与文化水平较高,不顾实际情况变化教条主义地理解与运用理论,是值得注意的问题。所以,马克思在《哥达纲领批判》中提出了"一步行动比一打纲领更重要"的名言;恩格斯也在《共产党宣言》1872年德文版序言中说,《共产党宣言》理论的运用,"随时随地要以当时的历史条件为转移",① 这里恩格斯强调了在理论与实践的关系中,要注意实践相对于理论的优先性。

其二,在革命与建设中创造被称为"模式"的成功经验,马克思主义从来都强调发挥理论与实践的双重作用。列宁在领导俄国的社会主义革命中,创造"一国胜利"理论,并且探索出了从参加资产阶级议会(杜马)到武装起义的模式。在探索社会主义建设中,列宁创造了正确对待资本主义文明成果特别是市场经济的理论,同时领导俄国进行了"新经济政策"的实践创新。在中国革命与建设中,同样重视理论与实践,更是中国共产党人的优良传统。毛泽东同志在《实践论》《矛盾论》中,既批评了教条主义,又主张反对经验主义,这种思想推动了后来的延安整风,形成了马克思主义与中国实际相结合的原则和以实事求是为核心的思想路线。邓小平同志在领导我们开创有中国特色社会主义道路中,首先通过"真理标准讨论",纠正了实践的理论指导即从"以阶级斗争为纲"到以经济建设为中心,恢复了党的以实事求是为核心的思想路线。在30多年的中国特色社会主义实践中,党的历届领导集体,都始终把理论创新与实践创新一体化。所以,改革开放30多年的实践改变了中国社会的面貌,也形成了邓小平理论、"三个代表"重要思想、科学发展观等理论创新成果。

三 实践、事物、模式三者关系的分析

用实践唯物主义世界观的理论方法与思维方式看待模式,就必须正确认识与处理实践、事物、模式三者的关系。

实践自身是由既稳定又动态的实践框架、实践过程的过去现在及未来、实践结果复杂系统所构成,而所谓事物不过是实践系统的历史与现实

---

① 《马克思恩格斯选集》第1卷,人民出版社1972年版,第228页。

及其未来、普遍与特殊的一个交汇点。由于事物对于实践的相对性,由于实践既稳定又动态的特征对于事物的根本影响,事物模式的表象也具有既稳定又动态的特征,任何被称为"模式"的东西,都不过是历史与现实及其未来、普遍与特殊的一个交汇点。所以,任何把具体模式神圣性绝对化的认识与行动都是站不住脚的。

由于人类的实践还有"共时性并存"的特征,所以,同一事物的模式表象不是"一",而是"多",即同一事物与之对应或表现事物的模式,绝不只有一个,而是多样的。

归纳起来,我们认为,实践、事物、模式三者的关系可以用图1—1来表现:

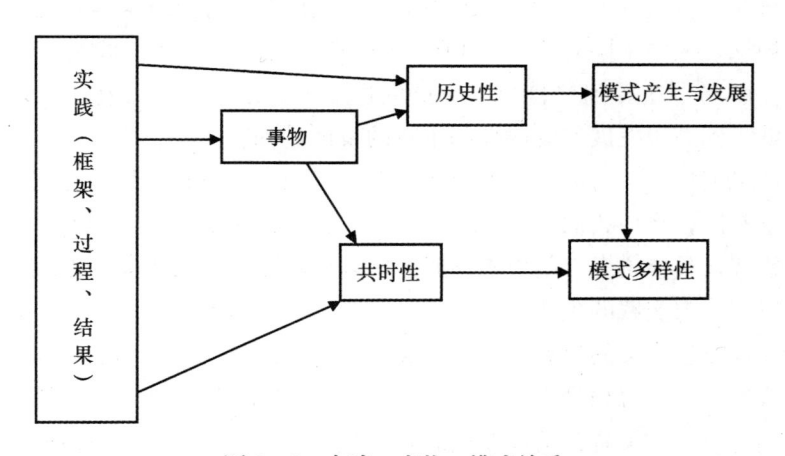

图1—1 实践、事物、模式关系

我们认为,实践、事物、模式三者的关系,也在一定意义上说明了模式生成、发展、完善的机理问题。实践的发展阶段即时代特征及其造成的实践趋向与形势,是模式生成的必然性所在;时代的一般性在具有特殊性存在的"事物"上的历史性与共时性,即"时空锁定",具体形成了模式的发展与演化;而立足于有特殊性存在的"事物"基础上的模式的发展与演化,必然是遵循着"多样性"发展规律的。所谓"模式的完善"问题,其内容应该理解为多样性的模式在模式轴稳定前提下的模式维度拓展、模式轴与模式维度耦合及其复杂的过程。(关于模式轴与模式维度,后面还将专门研究。)

第二节　模式双重"基因"及其架构

把模式指向或对应之事物置于现实的实践框架与运动实践系统中分析后，模式与其指向或对应之事物都复杂起来了。但是，最根本的复杂性在于实践对模式"基因"构成的改变，这些改变既体现在模式对应之实践自身的辩证性，也体现在从人对模式的认识与把握角度看存在可能的种种失误。

一　自在和自为的关系与模式的双重"基因"

自在与自为是19世纪德国古典哲学家黑格尔的专门术语，用以表述绝对理念发展的不同阶段。"自在"即潜在之意，"自为"即展开、显露之意。由"自在"到"自为"发展的过程表达了包括思维在内的整个世界由低级到高级发展的规律性和丰富的辩证过程。

如果把自在与自为、理论与实践两个方面看作事物产生、存在并发展的双重基因，将使我们对事物观察与分析的立足点发生"乾坤大挪移"式的改变，具体说来，是对事物研究的理论轴心将从对现象与本质的关系转向对理论与实践的关系。

在马克思主义的思想史中，马克思非常关注自在与自为、认识或理论与实践的关系，恩格斯则关注现象与本质（或规律）的关系，列宁更注重个别与一般的关系，毛泽东同志在《实践论》《矛盾论》中则关注普遍与特殊视野中的理论与实践关系。也许可以这样讲，注重立足于一般与个别、普遍与特殊视野中的理论与实践关系，才能形成更加有利于理论创新与实践创新相互促进的革命和建设的新局面。

这就启发我们，研究中国模式，进而研究模式的理论与实践的双重基因，首先就要将模式置于实践的一般与个别、普遍与特殊的框架与过程中，防止对模式的各种片面、僵化思维的干扰，才能为正确处理模式的理论与实践关系奠定其思维方式基础。

二　"中国模式"的双重基因内涵

总体说来，"中国模式"的理论与实践双重基因内涵都具有特指性、对应性特征与要求。

毛泽东同志领导我们创造的中国革命的理论与实践内容及其模式，是当时中国革命的时间、空间、条件的特指性、对应性的产物。比如，以"无产阶级专政下继续革命理论"命名的"毛泽东晚年错误"，其错误内容就是把中国革命阶段的阶级斗争理论与不受法制约束的群众运动实践形式搬到社会主义建设中。按毛泽东同志的原意是要"反修防修"、"抓革命，促生产"，结果是生产力受到严重破坏、社会发展遭受阻碍。可见，不顾模式理论与实际内涵、内容的历史时空条件的特殊、对应性，即便是曾经正确的模式及其理论与实践内容的照搬，形成的后果也是灾难性的。

邓小平理论、"三个代表"重要思想、科学发展观构成了中国特色社会主义理论体系内部的继承性、一贯性，它们都是中国社会主义基本制度条件下、在社会主义初级阶段按实事求是为核心的思想路线要求，进行以改革开放与市场经济为主要动力的实现现代化建设实践的产物。但是，邓小平理论、"三个代表"重要思想、科学发展观与改革开放、市场经济的对应性仍各自有阶段性区别。

第三节　模式"双重基因"的非对称性组合问题

与模式对应的理论与实践都在形成与发展过程中，当理论与实际并不同时、同等程度地产生和存在于模式之中时，这就是模式的理论与实践的非对称性组合问题。

一　模式的理论与实践的双重缺失问题

为什么现实模式普遍性地存在理论与实践的双重缺失的问题？这与现实模式的"舶来"相关，这或许是模式普遍性存在理论与实践的双重缺失的"由头"。

现实的问题与外化事物多是时代、国情乃至领域"本土"性产物，而现实的模式从来源上又多为舶来品。无论哪个领域的模式，由问题或事物相关主体原创、独创的少得很，多为舶来品，不过模式在与事物的结合中加上了理论与实践的创新而已。因为从模式自身的演化、演进史看，要形成一个可以称作"模式"的原创性式样非常难，不历经若干时间的积淀和艰苦的探索，一个原创性的模式是难以横空出世的。比如，市场经济体制就经历了古希腊的"家政经济"、罗马的法人制度、现代企业制度与宏观调控结合，至今仍然还要继续发展与完善的现代经济发展体制。

由于模式的来源多为舶来品，舶来的模式与实践问题之间的结合，是相当长的过程。在一个时期，存在理论与实践的双重缺失是难以避免的。即使舶来的模式与时代国情问题解决的结合中，有了理论与实践创新的一些成果，还需要对理论与实践再创新，才能使舶来的模式与实践之间在结合中嬗变出新模式。比如，中国革命或建设的过程，相当长时间内受苏联模式影响较大。中国共产党成立之初曾照搬城市暴动、单纯依靠工人阶级等具体做法，直至延安整风后才走上了自觉的理论与实践创新，开辟了独特的革命道路。延安整风时的中国共产党，基本上解决了理论与实践的双重缺失，其标志是形成了毛泽东思想。中华人民共和国的成立标志着中国共产党成了执政党，但是，怎么执政、怎么建设，仍是舶来"斯大林模式"。后来，虽然也认识到了"斯大林模式"的某些弊端，也曾想走出来，但是，由于缺乏理论与实践创新的成熟条件，还是继续着"斯大林模式"的阶级斗争为纲错误，直到形成了改革开放的路线、方针、邓小平理论，情况才有了根本改变。

二 弱相互作用与模式"基因"的非对称性态势

什么是弱相互作用？就是对称性低的相互作用。1956年，华裔美国科学家李政道、杨振宁建立了弱相互作用和电磁相互作用之间有某种共同点的理论。他们认为，在弱相互作用中，对称性低，空间反射、电荷共轭和时间反演的对称性都被破坏，从而使量子呈不守恒状态。

社会生活的不对称现象与影响也是广泛存在的，所以"不对称"分析日益广泛地运用于社会现象中，"信息不对称"，是不时见于生活的术语。

弱相互作用的不对称特点，使模式在解决实践问题中，表现为一个正确认识或许要经历理论反复创新的努力才能获得。比如，列宁当年提出的"新经济政策"，今天回头去看其内容，实践创新性明显多于理论创新性。列宁"新经济政策"的主要内容就是用市场经济代替计划经济，但是，由于时间短、实践经验少，列宁讲市场经济的理论观点与分析方法，仍然充满了政治意识形态色彩，特别是阶级斗争思维。如果对比1992年邓小平"南方谈话",虽然同样在讲市场经济的问题,但毫无疑问,邓小平谈话体现的是将市场经济从"姓社姓资"中剥离出来的理论创新成果。但是,由于受到1992年全党对计划、市场认识水平的制约,邓小平同志在"南方谈话"中做的只是把市场与计划经济体制"中性"化,至于进一步怎样认识与处理计划同市场的关系,邓小平同志只是统归为"手段",并未进一步明确。直至2009年12月5日,《人民日报》评论员在《四论纪念十一届三中全会30周年》的文章中,才明确提出了"坚持社会主义市场经济的改革方向"。文章说,从以计划经济为主、市场调节为辅,到有计划的商品经济,再到社会主义市场经济,我们在认识上一次次突破,实践中一步步深入。把市场经济写在社会主义的旗帜上,是中国特色社会主义的鲜明特点,也体现了中国改革开放向前迈进的历史逻辑。

三 理论和实践"补阙"与模式的塑形

本章我们围绕理论与实践作为模式双重基因的"应该这样"与"实际常不是这样"的矛盾进行展开,得出了现实生活中模式多存在理论与实践基因"不对称"的缺失估计。

模式理论与实践的基因缺陷,从现实模式来看是很难完全避免的"遗憾"。现实的模式,很难使理论与实践创新程度与要解决的问题都完全对称或符合的,总存在要解决的问题所需要的理论或实践的主观认识或客观条件的不足,这种不足又或迟或早会通过理论与实践创新来解决。世界实践中的模式对其理论与实践基因缺陷或迟或早、或完美或总有遗憾地解决,学术术语有人称之为"补阙"。

所谓"补阙",强调的是模式视野中的实践创新、理论创新都不是一次完成的,它是一个连续创建的自觉努力过程。比如,怎么才能把马克思恩格斯创立的科学社会主义理论变成世界生活的现实实践?从马克思恩格斯开始,就不断进行了当时条件允许的探索,并有理论与实践双重创新的成果。以后又经过列宁、斯大林、毛泽东、邓小平直至江泽民、胡锦涛等领袖为代表的历代共产党人的理论与实践创新努力,才使社会主义革命与建设问题在与时代及国情结合过程中,逐步正确地得到认识并解决。

模式理论与实践的这一内在基因缺陷,可以为我们理性、科学地认识现实中的模式奠定理论基础。

　　理论与实践的模式基因"补阙"完成与否，也可以看作现实模式能否站得住脚、在实践中能否推动问题解决的标准。

第二章

模式的创新本质与学术逻辑的研究

引导词：

模式创新以什么为"标准"进行？是实践。但是，只有具体到时代与国情，实践才能具体与生动起来。所以，我们认为模式创新是皈依时代与国情共生的战略性问题。

模式创新的实践标准，丝毫也不意味着理论不重要或可有可无。但是，与时代问题及其模式形成指导关系的理论或许是"管用"的理论硬核。

如果用时代问题的观点看模式，中国模式的创新逻辑线索就可以这样概括：从革命模式到建设模式的模式轴创新；建设模式因现代化的阶段性特征，在模式轴稳定基础上的模式维度再创新。

所谓"学术逻辑"，也可以说就是学术的思维规律或本质关系。特定的学术逻辑决定了各种思维概念之间的特殊关系结构。因此，学术逻辑不同，学术语言系统之间的关系也不同。研究模式问题，我们主张用"嬗变创新"逻辑或关系看待模式。

第一节　时代的阶段锁定及其对"嬗变创新"的指认

马克思在《关于费尔巴哈的提纲》中，十分强调理论功能是通过解决问题改变世界的观点；恩格斯提出了理论不是教条而是行动指南的论断；从列宁到毛泽东与邓小平同志，都十分强调根据时代、实践应用及创新理论的思想。显然，其重心在于"实践标准"的实践应用及创新理论。所以，我们认为与"实践标准"的实践相对应的学术逻辑与标准,应该是实践中的嬗变创新。因此,我们应该用嬗变创新的学术逻辑来认识和研究模式。

一 模式的实践结构与嬗变创新

嬗变创新的学术逻辑与标准是与实践标准联系在一起的。根据现在学术界一些同志对实践过程与状态的研究,实践的质变过程与状态是存在"旧质过程中断性的革命性突变"、"旧质延续基础上的嬗变"的。"嬗变",从词义上看就包含着更替状态或情形同以前不同,但是,某种本质又存在延续这样两层意思。比如,昆虫化为蝴蝶是嬗变的典型式样。昆虫变为蝴蝶后,同一生命仍然是延续的,但是,从蝴蝶的外表根本认不出原来昆虫的模样。昆虫变为蝴蝶,是生命实践的一次华丽飞跃,不是昆虫原有形体架构的简单重复。

提出模式的实践结构与嬗变创新的观点,是以革命与建设实践为根据的。

从俄国到中国的在马克思主义指导下的革命与建设实践中,取得了一个又一个成功,这种成功可以说是一个由理论、问题、特殊国际与国情条件下的路线及其政策的三相结构。这个三相结构中,内在包含着嬗变创新的学术逻辑。关于革命与建设实践中的三相结构,可以如图2—1 所示:

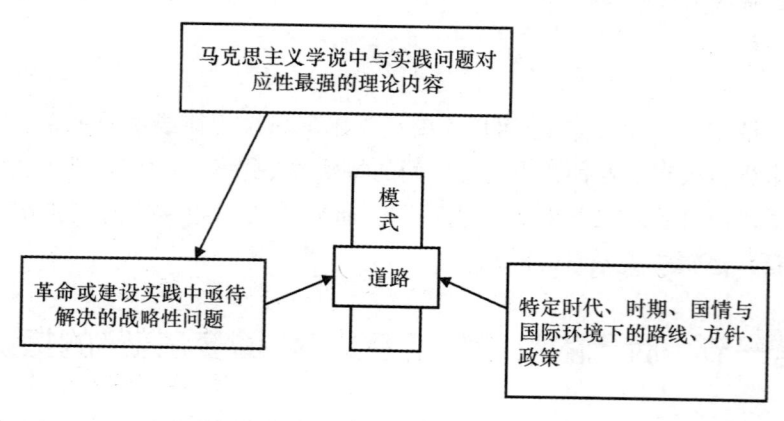

图2—1 理论、问题、国情政策结构

从图示可以看出,革命或建设中的模式是附属于全部理论与实践内容(与)及其道路过程的,因它对实践及其道路的依赖性不可能预设,而只能是当理论与实际问题对应性最强的特殊内容相结合后，形成了特定时代、时期、国情与国际环境下的路线、方针、政策且有了效果，即彰显出特殊革命或建设道路后才能积淀成某种模式。

对于革命或建设模式中理论、问题、特殊国际与国情条件下的路线嬗变的"三相结构"，革命导师虽然不曾明确提出与集中阐述，但是，从列宁到毛泽东以及邓小平同志是有这方面的观点倾向与连贯"语境"的。

（1）列宁认为，实践中应用与宣传理论，不是体系，而是"提到首要地位"的理论观点。列宁在《论马克思主义历史发展中的几个特点》中有明确的论述：马克思主义辩证法的要求是，保持马克思主义学说与一定时代实际任务的联系。形势、任务都是变化的，所以，"马克思主义这一活的学说的各个不同方面也就不能不分别提到首要地位"。① 显然，列宁在这里强调的是，马克思主义理论发挥对现实指导的作用事实上不是学说全部，而是与实际任务联系最紧密的被提到"首要地位"的内容。

（2）毛泽东同志明确提出，问题是实践的指向。毛泽东同志在《改造我们的学习》中，把马克思列宁主义理论与中国革命实践或实际的关系，比喻成矢与的，要求用马克思列宁主义之箭解决中国革命的实际问题。② 这种思想与列宁在《论马克思主义历史发展中的几个特点》中的思维逻辑是完全一致的，仍然强调"实践指向"是时代问题。

（3）邓小平同志强调要制定与坚持可以解决实践问题的正确理论、路线、方针、政策。邓小平同志在《高举毛泽东思想旗帜，坚持实事求是的原则》一文中指出，什么叫高举毛泽东思想的旗帜？就是从现在的实际出发实现现代化，并且要为现代化的实现提出正确的理论、路线、方针、政策。

正是从列宁、毛泽东到邓小平开创了强调"实践标准"选择性的应用并发展理论，才有效地解决了革命或建设中的若干问题，形成了正确的路线、方针、政策，并在"实践标准"的支持、检验下形成了某种特定的模式。所以，当我们站在模式视角来看理论、看实践过程与结果，都可以视为嬗变。

---

① 《列宁选集》第 2 卷，人民出版社 1995 年版，第 279 页。
② 《毛泽东选集》第 3 卷，人民出版社 1991 年版，第 800 页。

二　实践中心对理论与实践双重嬗变的指认

实践指认的嬗变内涵是什么？就是理论与实践的双重嬗变。为什么？因为人的实践总包括理论与行动两个方面，这是由人的行为与动物行为的本质区别决定了的。马克思说过，即使是最蹩脚的工程师，在建筑一座房屋前，头脑里也一定先有了这座房屋的蓝图。"一座房屋的蓝图"就是实践选择、对应的理念、观点即理论；建筑房屋的行动过程就是实践。如果房屋建设很成功，这种建设房屋的理论与实践嬗变的内容综合体，就可能被社会肯定性地称为"模式"。

实践中心基础上的理论与实践双重嬗变，有两个值得重视的特征。

其一，革命或建设中的理论创新具有"颠覆性"特征。当革命或建设发生时代变迁、客观情况突变，理论创新就具有了"颠覆性"的特征，比如，中国共产党的实践分为革命党与执政党两个时代，国际环境又经历了战争与革命及和平发展时代的变化，由于时代不同了，党的理论指导内容的厘定及认识，都必须进行"颠覆性"的创新。在革命党时代，阶级斗争理论是对应武装夺取政权、急风暴雨式的群众运动实践处于"首要地位"的理论；在执政党时代，解放与发展生产力及其市场经济则是处于"首要地位"的理论。

其二，实践创新具有"转折性"特征。随着党从革命党向执政党地位的根本变化，在"提到首要地位"宣传的理论内容从阶级斗争转向解放与发展生产力的支撑下，与之相应的实践的工作方针也需要"转折性"改变。具体是，从阶级斗争理论指导下进行阶级分析，到学习用市场经济办法搞建设，这种理论认识的颠覆性冲击与实践转折性适应难度的考验，凡亲历者应当记忆犹新。

如果不能了解与理解这两个特征，事实上就很难理解革命或建设中的理论与实践创新。

三　模式对"理论硬核"的理论创新式样的指认

列宁早就强调过特殊阶段、条件下的实践需要的理论不是全部理论体系，而是"提到首要地位"宣传的理论内容即观点。比如，共产党处于革命党时代，提到首要地位宣传的是阶级斗争，《毛泽东选集》的第一篇文章就是《关于中国社会各阶级的分析》。而共产党处于执政党时代，提到首要地位宣传的是解放与发展生产力。但是，现实生活中，很多人不明白这一点，企图使党的特殊阶段、条件下的实践与全部理论体系都可以对号入座，以为这才是坚持马克思主义。这是"左"或"空谈误国"者的共同特征。这种不正确的认识，以对马克思主义著作寻章摘句吓唬人，对实践具有很大的干扰力，也会阻碍对正确模式的认识与发展。

如何才能排除这些企图使党的特殊阶段、条件下的实践与全部理论体系对号入座的"左"或"空谈误国"者的干扰？必须以列宁的特殊阶段、特殊条件下的实践对应的是"提到首要地位"宣传的理论内容观点为基础，形成模式对应"理论硬核"的观点。

理论硬核应该怎样理解？经济学者阿朗·基尔曼在《经济理论的演变》一文中指出，理论硬核就像一座山脉中的高低错落、但又一脉相承的"脉络"相连的山峰。每个山峰是相对独立的，每爬上一座山峰就会看到一片新天地；站在新山峰上回头看更矮的山峰不是多余；往前看，现在站的山峰不排斥更高山峰的存在，从现在站的山峰出发才能登上或到达更高的山峰。① 与模式相关的理论也是理论硬核的这种结构，在模式视野中，理论之间的关系如同山脉之山峰，多元独立且相互开放，又有山之脉络蜿蜒相接。

与模式对应的理论硬核怎样被确定？就是解决特殊问题需要的理论体系中能够解决现实问题的、可以提到"首要地位"的内容即观点。

由于模式实践创新的基本轨迹是行动跟着问题走，所以，模式实践创新的式样可以从思想路线、思路等视角进行概括与探寻。如果用理论硬核的关系来理解模式，我们对模式的必然性就有了新的视角。实践中特殊模式所以存在，是因为解决了实践中的问题，这是看模式的客观标准。但是，社会实践除了效果客观标准外，还有价值标准。往往符合这两个标准后，模式的合法性与必然性才能被认可。衡量模式的价值标准，虽然实质上是主观利益或心理，但人们表达价值选择常常要借助某种理论。如果不能用模式对应性最强、被提到"首要地位"的理论作标准，再正确的模式也会被描绘、误读或抹黑。

---

① [法]安托万·多迪默、让·卡尔特里耶编：《经济学正在成为硬科学吗？》，张增一译，经济科学出版社2002年版，第140页。

第二节 "模式轴"和模式维度与模式创新

从学理上讲，模式对于实践道路的定型、规范、演绎、展开都是不可缺少的，但是，现实中为什么模式也可能成为实践曲折的陷阱并因对模式的僵化认知而陷入难以自拔的怪圈呢？原因何在？这或许与对模式的模式轴与维度两种不同类型的模式创新认识不足有关。模式轴变化与模式维度变化，是不同质的模式创新。如果不能及时认识与区别不同质模式的创新，实践后果将是巨大曲折乃至灾难；如果不能及时认识模式维度变化的创新，实践后果将是丧失机遇和与时俱进的能力。

一 关于"模式轴"类型的模式创新

什么是模式轴类型的模式创新？是指因时代问题发生根本变化，引起的可以称为"模式轴"的模式内容的根本变化。由于模式轴是因特殊时代与国情如经纬度纵横座标共同定格的产物，因此也可以这样说，所谓"模式轴"，不过是对模式存在与发展起第一优先或根本决定作用的实践问题及其联系的生活领域而已。

在共产党作为革命党与执政党的不同时代，这种时代问题的不同，模式轴也存在发生根本改变的必然性要求。列宁与邓小平同志对共产党执政后时代问题的变化曾有明确的论述。

1918年4月28日，"十月革命"胜利半年后，列宁在《苏维埃政权的当前任务》中就指出，党的工作重心要从政治工作转变为经济工作，并明确指出，镇压剥削者的任务大体完成后，必须把以提高劳动生产率为主要内容的发展生产力作为根本任务。[①]

20世纪60年代，邓小平同志针对农村是"大集体"好还是"包产到户"好这一问题，提出了著名的"猫论"。这也说明邓小平同志认识到了共产党执政后一切认识、工作要有利于发展生产力。

时代问题的变化，引起模式轴的变化，实践中表现为工作重心或中心的变化。俄国的从"战时共产主义"向"新经济政策"转变，中国在十一届三中全会后从"以阶级斗争为纲"转向经济建设为中心，都是模式

---

① 《列宁选集》第3卷，人民出版社1972年版，第497、509页。

轴变化的典型例子。

二 关于模式维度的创新

所谓"模式维度的创新",是指时代问题、模式轴不变的情况下,模式维度之间关系、地位的变化,也可能是同一维度内部质或量的变化。

为什么会发生模式维度的创新性的变化呢?根本原因在于实践深度与广度的发展变化。毛泽东同志曾经说过,人类永远不会停止在一个水平上,会不断向实践的深度与广度进军。

模式维度的创新性的变化具体可以表现为三种情况。

一是模式维度之间关系的变化。比如,文化一般说来在社会有机体中居于从属关系定位,但是,文化在特定时期可能成为时代问题解决的先导或关键。西欧文艺复兴、中国"五四"新文化运动,都出现过这种情况。毛泽东同志在《实践论》中还讲过,当不创立革命理论革命就不能发展的时候,理论等思想的东西也在实践中具有决定意义。从模式角度看,这就是模式维度的定位或变化。

二是模式维度地位的变化。这种变化具体表现为,社会有机体的生态、政治、经济、文化、社会的任何一个方面,成了社会有机体发展中"具有决定性的关键'一着'"。不重视与解决这"关键'一着'",整个社会发展的已有成果将得而复失,更别说发展了。

三是同一维度内部质的变化。比如,中国抗日战争时期,以推翻"三座大山"为内容的时代问题没有变化,实践模式轴仍然是政治革命及其革命性质与任务,变化了的只是政治领域内部阶级矛盾与民族矛盾的关系。由于日本以灭亡中国为目标的侵略,使民族矛盾上升为主要矛盾,中国革命必须实现从"十年土地革命战争"向抗日战争的转变。如果拒绝实行这种转变,将使革命主体丧失领导资格;当然,也不能因为要建立统一战线一致抗日的新任务,否定"十年土地革命战争"的正确性。又比如,中国改革开放以经济建设为中心实现现代化的工作重点与目标没有变,但是,21世纪现代化必须从"加快发展"向"科学发展"转变,这是现代化同一维度内部质的变化。我们从模式认知上,不能因过去加快发展的成绩与必要而否定向科学发展转变的必要性与迫切性,也不能因今天要讲科学发展而否定过去加快发展在当时的正确性。

第三节 "嬗变创新"与"中国模式"的线索

逻辑在一定意义上可以理解为事物内在的"关系式",这种关系式可以帮助我们从规律高度去认识与把握事物。模式作为实践道路上的以理论与实践创新为内容为基础的过程及结果的积淀体,一旦形成,它将作为实践历史的里程碑和未来的出发"驿站"。我们看到的模式都是过去时、现在进行时的。对我们特定代际主体来说,模式都是一种已经的存在。模式从哪里来?为什么是这样?回答这个问题需要进一步探讨模式"嬗变创新"的逻辑。如果对此探讨有所收获,也可以从某个角度给中国模式的线索以"一个说法"。

一 模式"嬗变创新"的逻辑皈依实践和时代

模式的形成与作用发挥,主要依托于实践道路正确与展开中的过程及结果,只有实践道路选择是正确的、展开中的过程及结果也是好的,才能积淀出科学的模式。所以,模式"嬗变创新"的逻辑皈依实践和时代。

实践与时代是怎样如母腹一样孕育出模式的呢?实践是一种哲学性很强的概念,但是,讲模式或任何社会问题又必须从实践讲起,因为实践作为与人、社会共始终并以主客体架构规定与引发着人与社会的过去现在及将来。模式与实践的关系,实际上是从学术逻辑上揭示与说明了模式属人属社会的本质。当然,在社会中光讲实践还不够,实践是抽象宏大的,我们的生活是具体的,模式也以具体的影像显示在我们面前,所以,讲实践还必须讲时代。时代是什么?马克思有句名言:问题是时代的声音。也就是讲,时代是一串问题的纵向连续与横向集合。时代与问题,把模式从理论转化成了生活,使模式的定型定格都有了确定性,当然,也使模式随问题变化的与时俱进成了必然,还将具体的模式"永远正确"、"哪里都可复制管用"的神话成了笑话。

我们强调模式"嬗变创新"的逻辑皈依实践和时代,并不意味着轻视或否定理论在模式形成与发展中的作用。理论对模式嬗变创新的意义是,为模式创新提供思想支撑点。具体有两个意义。

(1) 已有理论中与模式创新对应性强的部分,与新创造出来的理论共同支撑模式创新实践。如果已有理论为模式创新提供的支撑点不够,就会创造出新理论来加强支撑。凡成功的模式，都是由已有理论中与模式创新对应性强的部分与新创造出来的理论共同支撑的。

（2）理论为实践证明是成功的模式提供合法性的价值根据。社会领域中的模式常常存在这种情况，即实践效果的成功无法否认，但是，人们的普遍价值认可却成问题。中国历史上从商鞅变法到戊戌变法，都曾遭遇这种窘境，都曾酿成变法虎头蛇尾的结局。中国共产党执政后的经济建设创新实践，也曾遭遇这种尴尬。20 世纪 60 年代搞包产到户明明增产效果好，却因不符合"一大二公"的意识形态偏好，被作为"复辟资本主义"否定；20 世纪 70 年代邓小平第二次复出，搞"整顿"纠正"文革"错误其效果也好，但又被扣上"右倾翻案"帽子予以否定。邓小平理论产生后，解放与发展生产力的改革开放实践创新的合法性才真正树立起来。

二 中国模式"嬗变创新"线索与主要根据

概括中国模式"嬗变创新"线索的主要根据是什么？主要应以毛泽东同志和邓小平同志，这两位分别为共产党革命党与执政党两个时代中国模式的奠基人的思想为依据。

作为共产党革命党时代中国模式的奠基人毛泽东同志，在《论联合政府》《中国革命和中国共产党》《〈共产党人〉发刊词》《论人民民主专政》中，对共产党在复杂的国际国内矛盾与环境中，如何找到正确的革命道路、形成中国革命模式问题有全面阐述。尤其在《论联合政府》中，毛泽东同志说，中国一切政党的政策及其实践在中国人民中所表现的作用好坏大小，归根到底是要用"生产力标准"看问题，看其政策与实践是发展或束缚生产力，还要考虑其发展或束缚生产力之大小。[①]《中国革命和中国共产党》中，毛泽东同志通过分析中国近代沦为半封建、半殖民地的历史导致中国日益落后情况后又指出，中国人民的贫困和不自由程度，是世界所少见的。对中国近代生产力落后与人民经济贫困与政治不自由问题，只有通过解决民族独立的民族革命、解决国内阶级矛盾的民主革命来解决。[②] 他在《〈共产党人〉发刊词》中指出，中国的买办资产阶级与民族资产阶级，是需要无产阶级在革命实践中用武装斗争与统一战线并

---

① 《毛泽东选集》第 3 卷，人民出版社 1991 年版，第 1079 页。
② 《毛泽东选集》第 2 卷，人民出版社 1991 年版，第 626—631 页。

存之两手来处理的；当民族矛盾上升为比阶级矛盾更重要的主要矛盾时，统一战线的标准又将以是否投降日本帝国主义进行政策调整。党的建设又是与对这些战略问题的认识与处理联系在一起的，由此形成我们反左防右的政治路线。在《论人民民主专政》一文中，毛泽东同志以俄国十月革命为界限，分析了中国革命的时代环境的变化，认为十月革命后的中国革命只能是无产阶级领导的革命，只有社会主义能够救中国，从而奠定了正确的中国革命模式。

所以，党的十八大对毛泽东同志这样评价：以毛泽东同志为核心的党的第一代中央领导集体带领全党全国各族人民完成了新民主主义革命，进行了社会主义改造，确立了社会主义基本制度，成功实现了中国历史上最深刻最伟大的社会变革，为当代中国一切发展进步奠定了根本政治前提和制度基础。在探索过程中，虽然经历了严重曲折，但党在社会主义建设中取得的独创性理论成果和巨大成就，为新的历史时期开创中国特色社会主义提供了宝贵经验、理论准备、物质基础。

这一客观正确的评价告诉我们，毛泽东同志的伟大，不仅在于成功实现了中国历史上最深刻最伟大的社会变革，还为当代中国在共产党领导下的一切发展进步奠定了根本政治前提和制度基础，也为新的历史时期开创中国特色社会主义提供了宝贵经验、理论准备、物质基础。

中国社会主义建设作为模式，是十一届三中全会后才逐步自觉创造出来的。著名党史专家石仲泉认为，中国特色社会主义建设道路是与对社会主义初级阶段的认识为"开始"、"开辟"的。① 邓小平同志是自觉探索与创造中国社会主义建设模式的奠基人。邓小平进行中国社会主义建设模式的自觉探索与创造，是从哪里切入的呢？我们认为，是沿着"恢复思想路线→改革开放→解决社会主义市场经济问题→社会主义本质论"的历史逻辑展开的。

邓小平同志在《全军政治工作会议上的讲话》中，针对当时"两个凡是"思维的盛行，强调必须回到毛泽东思想的根本点上，即实事求是。在《解放思想，实事求是，团结一致向前看》一文中，邓小平同志又强调"解放思想是当前的一个重大政治问题"，认为只有解放思想，实事求

---

① 石仲泉：《中国特色社会主义理论体系为何不包含毛泽东思想》，《河南日报》2007年11月16日。

是，一切从实际出发，理论联系实际，社会主义现代化才能顺利进行。1978年8月29日，邓小平同志在接见意大利共产党人约蒂和贾益里时又提出"一切从社会主义初级阶段实际出发"，并把改革开放、发展生产力、政治体制同初级阶段相联系。1992年1—2月，邓小平同志在武昌、深圳、珠海、上海等地的谈话（总称"南方谈话"）是邓小平理论的总结，也是邓小平对中国社会主义建设模式框架与要点的概括。邓小平"南方谈话"共六个部分，实际上有三大内容。一、二部分讲中国模式的核心是改革开放，三、四部分讲中国模式的关键是发展，五、六部分讲中国模式的政治与思想条件。邓小平"南方谈话"最具创新活力的亮点是以解放与发展生产力同最终实现共同富裕相统一的"社会主义本质论"。因为只有从社会主义本质论的高度，才能坚持以市场经济取向的改革开放不动摇，才能最终实现中国的现代化。

以十一届三中全会为标志，创造有中国特色的建设模式走过了30多年的历史，经历了邓小平、江泽民、胡锦涛和习近平为核心的四任党中央集体领导党和人民奋斗的过程。以邓小平、江泽民、胡锦涛和习近平为核心的四任党中央领导集体，在中国特色社会主义理论体系框架下总体是前后相继的关系，这集中体现在实事求是的思想路线、改革开放的时代特征与现代化目标上的一致性。但是，实现现代化过程本身也是分阶段的，这又要求中国建设模式本身也必须进行适应新阶段的创新。

习近平同志在《求是》杂志2008年4月号题为《要以改革创新推进党内民主》的文章中，对中国特色社会主义理论体系的既一脉相承又与时俱进关系作了明确的阐述，这种阐述可以看作我们理解中国建设模式随发展阶段变化而与时俱进的钥匙。习近平同志认为，中国特色社会主义理论体系的一脉相承主要表现在五个方面：（1）理论渊源上一脉相承，都坚持以马克思列宁主义、毛泽东思想为指导。（2）在理论主题上一脉相承，都坚持为建设和发展中国特色社会主义、实现中华民族伟大复兴而奋斗。（3）在理论品质上一脉相承，都坚持解放思想、实事求是、与时俱进。（4）在理论基点上一脉相承，都以社会主义初级阶段这一基本国情为立论基础。（5）在理论目标上一脉相承，都坚持以人为本，把实现好、维护好、发展好最广大人民的根本利益作为全部理论的出发点和落脚点。

三 中国模式"嬗变创新"线索的归纳

以毛泽东同志和邓小平同志的论述为主要依据,结合习近平同志关于中国特色社会主义理论体系麾下同质模式的阶段性再创新概括,可以将中国模式"嬗变创新"的线索试作以下归纳。

第一,对国际时代环境、对国内发展阶段的把握,是实践型模式创新的逻辑起点。毛泽东同志在《毛泽东选集》第一篇文章《中国社会各阶级的分析》中,就对中国革命的阶级主体国情有着正确和深刻的分析,后来在《中国革命和中国共产党》《新民主主义论》中又结合国际时代环境对中国社会的半封建、半殖民地社会发展阶段与性质有正确的分析,所以,毛泽东同志能够为中国共产党在革命党时代开辟出正确的道路,并提出正确的战略与策略及其转化为路线、方针、政策,最后上升为毛泽东思想理论与留下历史无法否定的中国革命模式。邓小平同志在20世纪60年代支持包产到户并提出"猫论",就说明了他关注中国社会主义建设的阶段性起点,直至20世纪80年代形成社会主义初级阶段论,并提出"一切从社会主义初级阶段实际出发"。在初级阶段历史方位上,邓小平同志始终强调坚持以改革开放、市场经济为主要特征及内容的中国特色社会主义道路。邓小平同志开创的以改革开放为时代特征的现代化建设"新时期",这也可以用中国模式进行定型定格。从江泽民到胡锦涛为核心的党中央,也正是凭借对"一切从社会主义初级阶段实际出发"的坚守,才在国内外风云变幻的环境中,克服了重重困难,把中国特色社会主义事业发展到了一个又一个新境界。这也可以用中国模式的再创新来进行定型定格。

第二,实事求是、解放思想、与时俱进的思想路线,是中国革命与建设模式一以贯之的"脉"。模式是解决现实问题的战略框架,是实践过程与历史的丰碑。因现实问题千差万别与随条件而变化,模式本身从内容到形式或许差异很大,犹如很难在茅屋与现代高楼中除居住功能相同外找到多少形式与内容的继承性。就中国革命与建设模式来看,实事求是、解放思想、与时俱进的思想路线始终是一以贯之的"脉"。这种思想路线始终的一以贯之的"脉",或许在解放与发展生产力上、在实现人民富裕与民主上又可以找到"最大公约数"。

第三,同质模式也需要再创新。毛泽东同志在《〈共产党人〉发刊词》中实际上提出了依据矛盾问题变化对革命模式的再创新问题。无产阶级同资产阶级，特别是民族资产阶级之间，总并存着斗争与团结的关系，具体情况下哪种关系占主导又需要作具体分析。如不能根据这些具体情况调整战略、政策与策略，革命就不能成功，会发生左或右的错误。在中国社会主义建设中，如果不能根据党的历史任务从搞阶级斗争夺取政权已变成执政兴国，从以阶级斗争为纲转向以经济建设为中心进行调整，实践模式就不能从革命（如"文革"模式）模式质变为建设模式；同样是建设模式，如果不能根据加快发展阶段与问题向科学发展阶段与问题的适时变化，在发展观与发展模式上进行再创新，实践也会因此变得不可持续，也不能取得正确的结果。

第 三 章

"模式轴"与模式结构基础

引导词：

创新说明模式不是可依样而画的葫芦，而是一个动态的存在。

如何对因创新而动态化的模式进行认识与把握？模式轴与模式维度是两个理论工具或视域。模式轴与维度的结合，构成了现实的模式。

模式轴与维度都是社会有机体的领域或方面。模式轴是由时代问题解决决定的、在模式系统或系统组合中起主导与核心作用的社会方面，模式维度则是在解决时代问题中不可缺少的社会方面。

模式轴与模式维度的现实结合是非对称的。这种模式内部的"基本矛盾"，将形成与衍生出现实的若干模式在形成、完善中的矛盾。

用"实践中心"的视野看模式，它就绝不只是一堆附属于事物形式的集合，而是以实践的具体化时代、时期、阶段的问题之认识与解决为皈依的理论创新及实践创新的统一体。列宁在《论策略书》中说过，任何清晰的理论一旦导入现实生活中，它就会变得复杂起来，甚至反过来改变理论的生活存在模样。所以，我们认为，认识与把握现实的动态中创新的模式，只要紧紧抓住"模式轴"这个核心，再站在模式轴的高度看模式，对任何复杂的现实模式结构的认识与把握都会清晰甚至简单起来。

第一节 "模式轴"理论硬核的论证

前面讨论过"模式轴"问题。进一步问,什么是"模式轴"？可以这样界定：模式轴是模式系统或系统组合中起主导、核心作用的方面。模式轴是决定模式性质与结构的基础,犹如生命之 DNA。模式轴的内容是社会生活的经济、政治、文化、社会、生态等方面或领域借助特定模式的有机化、定位性的存在。我们认为,模式轴的提出是有模式实践依据的,模式轴有四个功能,由此也形成了确立模式轴概念对于认识与推动模式发展的不可或缺的意义。

一 模式轴概念提出的根据

提出模式轴概念的根据何在呢？我们认为,主要有三个方面的根据。

其一,"地轴"理论可以给模式轴概念的提出予以启示。地球是一个椭圆形球体,为什么春夏秋冬四季会循环？为什么白天黑夜更替不殆、但又随季节变化而不同？当确立了"地轴"概念后,就既否定了天气的人格神化迷信,又予以这些自然现象以科学解释。其实,地球本身并无地轴标识,是人们为了科学认识它所创造的"地轴"认识概念。当然,地轴在地球区间的存在也是客观事实。在一年里的时间内的任意时间,自转轴基本平行,都指向北极星,所以地球上才会有季节的区分。地轴也不是地球的一个固定点,地球的自转轴在空间的指向是不断发生变化的。正是有了"地轴"理论,才使人们对地球这个庞然大物的认识水平大大提高。同样,借助模式轴理论,我们也可以提高对模式的认识能力。

其二,轴心时代与动力理论可以给模式轴概念提出予以直接支撑。德国思想家卡尔·雅斯贝尔斯在《历史的起源与目标》一书中第一次把公元前500年前后同时出现在中国、西方和印度等地区的人类文化突破现象称为"轴心时代"。事实表明,"轴心时代"既是一个复杂的历史文化现象,也是一个思维的"建构"。美国社会学家帕森斯认为,轴心时代焕发了文明的动力。

其三,模式轴也是现实模式的客观存在。从社会有机体看,社会是由生态、经济、政治、文化、社会等人们生产生活行为及其条件构成的领域或"域界"。这些生产生活行为及其条件构成的领域或"域界"的集合、集群，是一个有机体。但是，在具体的社会发展的阶段、时代、时期，这些生态、经济、政治、文化、社会生活必须借助特定模式才能有机化，而且各方面及模式的地位也从来是不平等的，必有一个方面居于主导或主轴地位，其余的只能居于从属地位。居于主导或主轴地位的方面及其模式，就是社会有机体的模式轴。

二　模式轴概念的分析

什么是"模式轴"？模式轴是模式系统或系统组合中起主导、核心作用的方面。因此，模式轴是构成现实模式框架的基础，是模式系统形成、演化运作的关键与动力，是认识与把握模式的特征与本质的切入点。

模式轴对于模式有四个不可缺少的功能。

第一，模式轴的模式系统组织功能。模式轴是构成现实模式的结构的原始性基础，任何一个现实的模式都是以时代问题、解决问题对应的理论硬核、解决问题的实践行动序列（具体可为制度、体制、法律；路线、方针、政策、策略，等等），这样由问题、理论、行动三个系统按模式轴的要求进行组合或组织的。比如，毛泽东同志在《必须注意经济工作》一文中，既给经济工作做了环绕革命战争展开的战略定位，同时指出，经济工作还要与查田等消灭封建土地所有制的政治斗争结合，与实行根据地的劳动法结合，与根据地的文化教育发展相结合；根据地经济工作本身也有一个发展农业、手工业基础上的发挥合作社发展经济与发挥商人作用结合的问题。毛泽东同志所谈的各方面、各层面的经济工作的结合问题，讲的就是边区经济工作在革命战争模式轴基础上的系统组织问题。

第二，模式轴在整个模式生成与演进的动力源功能。模式的系统及其系统组合的完成，如果没有模式轴提供动力，这种系统自身发展及其系统的组合是不可能完成的。仍以毛泽东同志在《必须注意经济工作》一文中阐述的观点证明。毛泽东同志在文章中指出，为什么当时的经济工作要服务于革命战争？这是当时"国内战争"时代决定了的。只有在国内战争完结后，经济工作才应该说是一切工作的中心。所以，毛泽东同志认为，政治革命才能调动农民的生产积极性，使广大农民迅速走入经济建设的战线上来。也就是说，在政治革命充当中国革命模式"模式轴"的时代，经济工作的条件与动力来自政治革命。

第三，模式轴的模式结构定型及其性质确定功能。现实的模式之所以是这样而不是那样，是什么形成了现实的模式世界？是模式轴。模式轴决定模式性质、功能、应用范围。比如，列宁的"十月革命道路"与中国革命的"井冈山道路"，由于模式轴都是夺取反动政权的政治革命，虽然革命的内容差异也不小，但它们之间借鉴与相通的东西就较多。列宁的"新经济政策"与邓小平同志的中国特色社会主义理论，具体内容差异很大，但理论基础、思维方式相通甚多。

第四，模式轴的模式是时代问题的力量源泉。模式之所以具有解决时代问题的力量，其力量源泉主要蕴藏在模式轴之中。为什么毛泽东同志关于中国革命的战略思想一旦占主导地位，红军就能冲出敌人围追堵截完成长征，后来又取得了抗日战争与解放战争的胜利，并建立了中华人民共和国？在于毛泽东同志为中国革命创造的革命模式具有解决"三座大山"时代矛盾的力量。邓小平同志的"建设有中国特色社会主义"的道路理论与模式，以能够解决中国实现现代化的时代问题的事实，赢得了国内外的广泛拥护。所以，模式轴应解决时代新问题的变化，成为现实模式让位于新模式的时间节点。

三 模式轴概念的意义

我们认为，以模式轴为理论支撑点，我们对现实模式的认识将开辟出新的理论视角与实践空间，具体主要反映在以下方面。

第一，借助模式轴这个理论支撑点，我们可以对现实模式划分为模式轴同质类与异质类两个基本类型。模式质区别的标志是什么？模式轴的不同。决定模式轴不同的客观依据是什么？在于时代与问题的区别。比如，共产党的革命战争时代同共产党执政与和平发展时代，是夺取政权和解放与发展生产力的不同问题，模式轴就会存在以阶级斗争为纲与以经济建设为中心的区别。

第二，借助模式轴这个理论支撑点，我们可以对现实模式的结构进行总体与具体分析。模式的总体结构，是以模式轴为中心展开的，沿着模式我们可以对模式框架进行总体把握。比如，建设有中国特色社会主义的模式框架，党的十三大确定的"基本路线"用"一个中心，两个基本点"进行了初步表述，这种表述其实反映了中国特色的建设模式的"三维结构"，即用坚持改革开放、四项基本原则为经济建设提供持久的内生动力与稳定的政治环境。后来党的十五大又规范表述为经济、政治、文化建设的"总体布局";十七大、十八大又补充了社会建设与生态文明建设。因实践发展,中国特色社会主义的模式维度拓展出了社会建设、生态建设这些原来没有的维度,但是,借助发展是执政兴国第一要务、发展是科学发展观的第一要义等模式轴,我们仍然可以判断以江泽民、胡锦涛、习近平同志为总书记的中央领导集体,继承与发展了邓小平开创的中国特色社会主义事业。

第三,借助模式轴这个理论支撑点,我们可以对现实模式随时代及问题变化而变化进行把握。具体为时代、阶段、时期之后的实践,是会不断变化的。实践的时代、阶段、时期变化了,问题也就变化了,模式也要随之变化。模式随时代问题而确立与稳定,并随时代问题而变化,这种变化集中反映为模式轴的更新。这是模式的全部理论与实践的核心。比如,当世界从战争与革命变成和平发展时代后,世界问题也从政治领域转向了经济,世界现代化的模式轴也从战争瓜分市场变成了开放合作。

第二节 模式轴与模式维度

模式轴是决定模式性质与结构的基础,犹如生命之 DNA。但是,模式轴不是模式的全部,现实的模式是一个个实践的有机体。模式维度与模式轴结合的动力来自模式轴的张力,现实模式结构是在模式轴与维度结合中产生并定型的,模式维度有国情与国际环境两个向度。

一 模式轴的张力

模式轴之所以能够成为模式之 DNA,在于它有 DNA 般的按遗传信息进行复制、分蘖的能力。社会科学界现在普遍把模式轴这类可以作为认识事物形成基础、衍生动力、发展规范定型及导向作用的因素称为"张力"。

模式轴正是凭借在模式系统与结构中的张力,成为决定模式性质与结构的基础的因素。当然,模式轴的地位不是自封的,而是实践问题解决的选择。特殊实践的时代、阶段、时期的问题,会选择相应的模式轴。

由于模式轴承担着解决特殊时代、阶段、时期的问题的使命,它必然会像将军受命后再去扩充、组织、指挥自己部队一样,去发挥模式轴的张力作用,去扩充以模式维度及其他构成因素而建构模式系统。

模式轴发挥张力的特征是什么？是方向性。模式轴张力发挥的方向性，存在理论与实践两个方向。

模式轴张力的理论方向是从可供选择的、与实践问题对应的被称为"指导思想"理论系统或范围中，寻找能够为解决实践问题并能够为群众构建认同与行动指导的具体理论观点或"理论硬核"。由于模式对应于解决问题具有聚焦性特征，通俗地讲，特殊时代不可能同时要求解决太多问题，即使问题多且杂，也得分主次先后。比如，共产党在革命党时代，在马克思主义理论宝库中突出宣传与应用的是阶级斗争理论。所以列宁在《马克思主义的三个来源和三个组成部分》中，就仅把阶级斗争作为马克思的社会主义理论的"结论"；在《卡尔·马克思》一文中，列宁则把阶级斗争理论单列为与唯物史观并列的内容。① 在《毛泽东选集》中第一篇文章就是《关于中国社会各阶级的分析》，后来，毛泽东还强调用阶级斗争的观点解释历史的就是历史唯物主义。当共产党进入执政党时代，就必须及时放弃阶级斗争理论转向应用发展生产力的理论，才能推动实践模式轴从政治运动转变为以经济建设为中心。

模式轴张力的实践方向，是对社会有机体要素按时代问题解决的要求进行先后主次的再定位、再整合，主要是对经济与政治有机体领域定位，对文化、社会、自然生态进行领域拓展。比如，毛泽东在《必须注意经济工作》一文中，就根据时代是革命战争为中心的模式轴要求，把经济建设定位为"环绕革命战争"。同时，他也指出，内战完结后，经济建设将被定位为工作中心。

二 模式轴与模式维度的结合及模式塑型

模式轴为什么需要与模式维度结合？模式轴与模式维度按照什么"路径"结合？这是需要进一步探讨的两个问题。

模式轴为什么需要与模式维度结合？这是由现代社会的有机性、复杂性决定的。也就是说，由于现代社会的有机性、复杂性，决定了模式轴为什么需要与模式维度结合才能解决新的实践、时代、特定阶段或领域的问题。

比如，中国从过去计划经济时代的普遍贫穷、通过改革开放30多年

---

① 《列宁选集》第2卷，人民出版社1972年版，第446、586页。

的发展进入了全面建设小康社会的时代，社会问题也就从"解决温饱"变成了"收入差距过大"的问题。"收入差距过大"，表面上看是一个经济学的"切蛋糕"分配问题，但是，如果只是把眼睛、学术视野盯在经济领域，或许不仅拿不出解决问题的办法，甚至可能使矛盾更复杂乃至激化。因为经济学的效率标准视野是难以真正正视并及时解决收入分配问题的。只有用科学发展观为指导、用改革的办法、以发展为基础，按"当前各方可承受与接受、未来可持续"的思路逐步解决问题，才能做到促进发展与促进公平的两不误。"用科学发展观为指导、用改革的办法逐步解决收入差距过大问题"，就是经济建设这个模式轴问题的科学理论维度的拓展性认识与解决。

  模式轴与模式维度是按照什么"路径"结合的？应该是按照解决特定时代、时期、阶段、领域问题的战略格局或框架，实现模式轴与模式维度的结合。毛泽东同志的《新民主主义论》和党的十五大报告，分别向我们介绍了共产党作为革命党与执政党不同的实践模式的战略格局或框架。在《新民主主义论》中，毛泽东是按政治、经济、文化的顺序来论述新民主主义社会结构的。在"新民主主义的政治"中，毛泽东同志论述了"新民主主义政治"是资本主义与社会主义之间的"过渡形式"的历史地位，其内涵是以反帝为标准的阶级联合专政，并用国体与政体理论观点论证与概括了自己的主张。但是，在党的十五大报告中，江泽民同志明确指出，"建设有中国特色社会主义的经济、政治、文化的基本目标和基本政策，有机统一，不可分割，构成党在社会主义初级阶段的基本纲领。这个纲领，是邓小平理论的重要内容，是党的基本路线在经济、政治、文化等方面的展开，是这些年来最主要经验的总结"。[①]

  我们用图 3-1 来说明模式轴与维度的结合。

三　模式维度的国情与国际环境向度

  国情与国际环境对模式外延与内涵的影响，是无法回避的。国情与国际环境之所以能够成为模式的两个向度，是因为它对模式的存在、模式运行趋向有重大影响。

  国情与国际环境，从内容上讲，与模式轴、模式维度的生态、政治、

[①] 江泽民：《在中国共产党第十五次全国代表大会上的报告》，人民出版社 1997 年版。

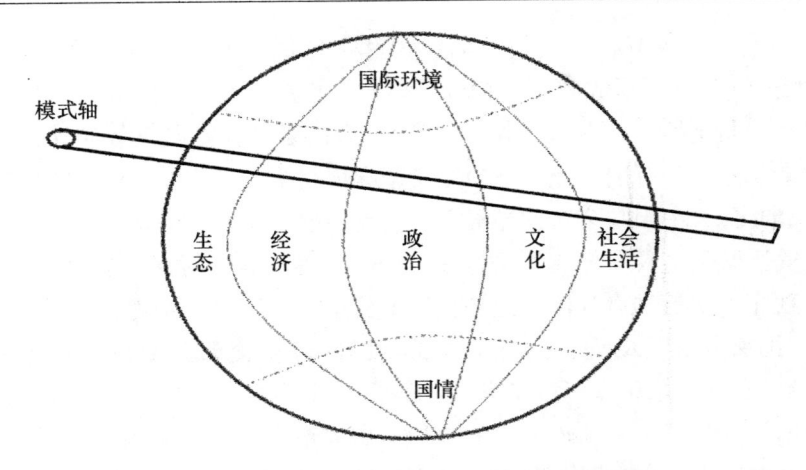

图 3—1 国情、国际环境与模式维度的关系

经济、文化、社会公共生活是相同的，只是由于国家与国际社会从领土到人口的种族、民族、文化有了空间与利益的区别，才作为模式的"国情"与"国际环境"两个维度存在并影响模式的"前世今生及未来走向"。研究与把握现实模式，一定要把"国情"与"国际环境"两个维度结合起来，对两个维度一定要同时、动态科学分析与准确把握。对两个维度任何一个方面把握的失误，都可能使模式本身失败。

毛泽东同志的《中国革命和中国共产党》《新民主主义论》《论人民民主专政》等文章，是中国共产党作为革命党时代，把"国情"与"国际环境"两个维度结合起来，分析中国革命模式的范文。邓小平同志的《坚持四项基本原则》《目前的形势和任务》《在武昌、深圳、珠海、上海等地的谈话要点》，则是中国共产党作为执政党时代，把"国情"与"国际环境"两个维度结合起来，分析中国建设模式的范文。

所谓国情是一个国家以生产力水平、社会基本制度为主要内容的发展状况与阶段的总称。这种国情是现实模式从产生到运行、从认识到把握的基础与关键。模式与国情的关系，有人将它们比喻成"脚"与"鞋"的关系，没有最好，只有合适。

所谓国际环境，是以时代主题为线索的国际形势态势效应。时代主题与世界"强势国家"之间的关系，构成了国际环境的稳定性。时代主题不等于世界"强势国家"存在，但是，时代主题不能离开世界强势国家的支撑或皈依而存在。比如，第二次世界大战后的"雅尔塔"协定构成了"冷战"的世界格局，使我们认识和平发展的时代主题充满了迷惑。20世纪60年代后形成的"三个世界划分"格局才使和平发展的时代主题逐步清晰与定格。世界的"强势国家"，有的是时代主题正效应动力，有的可能是阻力，有的可能既是动力又是麻烦制造者。比如，今天的世界和平发展时代，中国与第三世界国家是世界和平与发展的主要支持与维护力量，美国既是世界局部战争发动者（如伊拉克战争、阿富汗战争），又是世界秩序（尽管现有政治、经济秩序不公正）框架的维护力量。

"国家分量"或许也是推动国情与国际环境交叉甚至转换的现实力量。比如，通过30多年改革开放的发展，中国经济总量居世界第二位，中国的经济数据、宏观政策，影响华尔街股市涨跌、影响国际期货价格，这是国情因素转化为国际形势因素的表现。美国迄今仍是世界最强大的国家，所以，美国的内政从总统选举到经济数据、美联储政策，从议员提案到航母动向，都成为影响国际局势的强势因素。

第三节 非对称性与模式结构的完善

模式轴与模式维度的非对称性，是指在模式轴与时代问题正确对应与选择情况下，在模式轴规定的实践中心或工作中心展开中，整个经济社会发展呈"形势好"的态势下，因模式维度与模式轴的对称性尚未完全解决，也会使模式效果出现不尽如人意的方方面面，主要有下面的情况。

一 模式轴与维度匹配的缺失性非对称

模式轴与模式维度匹配的位置缺失，这或许是模式轴与模式维度非对称性最常见的情况。所谓模式轴与模式维度匹配的位置缺失，是指模式轴规定的实践中心或工作中心展开中，最直接的"环境性配合维度"的缺位、越位、错位等情况。

比如，在中国共产党因蒋介石发动"四·一二政变"，国共从合作转化为分裂、工作中心从统一战线北伐变为工农武装暴动时，党内高层指导与党的组织活动形式曾经未能摆脱陈独秀式的"不敢斗争"与李立三的"不讲正确路线政策斗争"的左右倾向，都曾经使毛泽东同志的"井冈山道路"及其"根据地模式"较长时间处于被排斥的地位。

从实践经验回顾看，模式轴与模式维度匹配的完善，常常表现为工作中心需要的环境与条件得到较好满足。比如，解放战争三大战役中主力部队同地方武装、党组织、人民群众支前、国民党统治地区的"第二条战线"及情报工作，这一切配合是那么协调，这反映了以革命战争为代表的革命模式轴与其他维度的配合达到了较好水平。党的十六大以来，尽管也曾经有国际"金融风暴"与国内各"矛盾凸显期"问题的干扰，但是，中国现代化事业仍然继往开来取得了历史性的进步。党的十八大将这些成绩概括为：经济平稳较快发展，改革开放取得重大进展，人民生活水平显著提高，民主法制建设迈出新步伐，文化建设迈上新台阶，社会建设取得新进步，国防和军队建设开创新局面，港澳台工作进一步加强，外交工作取得新成就，党的建设全面加强。这些成就，反映了实现现代化这一共产党执政时代的模式轴与其他维度的结合取得了新的飞跃。

二 模式轴与维度耦合性的非对称

模式轴与模式维度耦合的非对称，也可以叫"模式耦合的时差"。这或许是现实中模式结构发育、完善中的一个难以避免的现象或过程。

模式轴与模式维度耦合的时差，从抽象的逻辑推理论证看，是一个"玄乎"的问题。但是，它在现实生活中却是一个重要而敏感的问题，有时甚至关系到现实模式本身的发展快慢乃至生死存亡。比如，以市场经济体制作为直接驱动力的现代化过程，本身固然属于经济领域的范畴与问题，又需要社会法制环境、公民文化与行为、政府依法行政与宏观调控、社会保障制度等社会有机体的全方位匹配。但是，这种市场环境的"全方位匹配"是需要时间的。市场环境的"全方位匹配"没完成时，市场经济的"失灵"会显得更突出。面对这种情况，是坚持与完善市场经济？还是再走计划僵化的老路？这在中国改革开放中常常成为认识焦点。可见，这也体现出模式轴与维度的耦合其理论与实际工作意义有多么大。

在中国，无论是革命模式还是建设模式的确立中，有一个值得关注的问题是：实践模式的正确性认知与共识形成，常常既需要模式轴与维度耦合的强化，也需要理论创新维度的支持。毛泽东同志在《实践论》中说，当没有革命理论革命就不能发展的时候，革命理论的创立就有了决定意义。比如，在中国改革开放30多年间，历史积累问题与现实问题、可以避免但人为原因未能避免与不可避免"代价"、国内问题与国际影响等交织的情况下，说中国特色社会主义正确得很、改革开放好得很，既要用各种成绩的事实说话，还要同步完善各种制度，更需要用中国特色社会主义理论体系认识问题与统一思想。

三 模式轴对模式维度非对称的调节效应

从模式轴视野看，社会有机体的从生态到社会各阶层的意识、心理到行为都应该如众星拱月般围绕模式轴及其"工作中心"指向运行，但是，社会有机体的各方面并非会这样行事。因为社会有机体的方方面面都是相对独立的，有自己的历史传承、现实域界、主体价值选择的"实体"，它们都会自发地按自己的认识水平与运动轨迹表现乃至各行其是。

从某个时间段看，社会有机体的各个方面都可能发生与模式轴及其"工作中心"指向相反、相偏离的运动轨迹，从而对模式轴及其"工作中心"解决时代问题的大局形成干扰。为了保证模式轴及其"工作中心"解决时代问题的大局，必须对模式特殊维度的效应进行调节。比如，1890年10月27日，恩格斯在致康·施米特的信中说，国家权力对经济发展的反作用有三种，它可以沿着经济发展相同、相反乃至另外的方向发挥。[1] 国家权力对经济发展的三种反作用，也可以看作政治公权力对经济领域模式轴效应的相反、相偏离的运动轨迹。

根据中国改革开放中对社会有机体的各个方面或维度，对模式轴及其"工作中心"指向相反、相偏离的运动情况的矫正经验，无论出现哪种情况的与模式轴及其"工作中心"指向相反、相偏离的运动情况，其"矫正"主体是执政党及其领导的代表社会整体、公共利益的国家依法进行。无论是处理来自"左"的和右的干扰或是抵御"金融风暴"对整个社会经济系统、世界经济的冲击破坏，都是如此。

---

[1] 《马克思恩格斯选集》第4卷，人民出版社1972年版，第483页。

第四章

"全景视野"与模式问题的思维方式

引导词：

模式一旦导入实践、时代与国情中的问题，再加上解决中的创新，其复杂性是不言而喻的。现实的模式问题，还在于人们判断模式的思维方式正确与否。

超越思维认识模式，或许并不比超越利益更难！

各种片面性及其思维偏好，是对模式认识、认同、判断失误的"推手"。为此，必须反对关于模式的各种片面性，提倡"全景视野"的思维。

有人说：模式对于想依样画葫芦的懒人，是陷阱；模式对于教条主义者，是一杯苦酒；把模式作为回顾过去"界碑"、拓未来的灯塔的智者，是捷径。所以，不在于讲不讲模式、承认不承认模式，而在于为了什么讲模式、把模式当作什么。这些问题归纳起来，还是一个模式的思维方式问题。我们认为，"全景视野"应该是一种对待模式的思维方式，需要应用于对模式的理论与实践中。

第一节 模式问题的思维片面与视野偏好

提出"全景视野"观点，其针对性是在模式问题上的思维片面的视野偏好。由于对模式的思维片面，必然形成偏好性的关于模式的思维认知与一系列行动。

一 模式的复杂性与思维片面及偏好

现实的模式绝非一块拿起可以进口的蛋糕，也不是已经绽放的一朵立即可以尽情欣赏的花朵。现实的模式具有多方面的辩证性,从语言学视角看,模式是一个有确定规定性的名词;从现象角度看,模式是一个动词。从这种借助语言符号对模式本质规定的理解就可以知道,模式在认知层面必然是一个现象确定性与动态性同在的辩证关系复杂的存在。

模式作为一个复杂的存在,其复杂性具体主要表现在三个方面。

第一,现实模式内容的复杂性。模式是在生态、经济、政治、文化、社会生活的社会有机体的"土壤、环境"中孕育出来的。仅凭模式对社会有机体的全面相关性构成的"跨界"性,就足以说明其复杂性。社会有机体的各方面、各方面内部的纵向历史性、横向等级性,整体系统性,容不得任何片面与极端思维。比如,经济生活只是社会有机体的一个方面,但是,经济从基本制度到经济体制、从区域关系到国家与世界关系、从法人到增长方式、从产业链到宏观政策与经济态势、从生产要素到产品,如此等等,其复杂性常常超过人们已有的实践经验与认识。恩格斯在《反杜林论》中说过,因为世界是一幅普遍联系中变化发展的图画,所以,世界才有辩证法的本质,并需要"主观辩证法"去认识辩证法本质的客观世界。模式内容的复杂性,要求反对与防止片面思维,提倡全景式辩证思维。

第二,现实模式发育程度的复杂性。前面有所论述,现实的模式绝非像学术意义上的模式那样以完美面貌呈现在我们面前,现实模式的模式轴与时代问题、模式轴与模式维度的整体与具体关系,都可能存在"锣齐鼓不齐"的不协调、缺失等情况。这些情况的任何一种表现一旦出现在现实模式中,都会造成模式"应然"与"实然"不统一的复杂性。对模式"应然"与"实然"的任何片面性,给实践带来的损害后果都是严重的。所以片面思维,不仅无助问题的解决,还可能把问题搞得更复杂。

第三,模式在国情、国际环境因素介入后会变得更加复杂。模式的产生基础在于时代问题,今天时代问题的基础是立足于世界与人类总趋势的,但是,模式解决时代问题的切入点是国情,切入"正在进行时态"中国际环境又会介入进来。如此一来,从学理角度是依靠时代问题缘起的模式,其实际运行轨迹很大程度是依托于国情、国际环境从理论变成现实、从预期变成社会实践。如果受片面思维影响,我们就会只看见模式在时代问题驱动下的可把握性,却忽视了一旦国情、国际环境因素介入后模式变成了集国情个性与国际环境共性的复杂统一体。

如果我们树立了全景式思维，就可能把学理型模式与实践中的现实模式的复杂性作出区分。没有对模式的学理研究，我们对模式难以改变"跟着感觉走"的不自觉状况；如果不能认识实践发育、国情和国际环境因素介入后复杂化的模式，我们对模式的认识就难以达到科学把握、正确操作的水平。

二 模式效应与思维片面及偏好

从语言学意义上讲，效应与效果是不一样的。效果，是某种原因或动机引起了确定的结果；效应，是一种影响力，这种影响力所产生的结果存在过程与时间及其效果诸多滞后与不确定性。

模式依托社会有机体要素，在特定的时代问题规定下，依托国情与国际环境生成并逐步对社会经济与人们的现实生活发挥影响力。但是，普通民众对模式的希望、预期、期望值，或许都是一种效果的判断，并非对模式影响力的一种分析。这又是在模式思维上我们容易犯的片面性错误。

中国特色社会主义道路上形成的"中国模式"，其效应在政治、经济、文化、社会建设、生态等方面的发挥，都是一个复杂过程，是影响力逐步变为期望结果的过程。一定时间的等待是必需的。

比如，1998年西部实行"退耕还林政策"，最初几年效果并不显著且投入很大。但是，十多年后"退耕还林政策"的整体成功与正确效应的效果最终显现出来了，其中延安是比较典型的成功案例。延安地区是著名的荒山秃岭的"黄土高坡"，2012年10月30日，中央电视台报道说："退耕还林，让延安山青水绿。"从1999年开始，延安实施退耕还林政策，坡度25度以上的山地全部退耕，鼓励农民种植适合生长的苹果，发展经济林。在政府的帮助下，延安新增了42万亩苹果种植面积，还建成了上千亩的葡萄园。农民由此富了。同时，延安的山由黄变绿。从近十年的卫星遥感图上可以清晰地看到这种变化，延安地区的森林覆盖率从20%左右上升为58%。延安生态也发生了显著改变，2001年，延安市扬沙天气为14次，而从2009年开始已经连续三年没有出现扬沙天气。干旱少雨的延安，降水量也从十年前的500多毫米，增加到了2011年的600多毫米。

又比如，渐进改革需要"过程哲学"，也是中国模式效应的时间等待需求的反映。2013年7月18日，《人民日报》发表的评论员文章指出，渐进改革需要"过程哲学"。文章说，正如恩格斯所说，"世界不是一成不变的事物的集合体，而是过程的集合体"。再高的期待、再好的想法，也只能一步一步慢慢靠近，这是中国改革的"过程哲学"。文章特别强调，我国的基本国情、基本矛盾也决定了很多问题的解决不可能是那么轻易的事。当前中国，规模之巨大，任何投入都像是"太平洋里打鸡蛋"；利益之复杂，所有事情莫不是"拨动一堆算盘珠"。更何况，我们还要面对长期的历史积弊、复杂的利益纠葛。比如养老保险，不仅要还历史欠账，还要应对老龄化社会，更需在公务员、企业职工和农民等不同群体之间掌握平衡。要想立即进入老有所养的社会，几乎没有可能。在这样的情况下，改革需要一步一步走，公众的期待也需要与现实对接。

三　主体对模式的认知局限与思维片面及偏好

孙中山先生有一句名言：知难行易。这句名言颠覆了中国原来的"知易行难"认识。其实，知难、行亦难。不过，文明社会以来，在知与行的关系上日益凸显着知较行的前置性、优先性条件，这也是必须重视的趋向。有人说，原始文明或草昧史前文明时代，人是不知而行；传统文明时代，人是行而后知；科学现代文明时代，人是知而后行。这种概括，也应了列宁的名言：没有革命的理论，就没有革命的行动。

我们讲的模式认知的主体局限与思维片面，主要是指对模式社会心理层面的心理、情绪、思潮。当然，对于学术界的不负责任的错误观点对社会心理的误导也要予以及时重视，归纳起来主要是两种片面性及思维框架。

一是因社会参照系选择失误，导致对模式主观感受的错误。模式存在与发展是与时代问题一致的，模式在解决时代问题中必然产生包括解决人的问题的普遍社会效应。但是，如果大多数社会成员在认识模式时，不以时代问题的解决为参照系，会常常陷入仅仅以个人利益得失作为评判的误区。由于这种参照系的选择失误，就可能导致对模式正误优劣的错误判断。所以，在谈对模式的主观感受时，我们要提倡把国家民族利益与个人或群体的得失结合起来进行全景式思考比较，反对任何片面性。

二是因对模式趋势判断失误，导致对模式过程的情绪化对待。望梅止渴是人们熟悉的成语及故事，这个成语及故事说明同样的客观事实，人们憧憬得到好的前景与希望与否，对人们的情绪、心理、行为的影响是不一样的。曹操说前面有梅林可止渴,对于渴望喝水的士兵情绪迅速起到了激励作用。所以,正确的模式,一定要让社会多数成员看到他们希望解决、亟待解决问题的解决趋势,给他们以希望,这是把对模式认识的心理、情绪、思潮引导向正效应的关键。比如,面对中国目前收入状况——总体收入差距较大,同时真正凭劳动取酬应有的差距又并未很好地拉开并存的复杂情况,采取"控高、扩中、提低"的政策措施,就可以使人们看到收入差距解决的光明前景,对于我们成功度过"矛盾凸显期"、"中等收入陷阱"都是很重要的。

当前,中国式的发展模式面临的"问题域"挑战或许是:可以避免与不可避免、客观必然性问题与主观操作问题、合法合理与不合理及非法问题交织,使人们心理感受放大了的情绪化问题对于上述四个方面客观问题存在着一定的"失真"。因此,提倡全景式视野与思维,其意义与实际作用,或许并不亚于用实际举措逐步去解决问题本身。

第二节 "全景视野"与模式的辩证思维

关于模式的诸多争议,需要调整视野与重建思维方式,这是模式的实践辩证本质对"全景视野"的呼唤。这种关于模式的视野调整与思维方式重建,将对模式发育发展产生积极影响;而以全景视野为内容的模式视野调整与思维方式重建,是有其确定性的思维方式框架与主要内涵的。

一 构建辩证法与全景思维方式

所谓"辩证思维方式",就是把马克思主义的辩证法转化成为思考、分析、解决问题的思想方法。树立辩证思维方式的前提,是对辩证法理论内容本身的把握。

恩格斯"晚年通信"中讲过根据实践条件"合力"因素产生的"平行四边形"运动的辩证法。我们的研究认为,恩格斯讲的就是社会实践运动中的"合力构建"辩证法。最近的一些年,中国哲学界研究构建辩证法取得了不少重要成果。

在和平发展时代,"合力构建"辩证法与"合作共赢"是相通的。今天的时代问题从总体上看是和平发展问题、现代化问题、全球化问题、改革开放问题、市场经济问题、共同富裕问题,等等。作为规律,则要重视承认差距或差异基础上的"合作共赢趋势"。作为方法论,则可以概括为"合作共赢的辩证法"。

习近平同志在谈"中国梦"时说,"中国梦"就是实现中华民族伟大复兴。其基本内涵是国家富强、民族振兴、人民幸福。这三者相互联系,相辅相成,包含着全面建成小康社会的目标,也包含着建设社会主义现代化国家的目标,还包括了实现中华民族伟大复兴的目标。这既深深体现了今天中国人的理想,也深深反映了我们先人们不懈奋斗追求进步的光荣传统。显然,国家好、民族好、个人也才会好,是"中国梦"的核心内容,其哲学底蕴也包含着"合力构建"的辩证法。

中国特色社会主义道路中形成的模式,是中国共产党领导人民在实现现代化中自觉奋斗的产物,因而具有"建构"的哲学特征。中国模式的内容从基本路线到总体布局以及社会建设与生态文明的添加,都日益凸显着"合力建设"的内涵。所以,认识与发展中国模式,也需要自觉树立构建辩证法与全景思维方式。

二 "全景视野"对中国模式的影响分析

我们主张把适应认识与分析中国模式的辩证法,转化为"全景视野"的思维方式,如果这种转化逐步成功,将对中国模式发育发展产生积极的影响。

首先,树立把问题与时代联系的全景式视野与思维。近代以来,世界就是一个以发展为主要内容的现代化时代,社会一切问题产生与解决都与现代化相关。邓小平同志说过,不发展问题大,发展了的问题并不比没有发展的问题少。中国21世纪的实际,证明了邓小平同志的预见。中国从2002年到2012年,GDP从10多万亿元到了接近50万亿元大关;财政收入从不到2万亿元,到突破10万亿元;出口总额从3000多亿美元,到近2万亿美元。与此同时,基本养老、基本医疗、失业、工伤、生育五项社会保险制度基本建立、逐步完善,以最低生活保障为重点的城乡社会救助体系基本形成,用社会保障制度造就了世界上覆盖人口最多的社会保障"安全网"。各项民生政府投入达16.4万亿元。尽管如此,以收入分配差距为代表的各种社会经济矛盾仍然突出,中国仍处在"矛盾凸显期"。如果把现代化"矛盾凸显期"的各种社会经济矛盾或问题,与时代作全景式的联系与思维,就可以客观看待问题,既不回避与掩饰,也不夸大,关键是从科学发展中找到解决问题的路径与办法。

其次,树立社会有机体整体性观点与全景式视野思维。马克思也曾经肯定过社会有机体的观点;列宁在《什么是"人民之友"以及他们如何攻击社会民主主义者?》中提出的把社会结构分析以生产力为基础,进而分析经济基础与上层建筑的"归结于"的思维方式,就是社会有机体整体性的辩证思维方式。[①] 但是,现实生活中人们认识社会生活时,往往容易站在实际上是"只见树木,不见森林"的某个点、某种利益划定的立场上"说事",这样会妨碍对"事"的正确认识与解决。比如,实现中国经济从加快发展向科学发展的转变,就是要求对经济发展进行"全景式思维",要以经济发展为基础推动生态文明、民生问题解决、先进文化建设、社会管理等全面协调可持续发展。

最后,树立个别与一般相结合的全景式视野与思维。共产党执政时代讲马克思主义辩证法、讲对立统一规律就应该讲个别与一般相结合。因为"中国特色道路"与"中国模式"不能完全独立、脱离世界近代现代化的过程,同时,现代化过程中的市场经济、民主政治等,一旦导入"中国特色道路"并嵌入"中国模式"中,又必然创造出不同的特点,为促进中国社会主义现代化的发展而尽显作用。

第三节 客观认识与评价"中国模式"

所谓"中国模式",不过是中国革命与建设中各种成功实践的总称谓。中国模式自身又有各种式样,比如,有毛泽东的革命模式,也有邓小平的建设模式,还有邓小平建设模式后来的发展。中国模式的各种式样,都是应解决时代、国情特定阶段问题产生的,都重要,每个具体模式式样既"一个不能少",又都带有当时各种条件及发展阶段缺陷的不足。因此,要客观评价中国模式的每个具体式样,对中国模式的具体式样之间的关系,不能互相否定。总的态度应该是,对每个模式式样实事求是,贡献讲够,缺陷与问题不讳言。要实现这个态度,必须有客观的科学精神。

---

① 《列宁选集》第 1 卷,人民出版社 1972 年版,第 8 页。

一 用实践标准客观地评价"中国模式"

为什么说要用实践标准,才能对中国模式的具体式样进行客观评价呢?因为中国模式的每一个具体式样既是当时国内外历史条件的产物,也融入了那个时代人们个人与群体的努力,还像胎记那样带着那个时代的人们的价值观及偏好。所以,人类一切过去、现在的实践都归纳为历史;在社会领域,坚持历史的态度即坚持客观的态度。所谓"客观",只能借助与立足当时的历史尽可能去客观认识与评价。

用实践标准去客观评价中国模式的各个具体式样,在理论上就要正确处理实践、历史、现实、合理之间的关系。

当然,哲学实践意义上的历史概念,与历史学含义是不同的。历史学意义上的"历史",就是过去了的事件;哲学实践意义上的历史,借用黑格尔的一句话能够表达其意思:现实的都是合理的,合理的都是现实的。也就是说,哲学上讲历史,重点不是分析过去与现在存在的现象(包括成绩与问题)本身,而是探讨其产生、存在、消失或解决的现实性与合理性的关系。用这种辩证的历史观点看现实的一切存在与现象,肯定它现实的合理性,又看到它消失或解决的合理性。这也是否定之否定规律的一个视角的解读。用这种观点看待中国模式,比较具体的就是历史、合理、客观地看待改革开放前与改革开放后的关系,看待邓小平同志与江泽民、胡锦涛、习近平同志的关系,思维方式还是要按照习近平同志的"互不否定"办事。同时,也要历史、合理、客观分析时间前后的继承与发展关系,不能因要讲互不否定,就把改革开放前后、邓小平同志在世及以后,说成毫无区别、也就无创新发展的关系。

因此,哲学上讲用历史观点看待模式的具体式样,就意味着,只要它是现实的,我们就要在它所对应的合理性时间段、范围等诸条件内肯定其合理性。但是,一旦时间段、范围等诸条件发生了变化或根本改变,那么,现实的模式被更合理的模式代替也是必然的。由于代替原来模式的合理性更多,所以,它又成了新的现实性。

二 立足特殊时空条件客观地评价"中国模式"

各种模式式样的合理性,都只能用当时特殊的时间段、范围等诸条件来说明。

比如，关于井冈山根据地为什么能够在敌人包围下存在并发展？毛泽东在《中国的红色政权为什么能够存在？》一文中说，井冈山的中国的红色政权能够存在有五个条件，即半殖民地中国国情、民主革命的影响、全国革命形势的支持、红军存在、共产党的组织力量与政策正确。毛泽东在《中国共产党在抗日时期的任务》一文中又指出，随着中日矛盾成为主要矛盾，形成了民族矛盾上升、国内阶级矛盾下降的新阶段，为适应这种变化，共产党必须进行从武装推翻国民党反动统治向抗日民族统一战线战略的转变。毛泽东同志特别指出，抗日中实行"和平、民主"口号，不能因此认为过去的"工农民主共和国"口号错了。①

看来，不能用现在的合理性否定过去的合理性、拒绝未来的合理性，是毛泽东同志模式转换中辩证思维的充分体现。

胡锦涛同志在庆祝建党90周年的讲话中指出，以经济建设为中心是兴国之要，是我们党、我们国家兴旺发达、长治久安的根本要求。同时，他又指出，在当代中国，坚持发展是硬道理的本质要求就是坚持科学发展。胡锦涛同志并没有因现在要求科学发展，而否定过去的以经济建设为中心与发展是硬道理；又根据当前的情况变化，强调今天的科学发展是发展是硬道理的本质要求。这也体现了不能用现在的合理性否定过去的合理性的辩证思维方式。

---

① 《毛泽东选集》第1卷，人民出版社1991年版，第252—256页。

第 二 编

"中国革命模式轴"创新类型研究

从本编开始，本书将以模式不是附属于事物而是理论与实践创新的产物、模式是模式轴与维度的辩证统一的理论观点为根据，把中国共产党成立90多年的实践，分为革命党时代与执政党时代，以模式轴与模式维度作标准，对以夺取政权为中心的革命模式、以经济建设为中心的建设模式进行具体研究。研究的目的是，揭示模式在解决立足于国情时代、阶段性问题中的实践创新理论创新规律。

毛泽东同志是中国革命模式的创立者。毛泽东同志借鉴了列宁创立的落后国家在战争与革命时代的革命模式，结合中国半殖民地半封建国情以"新民主主义"名义对革命模式进行了创新。列宁与毛泽东的革命模式的关系是，时代相同，国情不同，围绕适应国情模式的创新。所以，毛泽东与列宁的革命模式总体是"大同小异"。

毛泽东同志对社会主义建设进行了卓有成效的探索，但是，中国的建设模式是邓小平同志创立的。邓小平同志创立的中国特色建设模式，在坚持社会主义基本制度上，与毛泽东方向上是一致的，但是，在对"什么是社会主义"、"怎样建设社会主义"的认识上，毛泽东同志与邓小平的区别又是明显的。在国情的认识上，邓小平与毛泽东又相同又有区别。相同的是，毛泽东同志认识到中国建设底子是"一穷二白"邓小平同志强调"初级阶段"是中国长期的实际；但是，毛泽东同志因"一穷二白"总想急于求成，甚至用"大跃进"或"抓革命，促生产"把经济搞上去，邓小平同志则主张改革开放、市场经济，按经济规律办事。所以，2013年1月5日，习近平同志在新进中央委员会的委员、候补委员学习贯彻党的十八大精神开班式上的讲话中说，我们党领导人民进行社会主义建设，有改革开放前和改革开放后两个历史时期。这是两个相互联系、又有重大区别的时期。习近平说，新中国已经建立起社会主义基本制度、并进行了20多年建设，是改革开放的基础。但是，这两个历史时期在进行社会主义建设的思想指导、方针政策、实际工作上有很大差别。习近平同志一方面强调，要用"区别思维"看待毛泽东同志领导时期与改革开放时代的关系。另一方面，习近平同志也特别指出，不能用改革开放后的历史时期否定改革开放前的历史时期，也不能用改革开放前的历史时期否定改革开放后的历史时期。要坚持实事求是的思想路线，分清主流和支流，坚持真理，修正错误，发扬经验，吸取教训，在这个基础上把党和人民的事业继续推向前进。

本编主要是研究模式轴位移型的模式的实践创新理论创新规律。本编主要内容是：

一、研究"中国革命模式"的成功选择。在中国这样的半封建、半殖民地国情与"十月革命"后世界时代基本制度变革趋向是社会主义的背景下，中国革命如何实现与社会主义链接，按列宁的观点这是任何书本上找不到现成答案的理论与实践创新的事情。毛泽东思想指导我们在曲折探索中，找到了中国革命的正确道路及其以武装斗争为特征的根据地模式。

二、研究毛泽东探索"中国建设"的教训。胡锦涛同志在十八大报告中指出，以毛泽东同志为核心的党的第一代中央领导集体带领全党全国各族人民完成了新民主主义革命，进行了社会主义改造，确立了社会主义基本制度，成功实现了中国历史上最深刻最伟大的社会变革，为当代中国一切发展进步奠定了根本政治前提和制度基础；但是，在探索社会主义建设过程中，既经历了严重曲折，又取得了独创性理论成果和巨大成就，为新的历史时期开创中国特色社会主义提供了宝贵经验、理论准备、物质基础。也就是说，在研究毛泽东探索"中国建设"的教训中，要实事求是，对为中国特色社会主义提供的宝贵经验、理论准备、物质基础要充分肯定，对其"严重曲折"也要从总结模式的教训角度进行实事求是的分析。

第 五 章

毛泽东思想与"中国革命模式"的成功选择

引导词：

"中国模式"源头何在？在于毛泽东同志开辟的正确的中国模式。

毛泽东同志开辟的正确的中国模式是什么？是"根据地模式"。

根据地是什么？是"战略空间"，不能仅把根据地看成"一块地盘"。

邓小平同志在《对起草〈关于建国以来党的若干历史问题的决议〉的意见》中指出，不进行新民主主义革命和社会主义革命，不建立社会主义制度，中国就还会是旧中国的样子，我们今天的一切成就都不能取得。[①] 所以，在肯定毛泽东同志、毛泽东思想在新中国成立前的历史功勋、历史地位及其道路、理论、模式上，党内外、国内外是没有大的分歧的。但是，从学术角度看对毛泽东开创的"井冈山道路"（即主导表述的"农村包围城市的革命道路"）中革命模式的研究是不够的。毛泽东的革命模式是什么？或许至今仍没有一个共识性的说法。我们认为，"井冈山道路"过程中的革命模式是"根据地模式"。本章沿着历史逻辑与学术逻辑统一的要求，对毛泽东的革命模式的模式轴的选择与模式维度的完善，试作概括与归纳。

---

① 参见《邓小平文选》第2卷，人民出版社1994年版，第299页。

第一节 "井冈山根据地"与中国革命模式轴

我们认为,关于毛泽东同志开创的"中国革命"模式,要从井冈山根据地的模式式样说起。其原因在于,毛泽东同志领导中国革命的理论与实践创造内容十分丰富,包括道路、战略、路线方针政策等。因此,井冈山根据地模式,是不能代替毛泽东关于中国革命道路、战略、路线方针政策等丰富的理论内容和实践内容的全部的。井冈山根据地模式只是中国革命实践大戏存在与演进的舞台。但是从源头上看,这些丰富内容又都是借助根据地实践平台才能存在与向前发展的。正是从这个意义上说,可以把中国革命模式概括为"井冈山根据地"。同时,把中国革命模式概括为"井冈山根据地",是符合毛泽东同志在中国革命时代一贯坚持的实践逻辑,即:"革命"的时代问题、根本问题(其指向都是政治领域)都必然是政权问题。只是随国情的民主或专制不同政体,谋求执政的政治实践有进行暴力革命与民主合法选举之间的选择。毛泽东同志在《中国革命和中国共产党》中指出,由于近代中国没有建立起西方那种民主政治环境,所以,中国革命的主要形式只能是武装斗争,即"枪杆子里面出政权"。当然,俄国十月革命也是通过武装起义使布尔什维克执了政,但其武装起义的中心在彼得堡这样的大城市。中国革命一开始也是企图仿效俄国,搞城市暴动,无论是上海三次工人武装起义,还是南昌起义与广州起义,都发生在城市,但却都不得不退出城市。中国共产党在城市领导武装斗争可以爆发但不能守住起义的城市说明,中国政治革命的模式定位不能在城市,必须选择农村。但是,广阔的农村共产党具体在哪里、用什么形式推进中国革命?这又是一个实践探索问题。毛泽东同志开辟的"井冈山根据地"模式式样,解决与回答了这个问题。毛泽东同志是人不是神,他开辟"井冈山根据地"模式,也是逐步形成的。毛泽东同志开辟"井冈山根据地"模式式样,经历了从"上山思想"到明确选择、建设井冈山根据地的过程。后来,根据地与中国革命的盛衰成败就存在着不可分割的关系。所以,我们把中国革命模式具体概括为"井冈山根据地"式样。

一 井冈山革命根据地式样的形成

毛泽东同志开辟"井冈山根据地"模式式样,经历了从"上山思想"

到明确选择、建设井冈山根据地的过程，是有比较翔实的历史资料作支撑的。

中国革命从国共合作北伐，转向建立工农武装并开拓井冈山这样的根据地斗争，与"八七会议"是相关的。第一次国内革命战争失败以后，在这关系党和革命事业前途和命运的关键时刻，中共中央政治局于1927年8月7日在汉口召开紧急会议。这次会议的主要目的是总结大革命失败的经验教训，确定今后革命斗争的方针。会议决定调派最积极的、坚强的、有斗争经验的同志，到各主要省区发动和领导农民暴动，组织工农革命军队，建立工农革命政权，解决农民土地问题。会议撤销了陈独秀的领导职务，选举瞿秋白、李维汉、苏兆征等组成中共中央临时政治局，毛泽东当选为中共中央临时政治局候补委员。

"八七会议"结束后，主持中共中央工作的瞿秋白，向毛泽东征求意见，准备让他到上海中央机关去工作。毛泽东回答：我不愿去住高楼大厦，我要上山结交绿林朋友。随即毛泽东以中央特派员的身份回湖南领导湘赣边界秋收起义。

1927年8月18日，中共湖南省委召开会议，对全省的"秋收起义"进行部署。经过讨论，会议调整了原来在全省多处发动武装起义的设想，决定以湘中长沙为中心进行工农武装暴动，具体起义地域是长沙、湘潭、醴陵、浏阳、平江、安源等七县。1927年9月9日，湖南"秋收起义"正式展开，湖南省委曾有三路围攻长沙的部署，结果战争失利。9月15日，湖南省委放弃了攻打长沙的计划；9月19日起义部队撤至湖南浏阳县文家市。当晚前委召开会议讨论部队下一步行动去向，毛泽东同志正式提出"上山"即在农村建立根据地观点，得到了与会同志支持。于是，部队于9月26日攻占了井冈山地区的莲花县城，并得知了井冈山王佐、袁文才领导的农民武装情况。9月29日，毛泽东率领工农革命军进驻江西永新县三湾村后，主持召开了中共前敌委员会扩大会议，决定对部队进行改编。这就是著名的"三湾改编"。对于"三湾改编"，人们过去熟悉的是"支部建在连上"的创新，其实它还有一个重要历史贡献：毛泽东同志将上山思想发展成了建设根据地的战略构想。毛泽东同志强调："部队不能乱跑了"，要"就地打主意"。毛泽东同志还说，"袁文才在茅坪打圈圈，敌人几年来都没有把他们消灭，王佐在井冈山也是这样。敌人没有办法搞垮他们"①。显然,毛泽东的这些论述,具有"根据地"的意思。

1927年10月,毛泽东率领秋收起义部队进驻宁冈茅坪后,在此会见袁文才派来的代表。为了争取这支农民武装,毛泽东在宁冈大仓村会见袁文才,向袁文才详细介绍了当前的形势和革命发展的前途,勉励袁文才同工农革命军联合起来开展斗争,并赠送100支枪给袁文才。袁文才深受感动,表示一定为革命掌握好枪杆子,愿意竭尽全力帮助工农革命军解决各种困难,并慷慨地回赠1000元大洋给毛泽东用于工农革命军的给养,并表示他接受整编,参与创建井冈山革命根据地。

1928年2月,袁文才领导的赣西农民自卫军被改编为工农革命军第1军第1师第2团,袁文才任团长,从此,这支队伍成为井冈山革命根据地初创时期在中国共产党和毛泽东领导下的工农革命军的重要组成部分。

1928年10月5日,也即是井冈山根据地创立实践经验积累了一年多后,毛泽东同志写下了《中国的红色政权为什么能够存在?》一文。② 在这篇文章中,毛泽东同志从理论与实践两个方面回答了"中国的红色政权为什么能够存在"的问题,这篇文章也可以看作中国革命根据地模式从自发向自觉转变的标志。在文章中,毛泽东同志从国内政治状况与国际帝国主义通过军阀间接统治等理论高度,分析了中国的红色政权为什么能够存在的诸条件。同时,毛泽东同志还以"八月失败"为例,分析了根据地巩固与发展必须采取的正确政策策略并提出要关注红军的生活条件。

二 井冈山根据地模式轴到维度的完善

毛泽东同志提出"枪杆子里面出政权"观点,是将中国革命的模式轴厘定在了政治领域。但是,政治本身也是一个充满共性与个性、形式与内容、现象与本质、客体操作与主体活动的复杂系统。正如恩格斯指出的,政治上阶级利益的表达与维护,在生活中常常表现为坚持或反对某种"原则"的斗争。在中国革命面临的复杂国内阶级矛盾、国际民族矛盾的环境下,政治斗争从哪里切入?枪杆子即战争形式回答了这个问题。同样,战争本身也是需要各种时空、物质条件支持的,比如,恩格斯曾经对

---

① 中共湖南省委党史资料征集研究委员会编:《湘赣边界秋收起义》,湖南人民出版社1987年版,第153页。

② 《毛泽东选集》第1卷,人民出版社1991年版,第47—54页。

游击战争发表过军事评论，认为游击战的成败取决于群众的支持；他在《反杜林论》中指出，战争的基础是经济力量，一艘军舰本身就是一座工厂。

因此，毛泽东同志的"枪杆子里面出政权"观点，一旦进入战争实践，必然从"战争的空间落地"拓展到"支撑条件即维度"。

从"秋收起义"的围攻长沙（虽然毛泽东同志当初就对攻打长沙持异议，但是，面对"组织"湖南省委决议行动还是努力执行了的）到选择井冈山根根据地，这就完成了"枪杆子里面出政权"观点的"空间落地"问题。

战争"支撑条件的维度拓展"，都是在根据地这个模式载体或矛盾统一体中进行的。从现有资料来看，毛泽东同志在井冈山斗争时期，对根据地模式的维度拓展，主要是开展支持战争的经济建设、以"纠正党内错误思想"形式的文化建设两个方面。

在《中国的红色政权为什么能够存在？》一文中，毛泽东同志就看到了战争与经济的关系，不过在文章中，毛泽东同志并未形成相对独立的根据地的经济建设思想，他是从"军队给养"角度说经济的。在1928年11月写作的《井冈山斗争》中，毛泽东提出了"土地问题"，这实质上是中国农村根本的经济利益格局矛盾。毛泽东同志的分析方法是从"土地"这一语法问题，上升到政治上的"土地革命"路径，引申出了根据地战争政权建设以及群众基础等政治问题。1933年8月22日写作的《必须注意经济工作》是毛泽东同志相对独立的根据地经济建设思想形成的标志。在文章中，毛泽东同志从理论上分析了进行革命战争与经济建设的相互依存、相互促进的辩证关系，提出了发挥根据地政权组织作用、群众参加，利用"出入口贸易"形式发展根据地经济的实践主张及政策。

关于以"纠正党内错误思想"形式的文化建设，毛泽东同志在《井冈山斗争》一文就提出来了。他说，军队中的小资产阶级思想，根据地党组织受封建家族影响，都是值得注意的问题。1929年12月的"古田会议决议"即《关于纠正党内的错误思想》[1]，讲的是专门纠正军队中的党内小资产阶级思想。文章列举了单纯军事观点、极端民主化、非组织观点、绝对平均主义、主观主义、个人主义、流寇思想、盲动主义等小资产

---

[1] 《毛泽东选集》第1卷，人民出版社1991年版，第85—95页。

阶级思想的表现，认为只有纠正这些小资产阶级思想，才能担负中国革命的任务。

1930年5月，《反对本本主义》一文也是毛泽东同志建设无产阶级思想文化的重要著作。在文章中，毛泽东同志不仅倡导了调查研究的实事求是工作方法，还提出"中国革命斗争的胜利要靠中国同志了解中国情况"的重要观点。这是关于国情分析论、实事求是思想路线的形成的重要节点。实事求是思想路线在井冈山时期的诞生，标志着毛泽东同志的中国革命模式的实践创新与理论创新同步的趋向。

第二节 延安抗日根据地与中国革命模式的完善

中国革命的辉煌篇章应该说是在延安时期。以延安为代表的抗日民族根据地，是抗日战争的坚强堡垒。同时，以延安为代表的抗日民族根据地还是中国共产党向国内外发挥政治影响的载体。斯诺、史沫特莱等国际友人访问延安，并向全世界介绍"红星照耀中国西北角"；全国热血青年放弃国民党统治区奔赴延安；等等。可以说，抗日战争时期，是共产党领导的根据地发展最迅速、最成熟的时期，这也说明了中国革命模式进入了发展中的完善时期。

一 根据地模式在抗日战争中战略地位的确定

1935年5月3日，毛泽东同志在《中国共产党在抗日时期的任务》一文中指出，中国革命已经进入了国内阶级矛盾下降、因日本帝国主义侵略民族矛盾上升的历史转折点，并提出了中国共产党高举"和平与民主"旗帜、建立抗日民族统一战线的方针与任务。①

但是，共产党怎样具体进行抗日战争？这是对时代与国情的阶段性变化认识、新的方针与任务明确后必须进一步解决的问题。这就是从理论认识向实践模式飞跃的问题。1938年5月，毛泽东同志写作了《抗日游击战争的战略问题》一文。什么是抗日游击战争的战略问题？文章中指出，抗日战争中的正规战与游击战都是重要的，对游击战必须从战术上升为战略问题来认识；由于日本的强大，抗日实践中必然强化游击战的重要性；

---

① 《毛泽东选集》第1卷，人民出版社1991年版，第252—264页。

没有根据地的游击战是很难进行的,因此,根据地是战争从游击战向运动战发展与转折的关键环节。

后来,抗日战争的实践也证明了毛泽东同志认为有根据地依托的游击战是抗日战争胜利的战略选择观点的正确性。到 1945 年 8 月 15 日抗日战争结束时,八路军部队先后在华北地区创建了晋察冀、晋绥、晋冀鲁豫、山东等根据地,根据地面积达到近 100 万平方公里,人口近 1 亿。抗日战争结束时,中国共产党已发展为有 120 多万党员的大党,党领导的人民军队发展到 120 余万人,民兵发展到 260 多万人。中国共产党领导的根据地军民,为中华民族抗日战争和世界反法西斯战争的最后胜利,做出了巨大的贡献。

二 抗日根据地政治、经济、文化建设三位一体的意义

1940 年 1 月,毛泽东同志写作了《新民主主义论》。这是一篇站在世界时代与中国国情相结合的高度看中国革命的光辉文献。毛泽东同志在文章中把"我们要建设一个新中国"的政治、经济、文化内容进行了系统阐述,而且是把"我们要建设一个新中国"的立论基础奠定在"中国的历史特点"、"中国革命是世界革命的一部分"(即世界时代与中国国情相结合的方法论与世界观),并将旧三民主义与新三民主义相区别从而完全驳倒了蒋介石的卖国、专制的所谓"建国大纲"。

毛泽东同志为什么能够写出《新民主主义论》?在于有抗日战争中根据地进行共产党领导下的,以"和平与民主"团结抗战为纲的政治、经济、文化建设的实际经验。

在政治上,把抗日统一战线方针具体化为敌后抗日根据地民主政权建设,实行了"三三制"建政的原则,即:共产党员、非党左派进步分子和中间分子各占 1/3。据此原则,各抗日根据地通过各种民主方式建立并健全了各级政权机构,成为中国最进步、最坚强、拥有最广泛社会基础的抗日民主政权。抗日根据地普遍实行的"三三制"政策,是中国共产党抗日民族统一战线基本方针在政权问题上的具体体现,这一政策从政治上调动各阶级、各党派的抗日积极性,巩固和发展了根据地人民的团结,促进了全国抗日民主运动的发展,为敌后抗战渡过极端艰苦的阶段奠定了重要的政治基础。比如,1941 年,由于日军的大"扫荡",根据地面临严重的物质困难,为减轻人民负担,切实爱护节省根据地的人力、物力、财力等战争资源，巩固抗日根据地，坚持长期抗战，12月17日，中共中央发出指示要求各根据地实行党外人士李鼎铭先生提出的"精兵简政"政策。

在经济建设方面，根据地主要采取了两项措施，即减租减息和大生产运动。减租减息政策最早在晋察冀边区实行，从1940年初到1941年底，各根据地开始普遍贯彻。减租减息政策促使抗日根据地社会结构发生了深刻变革，把广大农民群众发动与组织起来，使上层人士和开明绅士增强了对抗日民族统一战线的信心，从政治上、经济上巩固和加强了根据地的建设，这对敌后抗日根据地战胜敌人的军事、政治、思想文化的全面进攻，有着极为重要的作用。

1941年前后，根据地形势越来越复杂，日军在军事上反复"扫荡"并实行"三光"政策，根据地面临严重的经济困难。为此，中共中央强调走生产自救的道路，并制定了经济建设的具体方针，各抗日根据地展开了"自己动手，丰衣足食"的大生产运动。通过开展轰轰烈烈的大生产运动，根据地的农业和工商业都得到了迅速发展，人民生活明显改善，为巩固根据地人民抗日政权、渡过严重困难、支持敌后长期战争、争取抗日战争的胜利奠定了物质基础。

抗日根据地对文化建设也是十分重视的。由于大批热血知识青年与部分学者、作家、专家来到抗日根据地，为根据地的文化建设创造了前提。抗日根据地的文化建设具体主要反映为三个方面。一是兴办各类学校。在以延安为代表的抗日根据地，形成了从大学到小学的教育体系。著名学校有抗日军政大学、中央党校、鲁迅艺术学院，等等。特别值得指出的是，毛泽东同志对办好小学也十分重视。1944年3月21日，《解放日报》报道了延安完小办得好的事情，毛泽东同志称赞这是一个好新闻。抗日根据地不仅重视学校教育，对群众文化也十分重视，普遍通过"识字组"形式扫盲、组织扭秧歌与唱民歌等形式发扬优秀传统文化，对激励民族抗战热情起到了很好的作用。二是开展学习运动。著名的"延安整风"就是在这个时期开展的。通过"延安整风"，确立了实事求是的思想路线、马列主义与中国实际相结合的原则、把发挥共产党员的为人民服务的先锋模范作用与群众路线相结合等影响深远的作风、文风。三是办好报纸杂志等宣传舆论工具。《解放日报》是其中的代表，毛泽东同志称赞《解放日报》已经成为一个抗战的组织者、各级领导工作的参谋与向导。

三 抗日根据地对中国革命模式完善的历史贡献

如果说"八一南昌起义"和"秋收起义"等共同被概括为"井冈山道路"的实践,说明了中国共产党能够在逆境挑战中崛起,那么,抗日战争及其根据地模式再度发挥威力,则说明了中国共产党具有把挑战转化为发展机遇的能力。

试问,世界上还有比亡国灭种更大的挑战吗?在同样的日本大举进攻旨在灭亡中国的挑战面前,国民党与共产党抗战道路与模式是不同的,这种不同致使抗战胜利时两党在中国政治格局中的地位事实上已经来了个"乾坤大挪移"。抗战之初,共产党领导的红军虽然完成了从江西瑞金到陕北延安的"长征",但力量受到了严重削弱,红军从长征出发时的30万人左右锐减为2万人左右。可是,抗战结束时共产党领导的抗战力量、根据地面积、国际影响力都获得了进步。

抗日根据地对中国革命模式完善的历史贡献主要可以从两个方面去观察。

其一,抗日根据地完善了中国革命模式的理论基础。对模式而言,它们对模式轴固然是有决定意义的,但是,它们本身并不能说话,时代与国情问题与模式轴的对接要有理论指导才能事实上完成。毛泽东同志在抗日战争中形成了"新民主主义论",通过这个理论的指导,实现了世界近代的社会基本制度演进的社会主义时代方向、中国的半封建半殖民地国情与模式轴的对接。

其二,抗日根据地完善了中国革命模式的结构。仔细分析可以发现:井冈山道路与根据地模式是中国革命道路的探索、确立时期;抗日战争的"和平与民主"统一战线道路及其根据地模式,是中国革命道路的完善、成熟时期。在井冈山时期,中国革命道路中发展的主要是根据地的政治模式轴,内容是红军、政权、党组织等当时迫切的政治问题,固然也涉及经济建设问题,但是,经济建设并未相对独立开展起来。无论是用政治没收手段"打土豪分田地"还是为"改善红军给养"的商贸,都说明了井冈山时期的经济相对独立的维度并未确立。抗日根据地的经济建设无论是规模、领域、地位从质与量上都是井冈山时期无法比拟的,主要反映在四个方面。(1)成立了比较规范的现代金融组织。1937年10月1日,陕甘宁边区银行成立,以后又成立了晋察冀、山东、淮南淮北等银行,开展了发行货币、存贷款等金融业务。同时，组织了信用合作社，股金达274.15万元。(2)运用政策促进根据地商贸。根据地的贸易政策总体是"对外统制、对内自由"。在根据地对外贸易中，将必需、非必需、奢侈品相区别，用贸易手段将必需品换回，将非必需品卖出，并禁止奢侈品进入根据地。(3)全面发展满足根据地军民需要的工农业生产。由于处在抗战之非常时期，工农业生产为战争服务的大格局是必需的，但是，广泛发展各种非军用必需品生产也是支持抗日根据地的条件。抗战时期，各根据地都举办了"工农业生产展览会"，这可以证明根据地经济建设的全面性与规模。(4)大力吸收经济建设的各种人才。1939年12月，毛泽东就为中共中央起草了《大量吸收知识分子的决定》，指出："在长期的和残酷的民族解放战争中，在建立新中国的伟大斗争中，共产党必须善于吸收知识分子、才能组织伟大的抗战力量"，"没有知识分子的参加，革命的胜利是不可能的"。1942年1月1日边区政府正式公布实施《陕甘宁边区施政纲领》。中共中央机关报《解放日报》发表的《欢迎科学艺术人才》等社论中也指出："我们虔诚欢迎一切科学艺术人才来边区。"1942年1月6日晋察冀边区行政委员会发出《关于网罗技术专家的通知》，号召："凡农林牧畜、水利工矿医药等技术人才，不论其为洋专家、土专家，但有一技之长，广加搜罗。"这些决议、指示和社论，体现了中国共产党对科技人才的极大重视。晋察冀边区行政委员会于1942年3月颁布《优待生产技术人员暂行办法》，把边区农业、林业、畜牧、水利、工业、矿业等技术人员按照其学历、技术水平和对边区经济建设的贡献等分为技正、技士和技佐、技术员三级，每月发给他们零用费分别为30元、15—20元和10元，对有特殊贡献或特殊困难者另外再给予奖励和补助。同时，通过各种奖励方式发挥各类科学技术专家的作用。1941年7月23日，据《解放日报》报道，建设厅对各工厂改进技术之职工予以物质奖励，奖励额最高者达300元，为纺织厂技师朱次复所得，其余有150元、50元、30元、20元、10元、5元不等。抗日根据地拥有了机械专家沈鸿、国立北京农业大学乐天宇、浙江大学化学系钱志道等科技专家，说明了抗日根据地经济建设质的飞跃。陕北公学的成立，也说明了根据地经济建设的科技支持作用正在自觉发挥。

第三节　根据地革命模式在解放战争中的质的飞跃

解放战争是中国革命胜利的历史转折，解放战争的胜利使中国人民从"鸦片战争"以来的国家独立问题得到了解决，同时，亦为中国从半封建、半殖民地转变为社会主义基本制度创造了政治环境。

一　解放战争的实践起点仍然是根据地

说解放战争的实践起点是根据地，这是当时的历史事实。1946年6月26日，蒋介石不顾抗战胜利后国共"重庆谈判"签署的"双十协定"，悍然动员国民党30万大军，目标是攻占湖北、安徽、河南三省交界处的中原解放区及其军队。这是公认的解放战争中国民党挑起内战的标志。鄂豫皖中原解放区的前身，是原新四军第五师创建的抗日根据地。抗战结束后，这里是国民党统治的腹地，所以，解放战争在这里爆发，是有其必然性的。

对于国民党发动内战的阴谋，中国共产党开始坚持的是揭露中止制方针。周恩来得知国民党意欲在此发动内战后，曾经推动美国、共产党、国民党的"军调部三人小组"前往宣化店。周恩来到达宣化店，当夜即与中原军区领导人详细商讨了一个秘密突围计划。毛泽东也彻夜不眠，他为中共中央起草了电报：要中原局立即突围，越快越好，不要有任何顾虑；生存第一，胜利第一。1946年6月26日晚，为了迷惑敌人，李先念、郑位三等人邀请驻宣化店的军调执行小组官员观看文艺演出，与此同时，中原军区部队秘密集结后开始了突围。经过血战，在付出巨大代价之后，中原解放区的部队大部均突围成功。李先念、郑位三、王震的北路军，于7月中下旬进入陕南，同当地游击队会合，并于8月初成立鄂豫陕军区，执行创建游击根据地的任务。其中，王震率领第三五九旅根据中央军委指示继续北进，于8月底进入陕甘宁解放区。中原部队主力进入陕南后，胡宗南被迫不断分兵防堵，使用的兵力共达9个旅，且多次延迟进攻延安的计划，为共产党陕北部队赢得了半年准备时间。南路约1万人，在军区副司令员王树声率领下，越过平汉铁路，冲破国民党军队的围追堵截，进入鄂西北的武当山区，创建游击根据地，于8月下旬组成鄂西北军区。从1946年6月26日起至7月底，中原军区各路部队均先后胜利突围。这是一次伟大的战略转移，它牵制了国民党军队 30 个旅的兵力，保存了主力，建立了两块根据地，并留下小部分兵力坚持原地斗争，有力地配合了其他战场的作战，为以后的战略反攻和夺取解放战争的全国胜利奠定了基础，受到中共中央、中央军委的充分肯定和高度赞扬。

在解放战争初期，在国民党仗恃军力占优势的气势汹汹的"全面进攻"面前，共产党领导的解放区根据地军民，像中原根据地一样，不以"一城一地得失"为标准，而是在运动中消灭敌人有生力量，追求战争主动权。经过一年的战争实践，国共双方力量对比开始变化了。毛泽东同志在 1947 年 2 月 1 日写作的《迎接中国革命的新高潮》一文中说，目前的军事形势，已经向有利于人民的方向发展。解放战争前七个月，已经消灭进犯解放区的 56 个旅，每月歼敌 8 个旅，还未把消灭的伪军、保安部队算进来。① 1947 年 9 月 1 日，毛泽东又写了《解放战争第二年的战略方针》。② 在文章中毛泽东同志说，第一年作战，歼灭敌正规军 97.5 个旅 78 万人，伪军、保安部队等杂牌军 34 万人，共计 112 万人。力量的变化，使我们在东北、热河、冀东、晋南、豫北取得了局部反攻的胜利，不仅收复了原有根据地，还新解放了大片土地。因此，解放战争第二年的战略方针是"把战争引向国民党区域"。后来，刘邓大军千里跃进大别山，就是这种战略的行动。

蒋介石集团对共产党领导的根据地的重点进攻失败后，他们又对山东、陕甘宁根据地或解放区进行了"重点进攻"。我们今天都知道当年蒋介石集团对共产党领导的山东、陕甘宁根据地的重点进攻失败了，但为什么"重点进攻"失败，我们也主要是熟悉电视剧的将军指挥及其各种战争场景，对于根据地作用或许并不那么清楚。有资料说明山东、陕甘宁根据地人民的支援，是解放战争中共产党及其军队不可战胜的力量源泉。

山东是解放战争的主要战场之一。自 1945 年 9 月到 1949 年 8 月，山东战场上进行了 20 余次比较著名的战役。这些战役的胜利，无一不是在山东人民的大力支援下完成的。据不完全统计，从 1945 年 9 月至 1949 年 10 月，山东先后动员 1106 万多民兵、民工，使用了 146.8 万辆大小车辆、76.5 万头大牲畜，出动了 43.5 万副担架；先后支援了华东、中原、

---

① 《毛泽东选集》第 4 卷，人民出版社 1991 年版，第 1211 页。
② 同上书，第 1229 页。

东北、西北四大野战军作战，支援人民解放军进行了定陶、鲁南、莱芜、孟良崮、鲁西南、潍县、兖州、济南、淮海、平津、渡江等几十个著名战役；随军转战山东、江苏、河南、安徽、湖北、山西、河北、浙江、福建、江西、广东、广西、上海、贵州、辽宁、吉林、黑龙江17个省市；源源不断地将11亿余斤粮食和大批弹药、军需物资运往前线，把20.3万余名伤员转到后方，还担负了看押俘虏、打扫战场等各种战勤任务，广大民兵还担任了警戒放哨、搜集转送信息情报甚至参战等各种任务。同时，山东先后动员95万名青壮年参军入伍，保证了人民解放军充足的兵源补充。为了解放战争的胜利，经民政部门登记在册的11.7万名优秀儿女英勇献身，血洒疆场。在解放战争中，山东人民做了全力支援、全面支援、全程支援，做出了巨大的贡献，建立了卓越的功勋，在中国人民革命战争史上写下了极其光辉的篇章。

1947年3月13日，国民党军对延安的进攻正式打响，蒋介石以胡宗南集团的整编第一军和整编第二十九军为主力，加上马鸿逵、邓宝珊、左协中等部共计34个旅25万人，以及占当时国民党空军3/5的100余架飞机，以10倍于陕北我军的兵力向延安发起进攻。党中央、毛泽东决定不计较一城一地的得失，依靠广大人民，用"蘑菇"战术与敌人周旋，在运动中寻机歼敌，最后彻底消灭胡宗南集团。在毛泽东、中央军委领导和彭德怀直接指挥下，160万边区军民（军队共2万多人），与胡宗南军队进行了艰苦卓绝的斗争。经过"三战三捷"、"两打榆林"、"沙家店战役"，历时1年零1个月又3天，前后16次战役，扭转了陕北战局，彻底粉碎了胡宗南集团的进攻，并吹响了进军解放大西北的号角。在这个艰苦的过程中，根据地优势充分显示出来了。在近两年的时间中，沿途清涧、绥德、米脂、吴堡、佳县等地区，乡村干部就一直未睡上囫囵觉，日日夜夜组织民工、畜力，筹粮草，安排食宿，转来送往。黄河沿岸所行船只和水手昼夜不停，往返摆渡。广大干部、群众的高度政治热情和勤劳勇敢，始终保证了边区华北等地通道的畅通，受到中央的好评。陕甘宁根据地的贡献主要反映在六个方面。（1）进行筹备粮食，组织担架队、运输队等支前工作。当时由于敌军抢掠践踏，再加上干旱，粮食奇缺。群众仅有的粮食大部分是黑豆、炒面、糠之类的粗粮，有些群众还在挨饿。在"一切为了前线"口号鼓舞下，群众硬是俭省再俭省先后筹粮58720石（每石300斤），备草901万斤，以及慰劳军队大量猪、羊肉和鞋袜等。动员的民工高达420万人次、常备担架1900付，参加运输的民工22万多人次、牲畜160万头次，常备牲畜2986头，临时备用17316头。（2）扩大新兵。比如，1947年5月，上级要求绥德分区8月前动员一万新兵上前线，任务很重。但群众斗志高、决心大，母送子，妻送夫，踊跃参军。动员按大县一个团、一般县两个营的新兵下达任务，各县都顺利完成了。两次动员两万新兵，占全区总人口的1/35，如果加上地方部队、武工队以及自发参战的人数就更多了。（3）坚壁清野。在估计敌人要到的地方，动员群众把家里的东西尤其是粮食埋藏好，同时人也备有藏身之处。（4）护理伤员。绥德师范、米脂中学就各动员了40名学生上前线，参加随军护理工作。这批学生后来成了我军的一批医务骨干力量。（5）收容战俘。几次大捷后，我军俘敌很多，其中军、团以上高级军官不少，对他们的管教的任务落到了边区政府头上。（6）加紧生产。在敌人进攻又遭旱灾等困难面前，根据地实行劳武结合：一边组织民兵打游击，一边动员群众生产救灾。由于觉悟高、人心齐，种种困难还是被战胜了。这实在是又一个战争奇观。

二　根据地对解放战争"战略决战"的贡献

毛泽东同志在《论持久战》中指出：争取战争胜利是不能没有决战的。但是，决战时机很重要，一定要在敌我力量发生了强弱对比根本变化后才能进行。如果仍然是敌强我弱，硬要去决战，无疑是愚蠢的行为。[①]1948年下半年，国共两党的力量已经发生了根本变化，在这种形势下，以毛泽东同志为核心的中国共产党及时组织了"三大战役"进行战略决战。战略决战之时，如果仅以军事力量来论，共产党及其军队的优势未必明显，但是，加上根据地人民的力量、国统区"第二条战线"的力量，共产党战胜国民党的优势就毋庸置疑了。

在辽沈、平津与淮海战役中，根据地对战略决战的贡献都是巨大的。据统计，三大战役共动员支前民工880余万人次，人民群众出动支前的大小车辆141万辆、担架36万余副、牲畜260余万头、粮食4.25亿公斤。

在辽沈战役中，东北各地和热河共动员民工183万人、担架13.7万

[①] 《毛泽东选集》第2卷，人民出版社1991年版，第462页。

副、大车12.9万余辆，抢修公路2185公里，架设桥梁383座，筹集运送粮食5500万公斤。

淮海战役历时达56天。前线将士加上随军民工达150多万人，每天需要消耗粮食、马料350万—500万斤。据统计：淮海战役中，华东、中原、冀鲁豫、华中四个解放区前后共出动民工543万人。当人民解放军在陈官庄地区围困杜聿明集团时，前方战事一度平静，后方运输线上却是一片繁忙景象。在各解放区通往前线的十几条运输线上，车水马龙，人来人往，形成了前所未有的战争奇观。后方人民的全力支援，为解放军夺取淮海战役的胜利奠定了坚强的后盾。

第四节　中国革命模式的解构

从现有资料看，对根据地以史实时间段回忆叙述较多，从学术上研究根据地的文章甚少。讲中国革命模式，根据地是一个有重要理论意义与实践意义的对象。因此，根据地应该上升为中国革命道路、模式的一个重要概念。我们认为，根据地理论研究，至少应研究其概念本质、实践结构、实践意义三个方面的问题。

一　中国革命的"根据地模式"是一个战略空间

如果要把根据地上升为中国革命道路、模式的一个重要概念，那么，对其内涵与外延则应进行界定。什么是根据地？它的外延是，革命武装力量（正规的红军或八路军，非正规的游击队及其他武装力量）进行战争活动的地理空间；它的内涵是，根据地是革命战争获取战争主动权的战略空间。

所以，根据地从现象看，它是一个地理空间；从本质看，它是一个战略空间。

对根据地概念作这样的理解，有依据吗？有，这就是毛泽东同志的《抗日游击战争的战略问题》。[①] 毛泽东同志在文章的"第六章　建立根据地"中指出，根据地产生的必然性在于因敌强我弱形成的战争长期性、残酷性。所以，根据地是支持具有长期性、残酷性特点的革命战争的

---

① 《毛泽东选集》第2卷，人民出版社1991年版，第418页。

"战略基地"。根据地具有战略性本质与特征，它就不单纯是一个工作"抓手"、仅具实用操作价值，还是一个理论概念。

根据地还是革命战争实践中的一种在一定条件基础上的自觉创造。毛泽东同志在《抗日游击战争的战略问题》中还指出，根据地建立有三个条件：革命武装力量、武装力量对根据地因战争胜利获得的控制权、民众对革命战争的支持。所谓"开辟革命根据地"，就是自觉创造根据地存在、发展条件的过程。

二 中国革命根据地模式的结构分析

无论是第二次国内革命战争时期，还是抗日战争时期，根据地的结构都可以从三个角度进行分析。

一是从战略地位关系角度分析。从战略地位关系角度看：在第二次国内革命战争时期，以井冈山为中心的若干红军根据地，构成了中国共产党领导的以"土地革命"为特征的实践整体；在抗日战争时期，以延安为中心的遍及敌后的根据地，构成了中国共产党领导的以统一战线为旗帜的抗战实践。说井冈山或延安根据地是中心，是由井冈山地区瑞金作为苏维埃中央政府所在地、后来又是党中央所在地的历史地位决定了的，其他根据地的创建、巩固与发展都自觉或不自觉以井冈山经验为蓝本。同时，井冈山作为当时苏维埃中央政府所在地、后来又是党中央所在地，对其他根据地有组织上的领导关系。在抗日战争中，延安的中心地位，比井冈山根据地更加明确、自觉、组织系统化了。

二是从空间结构角度分析。毛泽东同志在《抗日游击战争的战略问题》中指出，根据地的空间结构其实也有两重含义：一是根据地的地貌依托结构，二是根据地与非根据地的空间关系结构。从根据地的地貌依托结构看，根据地的地貌依托，首先是山区，条件具备的平原、湖滨河畔也可以建立根据地。毛泽东同志还分析了山区根据地、平原根据地、湖滨河畔根据地的不同特征。从根据地与非根据地的空间关系结构看，根据地、游击区、敌占区，三者构成了根据地与非根据地的空间关系结构。

三是从根据地武装力量与敌作战的空间运动轨迹分析。毛泽东同志在《中国革命战争中的战略问题》一文中指出，根据地武装力量的作战原则是，不争一城一地的得失，而关注在"退却→进攻"的灵活机动战略下，在运动中消灭敌人有生力量，掌握战争主动权。毛泽东同志在《中国革命战争中的战略问题》一文中还指出，根据地武装力量的战略退却路线、"底线"没有固定的点，都以运动中战机创造为标准，所以，战略退却的中止点或"底线"，也可能在根据地中部，可能在侧翼，也可能在敌后。

三 "根据地模式"关系中国革命的盛衰荣辱

毛泽东同志在《中国革命战争中的战略问题》一文中指出，根据地的丧失，就是中国革命局部、暂时的失败。[①] 也就是讲，只要没有了根据地，中国革命道路、道路之内容最发展部分政治方面的军队、政权、党群组织和经济文化成果，统统会失去。

可见，"根据地模式"关系中国革命的盛衰荣辱、生死存亡！

陕甘根据地在中国工农红军长征危急关头发挥的特殊作用，说明了根据地模式对于中国革命的一切处于理论与实践基础地位的重要性。

陕甘根据地是土地革命战争后期，陕甘边和陕北两个地区的中共组织先后以华池县南梁地区为中心，建立的工农革命武装，进行游击战争的红色割据革命根据地。1931年9月创建的由中国共产党独立领导的工农革命武装——南梁游击队，拉开了陕甘根据地创建的革命游击战争序幕。1935年春，陕甘边和陕北根据地连成一片，形成了在20多个县建立工农民主政权，游击区扩大到30多个县，根据地面积达6万平方公里，红军发展到5000人左右，游击队4000多人，为中央红军落脚陕甘革命根据地奠定了基础。1935年9月22日，毛泽东在哈达铺关帝庙召开的团级以上干部会议上指出："目前，日本帝国主义侵略中国，我们就是要北上抗日；张国焘说我们是机会主义，究竟哪个是机会主义？首先到陕北去，那里有刘志丹的红军。"9月27日，中央政治局在榜罗镇召开会议，正式决定将陕甘根据地作为红军长征的落脚点。1935年10月中旬，党中央和中央红军顺利到达陕甘革命根据地，与红十五军团胜利会师，得到了补充休养，保存了红军的基干力量，使中共中央和红军主力获得了战略转移的立足点和开创革命新局面的出发点。陕甘革命根据地在中国革命的危急关头发挥的作用是巨大的，对此，毛泽东曾多次感慨地说："没有陕北，那就

---

① 《毛泽东选集》第1卷，人民出版社1991年版，第194页。

不得下地，我说陕北是两点，一个是落脚点，一个是出发点。"①

1935年12月，中共中央瓦窑堡政治局会议确立了建立抗日民族统一战线的新策略。红军进行了东征和西征战役。西征战役解放了甘肃、宁夏的大片地区，使陕甘边革命根据地扩大为陕甘宁革命根据地。

特别值得一提的是，陕甘宁抗日根据地的外部环境，因集国仇家恨于一身的张学良部入陕有了很大变化。现有资料证明，张学良曾以各种方式从物质上"接济"红军。1935年10月，中共中央率陕甘支队长征到达陕北后，虽不致再奔波劳顿，但依然没有解决因物质匮乏而造成的生存问题。红军不仅军事装备、钱款均缺，连基本生活保障都成问题。从1934年与1936年的红军供给标准变化可以看出，1936年仅为1934年的1/2，甚至1/3或1/10。1936年1月，被红军释放的国民党军东北军第一〇七师第六一九团团长高福源架起了中共与东北军联络的桥梁。1936年4月9日夜，周恩来与张学良在洛川实现了历史性会晤。周恩来明确表示中共和红军目前给养困难，请张学良帮助采购无线电器材、医药卫生器材等。张学良的具体应允是：普通购物由红军在其防地设店自购，无线电、药品代为办理，并可送弹药。曾任张学良将军侍卫官的吕伟绩说，张学良将军与周恩来副主席在肤施秘约协议，张给红军补充弹药总数为1100万发，由东北军一二九师及一〇八师师长张文清和骑兵军军长何柱国部分别补给。杨尚昆同志后来证实，1936年4月，张学良曾向中央赠送5万元，张学良对红军的"资助"一直持续到西安事变。

"西安事变"中，中共中央极力促成西安事变的和平解决，最终实现了国共两党的第二次合作，陕甘宁边区至少形式上取得了合法地位。从此，陕甘宁根据地作为第二次国共合作的策源地，党中央在这里领导着中国革命的发展。

---

① 郭文沫：《浅析陕甘边革命根据地"两点一存"的历史意义》，《中国青年报》2011年6月9日。

第 六 章

毛泽东对"中国建设模式"的探索

引导词：

毛泽东同志虽然未能成功创造出有中国特色的社会主义建设模式，但是，毛泽东同志领导的"前30年"，对于"有中国特色的社会主义建设模式"是必不可少的基础与前提。

毛泽东同志领导的"前30年"，为"有中国特色的社会主义建设模式"的创立奠定了物质基础、制度基础、理论基础。

毛泽东同志领导的"前30年"，在探索建设社会主义的实践中，固然有失误或错误，但是，需要用科学、理性、实事求是的态度予以评价。

胡锦涛同志在十八大报告中说，毛泽东同志领导下对社会主义建设的探索，为新的历史时期开创中国特色社会主义提供了宝贵经验、理论准备、物质基础。习近平同志最近又强调，改革开放前后30年不能互相否定。对毛泽东同志领导下的社会主义建设探索成败得失的认识，我们要以党的十八大最新表述为指导，以1981年6月27日中国共产党第十一届中央委员会第六次全体会议一致通过的《关于建国以来党的若干历史问题的决议》为基础，按照实事求是的思想路线要求来进行。在总体肯定十一届三中全会前毛泽东同志领导下对社会主义建设的探索，为新的历史时期开创中国特色社会主义提供了宝贵经验、理论准备、物质基础的前提下，也要从为了更好地总结经验、有利以后事业发展的角度，对毛泽东同志领导下，在社会主义建设的探索中，因各种主客观条件及原因所产生的曲折、失误乃至错误给予理性的总结分析。

第一节 毛泽东为代表的中国共产党人为探索"中国建设模式"提供了物质基础

《关于建国以来党的若干历史问题的决议》指出,我们现在赖以进行现代化建设的物质技术基础,很大一部分是这一期间建设起来的;全国经济文化建设等方面的骨干力量和他们的工作经验,大部分也是在这一期间培养和积累起来的。根据《关于建国以来党的若干历史问题的决议》的概括,毛泽东同志领导下的对社会主义建设的探索,为中国特色社会主义提供的物质基础,主要内容反映在五个方面。这就是:毛泽东同志为十一届三中全会以后以经济建设为中心时代奠定的建立国民经济体系、农业生产条件改变、城乡商业发展、文化卫生体育事业发展、以"两弹一星"为代表的国防安全成就等。党的十八大报告作出了这样的评价:以毛泽东同志为核心的党的第一代中央领导集体带领全党全国各族人民完成了新民主主义革命,进行了社会主义改造,确立了社会主义基本制度,成功实现了中国历史上最深刻最伟大的社会变革,为当代中国一切发展进步奠定了根本政治前提和制度基础。在探索过程中,虽然经历了严重曲折,但党在社会主义建设中取得的独创性理论成果和巨大成就,为新的历史时期开创中国特色社会主义提供了宝贵经验、理论准备、物质基础。

如何理解以毛泽东同志为核心的党的第一代中央领导集体为新的历史时期开创中国特色社会主义提供物质基础的意义?列宁在《论我国革命》等文章中曾经强调指出,必须解决落后国家社会主义建立的生产力基础不足问题。毛泽东同志领导我们建立的物质基础,使列宁强调的这个问题的解决取得了历史性的进步。所以,今天在回顾毛泽东同志1949—1976年领导我们进行建设实践探索时,首先必须真正认识和把握"为中国特色社会主义提供了物质基础"的重大理论与实践意义。

一 建立了独立的比较完整的工业体系和国民经济体系

1949年10月1日,中华人民共和国的成立是中国近代以来历史转折的重大事件。中华人民共和国的成立,不仅使中国人民从政治上站起来了,也掀开了中国人民在共产党的领导下解放与发展生产力的新篇章。在中华人民共和国成立前夕,毛泽东同志在全国政治协商会议上的讲话中就指出，新中国成立后一个经济建设的高潮将不可避免地到来；毛泽东同志在关于"五四宪法"（草案）的讲话中为社会主义的现代化发展方向作了"定向导航"，他提出，要花50年左右的时间，改变中国不能生产汽车等制造业落后局面，把中国建成现代工业强国；后来，毛泽东同志在《关于正确处理人民内部矛盾问题》中，又号召调动一切积极因素，改变中国的"一穷二白"面貌。所以，从新中国成立到"文化大革命"前的17年，尽管有发动各种政治运动的失误，但是，总体上还是坚持了以经济建设为中心。当然，在"文化大革命"中，即使从全局看是"抓革命，促生产"的方针，经济建设也并未完全停止，并取得了各方面的局部性建设重要成绩。

总之，在改革开放前，我们在工业建设中取得重大成就，逐步建立了独立的比较完整的工业体系和国民经济体系。比如，从1965年起实现了石油全部自给。电子工业、石油化工等一批新兴的工业部门建设了起来。1980年同完成经济恢复的1952年相比，全国工业固定资产按原价计算，增长26倍多，达到4100多亿元；棉纱产量增长3.5倍，达到293万吨；原煤产量增长8.4倍，达到6.2亿吨；发电量增长40倍，达到3000多亿度；原油产量达到10500多万吨；钢产量达到3700多万吨；机械工业产值增长53倍，达到1270多亿元。

这一时期，反映工业体系化水平的工业布局也有改善。在辽阔的内地和少数民族地区，兴建了一批新的工业基地。国防工业从无到有地逐步建设起来。资源勘探工作成绩很大。铁路、公路、水运、空运和邮电事业都有很大的发展。特别要指出的是，改革开放前通过20世纪六七十年代的"三线建设"，促进了中国西部的发展，改变了近代以来中国经济布局完全集中在东南沿海的格局，也为2000年实施西部大开发战略奠定了物质基础。从1964年开始，在中国中西部的13个省、自治区进行的以工业交通和国防科技基本建设为目标的三线建设，国家共投入资金2052亿元，人力高峰时达400多万人次，建成了1100个大中型企业和相关科研、院校事业单位。在交通运输方面，西部地区建成了一批重要的铁路、公路干线和支线。从1965年起相继建成川黔、贵昆、成昆、湘黔、襄渝、阳安、太焦、焦枝和青藏铁路西宁至格尔木段等10条干线，加上支线和专线，共新增铁路8046公里，占全国同期新增里数的55%，使三线地区的铁路占全国的比重由1964年的19.2%提高到34.7%，货物周转量增长4倍多，占全国的1/3。这一时期，西部公路建设也得到了很快发展，新增里数22.78万公里，占全国同期的55%。这些铁路公路的建设，较大地改变了西南地区交通闭塞的状况，不仅在当时适应了战备的需要，而且对以后内地的现代化建设起到了重要作用。

我们在充分肯定改革开放前的29年经济建设取得了重大成绩、为建设中国特色社会主义道路的开辟奠定了物质基础的同时，也要承认由于对社会主义建设经验不足，对经济发展规律和中国经济基本情况认识不足，加上毛泽东同志、中央和地方不少领导同志在"一五计划"建设的胜利面前滋长了骄傲自满情绪，急于求成，夸大了主观意志和主观努力的作用，在"多、快、好、省地建设社会主义"总路线提出后，轻率地发动了以"钢铁元帅升帐"、"粮食亩产万千"为标志的"大跃进"运动，农村人民公社化运动，使得以高指标、瞎指挥、浮夸风和"共产风"为主要标志的"左"倾错误严重地泛滥开来，这是形成20世纪60年代以饥荒为特征"三年困难时期"的重要社会与主观原因。

二　农业生产条件发生显著改变

中国虽然是一个以农立国的文明古国，但是，随着近代资本主义以科技、农业机械、市场机制相结合的，大规模、集约化的"效益农业"出现，中国传统农业的落后现实日益凸显出来。加上近代中国的外国侵略、国内军阀混战及天灾共同作用，旧中国的农业养活不了当时全国5亿多人口，种地的农民处于饥饿、逃荒境地是不争的普遍事实，这也是共产党创立农村根据地战略成功的社会条件之一。

中华人民共和国成立后，不仅开始了建立国民经济体系的奋斗，也为改变中国农业落后、首先是粮食不能养活现有人口特别是农民自己做出了持续的努力。

1953—1956年，农业总产值平均每年递增4.8%。随着农业在20世纪50年代初的"土改"与合作化基础上的发展，全国城市生活也出现了市场繁荣、物价稳定、人民生活显著改善的繁荣局面。

随后，毛泽东同志又领导我们进行了以兴修水利、应用化肥良种等科技改造低产田地等改变农业生产条件的工作。随着农业生产条件发生显著改变，生产水平有了很大提高。在"文化大革命"开始时，全国灌溉面积已由1952年的3亿亩扩大到6.7亿多万亩，长江、黄河、淮河、海河、珠江、辽河、松花江等大江河的一般洪水灾害得到初步控制。新中国成立前我国农村很少有农业机械、化肥和电力，"文化大革命"前农用拖拉机、排灌机械和化肥施用量都大大增加，用电量等于新中国成立之初全国发电量的7.5倍。全国农业用拖拉机和化肥施用量都增长6倍以上，农村用电量增长70倍。1980年同1952年相比，全国粮食增长近1倍，棉花增长1倍多。即使在"文化大革命"中，农业生产仍然取得了以杂交水稻为代表的科技成果并及时在全国推广种植，当时"农业学大寨"中也加入了推广杂交水稻、高产玉米及棉花等正确内容。所以，尽管人口增长过快，我们仍然依靠自己的力量基本上保证了人民吃饭穿衣的需要。

当然，也必须认识到当时的农业总体情况还是供应不足。20世纪50年代后期城市的农副产品供应就逐步扩大了"凭票证购买"的范围，不少农村农民在受灾或"青黄不接"季节仍然处于"粮食不够吃"的境地。否则，我们今天完全能够理解安徽小岗村农民冒着坐牢的风险搞承包制的历史事件。

尤其值得重视的教训是，20世纪50年代后期对农民生产自主权的尊重日益被忽视。从"人民公社"化后，农民干什么、地里种什么，越来越由"上级"决定，通过"计划指标"形式强制推行，对不执行的采用撤干部或"拔苗"等简单粗暴方式予以纠正。"文化大革命"中，各乡用高音喇叭指挥农业生产更是包括全国偏远乡镇的"历史风景记忆"。

事实证明，农业生产发展的方向是从传统农业到现代农业，但是，这个过程必须遵循因地制宜原则，走特色经济的道路。而尊重农民的生产自主权，调动农民的生产积极性，保障农民的经济收益权又是这个规律存在与发挥作用的条件。因此，因地制宜与尊重农民的生产自主权又常常外化为农村、农业、农民这个中国经济发展的基础性问题。党的十一届三中全会以后的农村改革，正是由于正确地解决了因地制宜与尊重农民的生产自主权这个重大问题，农村经济才有了突飞猛进的发展，进而推动了整个国民经济的全面好转。家庭联产承包责任制，把广大农民从一大二公的旧体制中解脱出来，给农民以土地承包权、生产自主权和经济收益权，使之成为独立的市场主体。这一重大变革，顺应了广大农民渴望得到土地的愿望，从而极大地调动了他们内在的创造力，使我国农村经济出现了蓬勃发展的好势头。由此看来，无论是过去现在还是将来，保护和调动农民的生产积极性，将是保证农村经济持续稳定发展的核心问题。农民的积极性高涨，农村经济势必出现新的高潮；相反，农民的积极性遭受挫折、受到影响，势必出现农村经济发展的低潮。这是需要始终重视的。

三 城乡商业和对外贸易都有很大增长

1956年党的八大以后，国内自由市场活跃，个体工商户增加，既繁荣了市场，又满足了人民生活，对国家和个人都带来了利益和便利。毛泽东曾经明确表示，私营经济可以雇工、开私营大厂；华侨可以投资，100年都不要没收。根据毛泽东的意见，陈云总结出了在工商业生产经营方面，国家经营和集体经营是主体，附有一定数量的个体经济作为补充。

20世纪60年代，毛泽东认为，商品生产和资本主义相联系是资本主义商品生产，商品生产和社会主义相联系是社会主义商品生产，他主张商品经济要搞得长久一点好。

斯大林在逝世前不久提出：社会主义社会生产资料不是商品，要实施严格计划；生活资料可以是商品，可以市场流通。因而我国那个时候，日用百货通过百货公司加多级批发站、小卖部等形式发展城乡商业流通开始活跃。20世纪60年代，为了战胜"三年困难时期"，以"赶集或赶场"形式的自由市场在城乡得到了肯定与发展，即使在"文化大革命"中"赶集或赶场"形式的自由市场也是存在的，只是用"割资本主义尾巴"名义嵌入了"左"的思维与所谓的"管理"。

1980年与1952年相比，全民所有制商业收购商品总额由175亿元增加到2263亿元，增长11.9倍；社会商品零售总额由270亿元增加到2140亿元，增长6.7倍。国家进出口贸易的总额，1980年比1952年增长7.7倍。随着工业、农业和商业的发展，人民生活比新中国成立前有了很大的改善。1980年，全国城乡平均每人的消费水平，扣除物价因素，比1952年提高近1倍。

每年都要举办的广州交易会，是毛泽东时代对外贸易的主要窗口。周恩来总理曾经这样谈及广交会创办的历史背景："一年两次的广交会是在我们被封锁的情况下不得已搞的，我们只好请人家进来看。"1957年春，首届中国出口商品交易会在广州应运而生。首届广交会有13个交易团参展，展示商品1万多种，到会有19个国家、地区的1223位采购商，主要来自港澳地区和新加坡。广交会第一年即成交8657万美元，占当年全国创收现汇总额的20%。50多年来广交会从未间断，至2007年已举办100

届，成为中国历史最长、规模最大、商品种类最全、到会客商最多、成交效果最好的综合性国际贸易盛会，在新中国外贸史和建设史上留下了光辉的一页，对推动中国外贸发展和对外开放发挥了十分重要的作用。

当然，也应该指出，毛泽东时代以"广交会"为代表的外贸是不能与改革开放后的情况相提并论的。当时我国出口的"主打产品"是煤、石油、木材等资源品，丝绸等农副土产品，工艺美术品。比如，宜兴紫砂壶20世纪70年代曾是广交会的大额成交品种。至于贸易形式，与西方发达国家比如日本，主要是民间贸易；对外贸易与苏联、东欧等社会主义国家的贸易，是以政府协定、易货记账、进出平衡的方式进行；对资本主义国家贸易，则是采用典型的易货贸易方式。

四　教育、科学、文化、卫生、体育事业有很大发展

1975年全国小学在校学生数，1978年全国平均每万人中学生比例（相当于1965年的3.5倍），都分别是新中国成立以来最高的。1980年，全国各类全日制学校在校学生20400万人，比1952年增长2.7倍。从1949年新中国成立到1980年，高等学校和中等专业学校培养出近900万专门人才。新中国成立后的这些教育成绩，为2000年我国基本上实现普及九年义务教育走出了第一步。

核技术、人造卫星和运载火箭等方面的成就，表现出我国的科学技术水平有很大的提高。1964年我国首次人工合成牛胰岛素结晶，在世界处于领先地位。

文艺方面，坚持了毛泽东同志《在延安文艺座谈会上的讲话》精神以及"双百方针"，创作了一大批为人民服务、为社会主义服务的优秀作品。

群众性体育事业蓬勃发展，20世纪60年代开始了以乒乓球世界冠军为代表的体育发展，不少运动项目都取得了具有国际水平的出色成绩。

卫生方面烈性传染病被消灭或基本消灭，城乡人民的健康水平大大提高，平均寿命大大延长。卫生工作一手抓养成全民卫生习惯预防疾病，一手抓把卫生服务推广到基层特别是边远农村，爱国卫生运动与乡村医疗都代表着这种努力。特别值得提出的还有20世纪60年代，毛泽东同志就对提倡计划生育作了专门指示，70年代计划生育作为国策被推行直至后来提倡一个孩子的独生子女政策，对于我国人口减少数量、提高质量起了重要作用。

在肯定新中国成立后至改革开放前在毛泽东同志为核心的党中央领导下，教育、科学、文化、卫生、体育事业都有很大发展的同时，也要承认新中国成立后长期未能从政治上正确肯定从事教育、科学、文化、卫生、体育事业的各种人才即知识分子的地位，这些人被当作"臭老九"，教育、科学、文化领域多次成为贯彻"以阶级斗争为纲"方针即发动各种政治运动的突破口，在这些领域与岗位工作的知识分子也常常反复被当作挨整对象，留下的教训也是深刻的。

五　国防工业取得了捍卫国家主权与安全的成就

国防科技是衡量一个国家综合国力的重要标志之一，也是"四个现代化"建设的一个重要方面。新中国成立以来，在党中央、国务院、中央军委的关怀和领导下，经过50多年的建设和发展，我国的国防科技工业从无到有，从小到大，从落后到先进，建立起了包括电子、船舶、兵器、航空、航天和核能等门类齐全、综合配套的科研实验生产体系，取得了一大批具有国内或国际先进水平的科研成果，为我军现代化建设和切实增强我国的综合国力作出了重要贡献。

20世纪50年代中期，中国相继建立了航天、航空、船舶、电子和核工业，整顿了兵器工业，不但改变了军队武器装备无正规来源的状况，使人民解放军从单一陆军向陆军、海军、空军诸军兵种合成军队发展，而且开始研制生产"两弹一星"，触角伸向高技术领域。

20世纪60年代中国成功地爆炸了原子弹、氢弹，20世纪70年代在"文化大革命"特殊时期卫星上了天，这些是中国国防科技发展的重大成就，对于保证国家安全、证明中国科技整体实力的意义是巨大的。

60年代进行的"三线建设"，用于国防工业和国防科研的投资约占工业投资的15%以上，兴建企业2.9万余个，其中大型骨干企业600多个，包括核武器、战略导弹、核动力研制生产基地，增强了战时国民经济的安全性和稳定性，并带动了西部经济特别是西部明星城市的发展。

第二节　毛泽东为代表的中国共产党人为探索 "中国建设模式"奠定了制度基础

新中国成立后，毛泽东同志领导我们建立了以共产党执政为核心的制度。这些制度基础是建设中国特色社会主义道路形成的前提，是改革开放的历史起点。20世纪80年代开始的改革开放，是社会主义基本制度的自我完善与发展。也就是说，改革开放是以坚持毛泽东时代的基本经济制度、政治制度、文化价值观为前提，在这个前提下去完善这些基本制度的。改革开放的这个本质与特点，说明了改革开放与毛泽东同志领导下的时代的基本关系。"制度文明"，如今是被从理论与实践上高度肯定的概念。根据制度文明的观点，社会实践的进步成果，只有升华与转化为制度成果形式，才能被社会广泛认同，在实际生活中产生稳定、持久、根本性的影响。毛泽东同志开辟的用理论与法律制度肯定下来的中国共产党执政制度、以公有制为主体的社会主义基本经济制度、人民代表大会的政治制度，对中国社会产生了"定乾坤"般的影响力，是邓小平同志"坚持四项基本原则"形成的前提，是中国现代化的制度保障。因此，我们必须从理论与实践上加深对毛泽东同志"为中国特色社会主义奠定的制度基础"的认识。

一　中国共产党执政制度

毛泽东同志一贯强调中国共产党的领导作用。1925年，毛泽东在《中国社会各阶级的分析》中就说："革命党是群众的向导，在革命中未有革命党领错了路而革命不失败的。"[1] 1942年2月，他在《整顿党的作风》中说："因为世界上有压迫人民的敌人存在，人民要推翻敌人的压迫，所以要有革命党。就资本主义和帝国主义时代来说，就需要有一个如共产党这样的革命党。如果没有共产党这样的革命党，人民要想推翻敌人的压迫，简直是不可能的。"[2]

新中国成立后，毛泽东同志又指出，领导我们事业的核心力量是中国

---

[1]《毛泽东选集》第1卷，人民出版社1991年版，第3页。
[2]《毛泽东选集》第3卷，人民出版社1991年版，第811页。

共产党，指导我们思想的理论基础是马克思列宁主义。

1954年，周恩来在七届四中全会的发言中就指出："我们的党是胜利的党、执政的党。"1956年，邓小平在八大关于修改党章的报告中更加明确地指出："中国共产党已经是执政的党，已经在全部国家工作中居于领导地位。"

在充分肯定1949年10月1日后，中国共产党的执政党地位是中国人民在近代长期斗争中的选择，中国共产党长期执政在中国具有必然性的基础上，也应该看到共产党执政方式及其领导体制要不断完善与发展。用通俗的说是坚持与改善党的领导。

中国共产党是一个要在中国社会主义制度下长期执政的党，这是必须肯定与坚持的政治原则。但是，中国共产党在执政中又是通过"政治协商制度"，发挥各民主党派的"参政"作用来实现执政的。中国共产党领导下的政治协商制度，是中国政治制度的优势，它不同于西方的"轮流执政"，也不同于斯大林式的"一党专政"。中国共产党的执政党地位与作用，同民主党派的参政结合，是中国革命与建设实践的成功经验。中国共产党与民主党派之间是"长期共存，互相监督，肝胆相照，荣辱与共"的关系。中国共产党执政、民主党派参政产生了中国式的"协商民主制度"，它不同于西方的"选举民主"，是有中国特色的政治民主模式式样。

在充分肯定中国共产党执政的政治制度的同时，也要看到中国共产党执政后领导方式要从革命党的惯性中解放出来。这个内容是邓小平同志概括的：既加强党的领导，又改善党的领导。

二 社会主义基本经济制度

新中国成立后的头三年，我们通过没收了官僚资本企业，并把它们改造成为社会主义国营企业，奠定了社会主义公有制的基本框架。通过没收官僚资本企业建立的公有制不仅有生产关系变革意义，也有促进生产力发展的作用。主要表现为统一了全国财政经济工作，稳定了物价，迅速恢复了在旧中国遭到严重破坏的国民经济，全国工农业生产1952年年底已经达到历史的最高水平。

1952年，党中央按照毛泽东同志的建议，提出了过渡时期"一化三改造"的总路线，即：要在一个相当长的时期内，逐步实现国家的社会主义工业化，并逐步实现国家对农业、对手工业和对资本主义工商业的社会主义改造。

这个总路线反映了历史的必然性，主要依据是两个方面。

一是新民主主义革命在全国胜利和土地制度改革在全国完成以后，国内城市的主要矛盾已经转为工人阶级和资产阶级之间、社会主义道路和资本主义道路之间的矛盾。国家需要有利于国计民生的资本主义工商业有一定的发展，但资本主义工商业的发展也必然出现不利于国计民生的一面，这就不能不发生限制和反限制的斗争。在资本主义企业和国家的各项经济政策之间，在它们和社会主义国营经济之间，在它们和本企业职工、全国各族人民之间，利益冲突越来越明显。打击投机倒把、调整和改组工商业、进行"五反"运动、工人监督生产、粮棉统购统销等一系列必要的措施和步骤，必然地要求把原来落后、混乱、畸形发展、唯利是图的资本主义工商业逐步引上社会主义改造的道路。

二是走合作化道路既是农民利益所在，也是当时农村生产力发展的要求。在土地改革中新获得土地而缺少其他生产资料的贫下中农，为了避免重新借高利贷甚至典让和出卖土地等两极分化，为了发展生产、兴修水利、抗御自然灾害、采用农业机械和其他新技术，确有走互助合作道路的要求。随着工业化的发展，一方面对农产品的需要日益增大，一方面对农业技术改造的支援日益增强，这也是促进个体农业向合作化方向发展的一个动力。

通过委托加工、计划订货、统购包销、委托经销代销、公私合营、全行业公私合营等一系列从低级到高级的国家资本主义的过渡形式，最后实现了马克思和列宁曾经设想过的对资产阶级的和平赎买。

对个体农业，通过自愿互利、典型示范和国家帮助等途径，从临时互助组和常年互助组，发展到半社会主义性质的初级农业生产合作社，再发展到社会主义性质的高级农业生产合作社的过渡形式实现了农村土地集体所有制。

对于个体手工业的改造，也采取了类似的方法。全国绝大部分地区基本上完成了对生产资料私有制的社会主义改造。

1956年9月，党的第八次全国代表大会指出：社会主义制度在中国已经基本上建立起来。

在肯定"一化三改造"的建立社会主义基本制度方向与成果的前提下，也要看到这个过程中有缺点和偏差，主要是：在1955年夏季以后，农业合作化以及对手工业和个体商业的改造要求过急，工作过粗，改变过快，形式也过于简单划一，以致在长期间遗留了一些问题。1956年资本主义工商业改造基本完成以后，对一部分原工商业者的使用和处理也不很适当。但整体来说，在一个几亿人口的大国中比较顺利地实现了如此复杂、困难和深刻的社会变革，促进了工农业和整个国民经济的发展，这的确是伟大的历史性胜利。

三 人民代表大会制度

什么是人民代表大会制度？人民代表大会制度是根据民主集中制的原则，通过民主选举产生全国人民代表大会和地方各级人民代表大会，以人民代表大会为基础，组成整个国家机构，实现人民当家做主的一种政权组织形式。

人民代表大会制度是我们党长期进行人民政权建设的经验总结，符合我国国情，与人民民主专政的国家性质相适应。

中华人民共和国的一切权力属于人民，这是人民代表大会制度的核心内容。

我国的人民代表大会制度，既同资本主义国家的"三权鼎立"制度根本不同，也与列宁、斯大林领导下建立的苏维埃制度有所不同。它有哪些特点和优势呢？一是体现了广泛的民主，是人民当家做主的最好组织形式；二是充分体现了民主集中制原则，能够使各个国家机关协调一致地进行工作；三是便于实现党对国家事务的领导。

中国共产党在长期的革命与建设实践中，找到了人民代表大会制度这个将人民民主与坚持党的领导结合的政治形式，是非常不易的。在井冈山与延安根据地的政权建设中，进行了人民代表大会制度的初步探索。毛泽东同志是我国人民代表大会制度的主要创始人。他早在1940年发表的《新民主主义论》中就提出，新民主主义共和国的政体是民主集中制的人民代表大会制度。新中国成立前的政治协商会议，是人民代表大会制度建立的过渡。刘少奇同志1951年2月在北京市人民代表会议上的讲话，系统地阐述了人民代表大会制度的性质和功效，提出了我们的基本口号是民主化和工业化。从1953年下半年起，在全国范围内进行了我国第一次空前规模的普选。在此基础上，由下而上逐级召开人民代表大会。

1954年9月，第一届全国人民代表大会第一次会议召开，它标志着我国人民代表大会制度从中央到地方系统地建立了起来。

当然，在中国坚持与完善人民代表大会制度也不是一帆风顺的。从1957年下半年"反右"斗争起，"左"的思想日益严重，民主集中制遭到损害，国家政治、经济、社会生活出现不正常的情况，人大及其常委会的工作也难以开展。这表现在二届全国人大第三次会议推迟了三次。立法工作也基本停顿下来，监督工作更是流于形式。1962年之后，情况有所好转，但人大工作也没有恢复到1957年前的水平。"文化大革命"开始后，首先停止了人大的活动，人民代表大会制度遭受严重破坏。1975年1月，召开了第四届全国人大会议，但代表不是由选举产生的，而是采取所谓"民主协商"方式产生的，所以，很难称得上是一次真正的人民代表大会。但是，这次全国人民代表大会的召开也是有意义的，它表明了人民代表大会制度尽管受到了严重损害，但根基仍然存在。会议再次肯定了"四个现代化"目标，组成了以周恩来、邓小平同志为核心的国务院领导，为以后粉碎"四人帮"提供了法理基础。

粉碎"四人帮"后，全国人大常委会恢复活动，地方各级人民代表大会陆续召开。1978年2月26日五届全国人大一次会议举行，至此各级人大都恢复了活动。

1978年12月召开的党的十一届三中全会，总结了历史的经验，特别是"文化大革命"的沉痛教训，在作出把党和国家的工作重点转到社会主义现代化建设上来的重大决策的同时，提出发展社会主义民主、健全社会主义法制，使民主制度化、法律化的任务。这次会议既开辟了改革开放和集中力量进行社会主义现代化建设的历史新时期，也使人民代表大会制度建设和人大工作进入了一个新的发展阶段。

第三节 毛泽东为代表的中国共产党人为探索"中国建设模式"奠定了理论基础

毛泽东同志在新中国成立后的理论思想是一个复杂的集合体，总体说来，在"文化大革命"前毛泽东同志虽然提出了"以阶级斗争为纲"的"基本路线"，但是，理论思想包含着不少为中国特色社会主义奠定了理论基础的"合理内核"。"文化大革命"中，毛泽东同志的理论思想中错误占主导，但也有"三个世界划分"、支持"四化"目标及"把国民经济搞上去"的正确观点。总体看，对毛泽东同志为中国特色社会主义奠定了理论基础要实事求是，作阶段性的具体分析，防止从理论上把毛泽东的理论思想全盘肯定与全盘否定的片面性。

一　正确处理国民经济重大关系

社会主义怎样才能实现解放生产力与发展生产力的任务？今天回头看，经历了认识的"三级台阶"，即：列宁关于以提高劳动生产率为目标的加强组织管理观点、毛泽东同志的正确处理国民经济重大关系的观点、邓小平同志的以市场经济体制建立为方向的改革开放的观点和实践。比较而言，列宁的认识水平总体看处于经济微观层面，毛泽东同志把解放生产力问题提到了国民经济的战略层次，邓小平同志揭示了社会主义解放与发展生产力的本质及规律。

毛泽东同志关于正确处理国民经济重大关系的观点，集中反映在1956年4月25日的《论十大关系》中。

《论十大关系》主要探讨了在建设社会主义中国民经济10个方面的重大关系，即：重工业和轻工业、农业的关系；沿海工业和内地工业的关系；经济建设和国防建设的关系；国家、生产单位和生产者个人的关系；中央和地方的关系；汉族和少数民族的关系；党和非党的关系；革命和反革命的关系；是非关系；中国和外国的关系。

毛泽东同志讲的这10个关系分两组，前5个关系是关于宏观经济内部的关系，后5个是关于社会政治的关系。可见，毛泽东同志已经超越了就经济谈经济的狭隘视野，站在社会有机体战略的高度谈社会主义建设，具有了马克思主义者特有的经济方法论与视野，这种方法论实质上就是哲学矛盾分析方法与辩证思维，即马克思主义的经济哲学。

在《论十大关系》中，毛泽东同志开篇就指出："特别值得注意的是，最近苏联方面暴露了他们在建设社会主义过程中的一些缺点和错误，他们走过的弯路，你还想走？过去我们就是鉴于他们的经验教训，少走了一些弯路，现在当然更要引以为戒。"[1] 由此可以说，"以苏为鉴"，根据中国情况探索中国自己的社会主义道路，是贯穿《论十大关系》的基本思想。

---

[1] 《毛泽东文集》第7卷，人民出版社1999年版，第23页。

在这一思想的指导下,《论十大关系》确定的基本方针就是:"我们一定要努力把党内党外、国内国外的一切积极因素,直接的、间接的积极因素,全部调动起来,把我国建设成为一个强大的社会主义国家。"①

二 社会主义基本矛盾与人民内部矛盾理论

1957年2月27日,毛泽东同志在最高国务会议第十一次扩大会议上发表了《关于正确处理人民内部矛盾的问题》的重要讲话。

毛泽东同志关于正确处理人民内部矛盾的理论,是在深刻总结国际共产主义运动教训和中国革命与建设经验的基础上提出来的。

1956年,是国际共产主义运动史上的"多事之秋"。这一年,一些社会主义国家暴露出一些严重的矛盾和问题。其中最引人瞩目的是,上半年苏共二十大的召开,下半年波兰和匈牙利事件的发生。1956年6月发生的波兹南事件,暴露出波兰政府在处理工人罢工问题上的严重官僚主义,同时也说明人民内部矛盾如果处置不当,同样会激化成为对抗性矛盾。1956年10月又发生了匈牙利事件。波匈事件的发生,有复杂的外部和内部的原因,其中没有正确处理好人民内部矛盾则是一个重要的原因。

就国内情况看,社会主义三大改造完成后,我国社会制度、经济结构和阶级关系都发生了深刻变化。1956年8月,中国共产党第八次全国代表大会的政治报告指出,社会主义制度确立以后,国内的主要矛盾就不再是无产阶级和资产阶级的矛盾,而是人民对于经济文化迅速发展的需要同当前经济文化不能满足人民需要的状况之间的矛盾;我们的主要任务是集中力量发展生产力,实现国家工业化,满足人民日益增长的物质与文化需要。但是,由于在三大改造中的某些过急过快的错误,加上领导工作中出现的主观主义和官僚主义问题,以及国际上苏共二十大和波匈事件的影响,导致了某些人民内部矛盾的突出和激化。1956年下半年,国内经济出现了生产资料和生活资料供应紧张的情况,一些社会矛盾也表现得比较突出,有些地方甚至发生工人罢工、学生罢课的事件。在半年内,全国各地,大大小小,大约有一万多工人罢工,一万多学生罢课。1956年10月起,广东、河南、安徽、浙江、江西、山西、河北、辽宁等省,还发生了部分农民要求退社的情况。对政府批评的意见,对现实不满的言论,也多

---

① 《毛泽东文集》第7卷,人民出版社1999年版,第44页。

起来了。总之,出现了许多新情况和新问题。人们刚刚还在欢庆社会主义改造取得伟大胜利、中国已经进入社会主义社会,怎么会出现这么多问题呢?这是许多人所始料不及的。对这类事件怎么处理,全党既没有思想准备,也没有经验。一些干部习惯于按照革命时期的经验办事,用类似处理敌我矛盾的办法处理罢工、罢课事件,造成了矛盾的激化。

怎样正确认识和处理社会主义的矛盾,也就成为党和毛泽东同志反复思考的重大问题,最终形成了《关于正确处理人民内部矛盾的问题》的重要讲话。①

《关于正确处理人民内部矛盾的问题》的重要讲话,第一次形成了社会主义社会基本矛盾学说。讲话指出,"在社会主义社会中,基本的矛盾仍然是生产关系和生产力之间的矛盾,上层建筑和经济基础之间的矛盾"。但是,"社会主义社会的矛盾同旧社会的矛盾,例如同资本主义社会的矛盾,是根本不相同的。资本主义社会的矛盾表现为剧烈的对抗和冲突,表现为剧烈的阶级斗争,那种矛盾不可能由资本主义制度本身来解决,而只有社会主义革命才能够加以解决。社会主义社会的矛盾是另一回事,恰恰相反,它不是对抗性的矛盾,它可以经过社会主义制度本身,不断地得到解决"。

《关于正确处理人民内部矛盾的问题》的讲话,第一次形成了"社会主义社会存在两类不同性质的社会矛盾,我们的主要任务是正确处理人民内部矛盾"的观点。毛泽东在《关于正确处理人民内部矛盾的问题》中指出,在我国社会中"有两类社会矛盾,这就是敌我之间的矛盾和人民内部的矛盾。这是性质完全不同的两类矛盾"。敌我之间的矛盾是对抗性的矛盾,人民内部矛盾,在劳动人民之间说来,是非对抗性的;在被剥削阶级和剥削阶级之间说来,除了对抗性的一面以外,还有非对抗性的一面。在我国现在的条件下,所谓人民内部矛盾,包括工人阶级内部的矛盾,农民阶级内部的矛盾,知识分子内部的矛盾,工农两个阶级之间的矛盾,工人、农民同知识分子之间的矛盾,工人阶级和其他劳动人民同民族资产阶级之间的矛盾,民族资产阶级内部的矛盾等。我们的人民政府是真正代表人民利益的政府,是为人民服务的政府,但是它同人民群众之间也有一定的矛盾。这种矛盾包括国家利益、集体利益同个人利益之间的矛

---

① 毛泽东:《关于正确处理人民内部矛盾的问题》,人民出版社1957年版。

盾，民主同集中的矛盾，领导同被领导之间的矛盾，国家机关某些工作人员的官僚主义作风同群众之间的矛盾。这种矛盾也是人民内部的一个矛盾。一般说来，人民内部的矛盾，是在人民利益根本一致的基础上的矛盾。

在区分两类社会矛盾的基础上，毛泽东提出了正确处理两类社会矛盾应当运用的方法。即：解决敌我之间的矛盾，采用专政方法。所谓专政的方法，就是镇压社会主义革命和建设的敌对分子，强迫他们服从人民政府的法律，强迫他们从事劳动，并在劳动中把他们改造成为新人。解决人民内部矛盾，则采用民主的方法。所谓民主的方法，就是进行教育和说服工作，开展批评和自我批评。这种方法可以具体化为一个公式，即"团结—批评—团结"。特别值得注意的是，毛泽东同志也注意到了社会主义社会人民内部的经济利益矛盾，他说要按对全国城乡各阶层实行统筹安排，兼顾国家、集体、个人三者利益等办法与方针处理。

三　社会主义建设中的群众路线

"一切为了群众，一切依靠群众，从群众中来，到群众中去。"这是党的群众路线的主要内容。

党的群众路线是把马克思列宁主义关于人民群众是历史的创造者的原理系统地运用在党的全部活动中形成的，这是我们党长时期在敌我力量悬殊的艰难环境里进行革命活动的无比宝贵的历史经验的总结。

党的群众路线虽然形成于革命战争年代，但是，毛泽东同志主张在共产党执政的条件下也要坚持群众路线。毛泽东于1957年3月发表了《坚持艰苦奋斗，密切联系群众》[①]的重要讲话，他强调党员和党的干部要继续发扬艰苦奋斗的作风，要保持好党同人民群众的密切联系，要全心全意为人民服务，不要半心半意、三分之二的心、三分之一的意为人民服务。他严肃地指出："我们的同志应当注意，不要靠官，不要靠职位高，不靠老资格吃饭。"他认为真正靠得住的是密切联系人民群众，切实为人民解决实际问题。因此，毛泽东提出，我们党要教育党员和干部放下自己的架子，深入人民群众之中，才能保持党的为人民服务的革命本色，才能使党永远保持工人阶级先锋队的性质。1963年5月，毛泽东同志在《人的正

---

① 《毛泽东文集》第7卷，人民出版社1999年版，第284页。

确思想是从哪里来的？》一文中，把马克思主义的实践认识论、调查研究工作方法、群众路线的统一性再次作了强调。

毛泽东同志主张在共产党执政的条件下也要坚持群众路线，观点肯定是对的。但是，在共产党执政时代坚持群众路线与革命党时代的不同路径，毛泽东同志囿于各种条件局限并未认识到。所以，新中国成立后毛泽东同志仍然经常沿用革命党时代用"运动"形式即"四大"（大鸣、大放、大字报、大辩论）发动群众，冲击了共产党自己创建的制度、法制与秩序，"文化大革命"就是典型的例子。这样的教训是值得认真记取的。实践证明，共产党在执政条件下坚持群众路线应该以自己创建的制度、法制与秩序为基础，把坚持党的领导与坚持群众路线统一起来，不能借群众路线搞无政府主义、"踢开党委闹革命"甚至搞所谓"夺权"。

四 独立自主、自力更生

独立自主、自力更生和实事求是、群众路线一起，成为贯穿毛泽东思想各个组成部分的基本立场、观点和方法，是中国共产党一切工作的立足点、出发点，是毛泽东思想活的灵魂所在。

独立自主、自力更生，最根本的是：一个国家的共产党要领导革命和建设取得胜利，必须首先立足于本国，从本国的实际出发，依靠本国的革命力量和人民群众的奋斗，把马克思主义基本原理同本国的具体实际结合起来，走出一条适合本国国情的正确道路，把本国的革命和建设事业做好。

毛泽东同志的独立自主、自力更生思想虽然是在革命战争年代形成的，但是，毛泽东同志在新中国的建设中仍然坚持这一思想。1958年，毛泽东又提出，要破除迷信，打掉自卑感，独立自主地搞建设，搞科学技术革命。他强调："自力更生为主，争取外援为辅，破除迷信，独立自主地干工业、干农业、干技术革命和文化革命，打倒奴隶思想，埋葬教条主义，认真学习外国的好经验，也一定研究外国的坏经验——引以为戒，这就是我们的路线。"[①]

20世纪50年代，以赫鲁晓夫为首的苏联共产党推行大国沙文主义，以大党大国自居，甚至提出一些严重损害中国主权的无理要求；当遭到拒

---

① 《毛泽东文集》第7卷，人民出版社1999年版，第380页。

绝后，又背信弃义地撕毁协议、撤走在华专家，使新中国的建设遭遇意想不到的严重困难。在这种情况下，中国共产党和中国人民坚持独立自主、自力更生就成了必然的选择。

　　毛泽东同志在坚持独立自主、自力更生方针的同时，也是支持可能的开放的。在《论人民民主专政》中，毛泽东同志就说要与世界上平等待我之民族做生意；在《论十大关系》中，毛泽东同志强调要学习别国的长处，但对别国的经验要分析。20世纪70年代，在毛泽东同志亲自领导下打开了中美、中日外交的"大门"，并批准引进了一批生产化纤、化肥的当时的先进技术与装备。当然，在充分肯定毛泽东时代的这些认识和举措时，又必须看到，由于受"冷战"时代的诸多制约，毛泽东同志当时对开放的认识与具体举措，与十一届三中全会后作为战略方针的改革开放，是不能拔高式地混为一谈的。

第三编

中国特色社会主义理论体系下"中国模式"的创新

"中国模式",它是全面的。胡锦涛同志在十八大报告中强调,中国特色社会主义道路是"五位一体"的架构。这样,中国模式在以经济建设为中心的模式轴统率下的全面性,就将成为凝聚与实践"五位一体"架构的载体;中国模式又是有重点的,重点还是经济发展这个模式轴,因为发展是解决中国一切问题的关键。中国模式的全面性与重点性统一在哪里?应该统一于中国模式解决发展中问题的创新实践中。

所以,研究中国模式的创新,是本编立论的起点。

社会领域内模式轴位移型的创新并不是随时发生与需要的。经常发生和需要的是以模式维度内部关系的调整、维度拓展与完善的"量变型模式创新"。模式维度型创新的动力来自于社会发展的阶段性特征,还有国际国内形势的重大变化。比如,中国现代化建设按邓小平同志20世纪80年代的"三步走"战略,分为解决温饱、基本实现小康、全面建设小康社会、实现现代化等若干阶段,这些阶段不同问题在现代化总目标下也有变化,必然要求中国模式式样呈阶段性特征。这种中国模式创新的阶段性特征又是在邓小平理论、"三个代表"重要思想、科学发展观(也包括习近平同志最近提出的中国梦)以及系列讲话指导下完成的。

邓小平理论、"三个代表"重要思想、科学发展观和习近平系列重要讲话精神,是我们把握中国模式创新的逻辑依据。

邓小平同志既是以毛泽东同志为核心的党的第一代中央领导集体的核心成员之一,又是有中国特色社会主义道路与理论实践的奠基人。邓小平同志之所以能够顺应和平发展时代与共产党已经是执政党的变化,开辟有中国特色社会主义道路,创立邓小平理论及改革开放实践,根本原因是实现了模式轴从"中国革命模式"向"中国建设模式"的位移。

"三个代表"重要思想这一理论,通过解决改革开放新时代"建设一个什么样的党,怎样建设一个适应改革开放时代的党"问题的回答,在为党的思想路线补充"与时俱进"新内容的支持下,进一步解决了经济体制改革以市场经济体制为目标的理论与实践条件下的新情况、新问题。

科学发展观是马克思主义同当代中国实际和时代特征相结合的产物,是马克思主义关于发展的世界观和方法论的集中体现,对新形势下实现什么样的发展、怎样发展等重大问题作出了新的科学回答，把我们对中国特色社会主义规律的认识提高到新的水平，开辟了当代中国马克思主义发展新境界。

习近平一系列重要讲话精神是中国特色社会主义理论体系最新成果，它是在中国社会全面建设小康社会的重要阶段提出来的，是中国共产党新一代领导集体智慧的结晶，是指导党和国家全部工作的强大思想武器。它同马克思列宁主义、毛泽东思想、邓小平理论、"三个代表"重要思想和科学发展观一道，是我们党全面深化改革和全面推进依法治国的指导思想。

对科学发展观的研究，本书拟设两章，即从两个角度予以论述。

一是从学术上揭示科学发展观的理论创新内涵与价值。我们在充分肯定改革开放以来中国的发展、中国人民生活的变化的前提下，同时也要看到过去的发展确实存在诸多不科学的问题。为了发展的可持续，我们必须树立科学发展观。还必须指出，发展的"科学性"，在现实生活中不可能一蹴而就，科学发展的水平与程度也不可能到"顶峰"，因此，科学发展观从学术上讲具有持久生命力与普适价值意蕴。

二是通过对"深入贯彻落实科学发展观活动"的学术概括，揭示科学发展观作为解决时代、实际新问题的功能，同时推动了中国模式的进一步创新。科学发展观与邓小平理论、"三个代表"重要思想一样，是旨在回答时代、实践新情况，解决新问题的"理论硬核"式样的理论创新成果，不是传统学院派书斋里追求的"高、大、全、厚"的动辄讲体系式的理论成果。科学发展观的价值在于回答时代、实践新情况，解决新问题。从邓小平理论开始，及至"三个代表"重要思想、科学发展观，每一个党的重大理论创新成果的获得，都是对时代、实践提出的新情况、新问题的认识与解决，从而发挥了中国模式以继往开来的状态不断进行创新的现实重大影响。

第 七 章

"中国模式"创新的学术基础

引导词：

　　模式的本质是创新。模式创新可以分为两类：一是模式轴不同的质变型的创新，二是模式轴相同的量变型的创新。

　　从中国革命模式到建设模式，是模式轴不同的质变型的创新；毛泽东同志对社会主义建设的探索，是中国模式从量变到质变飞跃中的过渡；邓小平同志创立的"有中国特色发展模式"，是从中国革命模式到建设模式质变的完成。

　　邓小平同志创立的"有中国特色发展模式"还能够、还需要创新吗？答案是肯定的。创新的必然性来自时代稳定性下国际形势与环境的风云变幻，来自于国情稳定下的实践阶段性特征。

　　中国模式的创新的"操作层面"，归根到底还是一个实践问题。

本章试图从"中国特色的建设模式"创新的必然性、实践性、基本特征三个角度，分析中国特色建设模式的创新问题。模式不是固有的或终极形态的东西。模式需要在时代、实践的母腹中孕育、成长。任何一个模式在孕育与成长中，都有产生发展的必然性、实践性以及基本特征，这三个方面也是推动模式之间创新、新陈代谢的内在逻辑力量。模式的必然性、实践性、基本特征，使中国模式自身与相互之间在现实中呈现"横看成岭侧成峰"的丰富景象，也从理论基础上支持着邓小平创造的中国特色建设模式横空出世，并需要不断地随实践的发展而完善发展，形成以"三个代表"、科学发展观等创新理论为标识的中国模式创新的阶段性成果。

第一节 "中国模式"创新的必然性分析

为什么邓小平同志创造的中国特色建设模式在新的实践中会有"三个代表"重要思想、科学发展观为指导的接力式创新？这一创新过程为什么说是理论与实践自身规律的反映？为此，我们需要对"中国特色的建设模式"创新的必然性作分析研究。关于中国模式创新的必然性分析，可以从时代稳定与形势风云变幻、国情确定及社会关系动态、事物本质的层次结构等方面来分析。

一 时代发展与"中国模式"的创新

"中国特色建设模式"创新的必然性，首先是由时代稳定性与形势风云变幻这个矛盾统一体决定了的。无论是国际起支配作用力量即关系，也就是环境的时代性，还是国内由主要矛盾决定的国家与社会发展阶段性，一旦形成都是相对稳定的。其稳定性，是以数十年甚至上百年计算的。比如，和平与发展时代、中国的改革开放时代，其时间跨度都是比较长的。

但是，时代要通过形势来展开与表现它的存在。形势与时代主题的关系，在本质上是一致的，但是其表现可能是若即若离的。因此既要正确把握时代的稳定性、又要对风云变幻的形势作出准确判断与应对，从来都是马克思主义的"基本功"。

马克思、列宁、毛泽东、邓小平等革命导师与领袖，都是把握时代、分析形势的高手。马克思恩格斯在《共产党宣言》中，对资产阶级革命的时代变化、无产阶级革命面临的形势作出了正确分析。列宁对十月革命的时代必然性、战争与革命形势中的机遇分析，集中体现在"四月提纲"中。毛泽东同志的《星星之火，可以燎原》，是公认的分析时代与形势的范文。有人统计过，一部《毛泽东选集》对形势所作的分析就占1/3。邓小平同志在20世纪80年代"冷战"还呈强弩之末状时，就准确地提出和平与发展时代，分析了中国改革开放与现代化建设的有利形势，对其机遇和挑战有大量深入的研判。今天回顾起来其战略大智慧不能不令人钦佩！

就是在和平发展的时代至今仍基本稳定的情况下，国际形势的风云变幻身临其境方知判断与处置之难。中国特色建设模式既需要对和平发展的时代提供的战略机遇期有坚定的信心，又必须正确处置形势的风云变幻，才能把时代机遇从可能性变成现实。

20 世纪 80 年代，邓小平领导我们利用和平发展的国际环境搞改革开放的时候，我们与以美国为首的西方国家关系的二重性始终存在，在特殊情况下关系的某方面会成为主导。80 年代初，由于美苏争霸，全球矛盾比较突出，以美国为首的西方国家希望中国稳定的改革开放政策，有利于它们扩大市场；80 年代后期苏联、东欧剧变苗头明显，以美国为首的西方国家也通过各种形式对中国进行"自由化"渗透。如何既坚持面向以美国为首的西方国家的开放，加快现代化建设，又不让其对中国进行各种"自由化"的渗透得逞，这实际上成了邓小平创立的中国特色建设模式在完善、动态中的基本轨迹。邓小平同志若干次强调坚持以经济建设为中心、坚持改革开放不动摇，又同时强调"两手抓"、"两手都要硬"、反对资产阶级自由化，这些看似分散的思想，实际上都是与当时的时代主题未变、但形势风云变幻相关的。从时代的稳定性看，邓小平必须要强调坚持以经济建设为中心、坚持改革开放不动摇；从形势的风云变幻角度看，邓小平又必须适时强调"两手抓"、"两手都要硬"、反对资产阶级自由化。

邓小平同志退休、逝世后，和平发展的时代主题仍然没有变，所以，中央反复强调要对现代化建设的"战略机遇期"有明确、坚定的认识。同时，国际形势的风云变幻更加复杂。以江泽民、胡锦涛同志为总书记的党中央，也必须既坚定对和平发展时代提供的"战略机遇期"有明确、坚定的认识，又必须对复杂的风云变幻的国内外形势作出及时的应对。

以江泽民同志为总书记的党中央，对现代化建设的"战略机遇期"有明确、坚定的认识，主要表现是明确了经济体制改革的市场经济方向，推动中国加入了世界贸易组织，提出了西部大开发战略，形成了"三个代表"重要思想的理论创新成果。党的十八大报告指出："以江泽民同志为核心的党的第三代中央领导集体带领全党全国各族人民坚持党的基本理论、基本路线，在国内外形势十分复杂、世界社会主义出现严重曲折的严峻考验面前捍卫了中国特色社会主义，依据新的实践确立了党的基本纲领、基本经验，确立了社会主义市场经济体制的改革目标和基本框架，确立了社会主义初级阶段的基本经济制度和分配制度，开创全面改革开放新局面，推进党的建设新的伟大工程，成功把中国特色社会主义推向二十一世纪。"①

以胡锦涛同志为总书记的党中央，在十年历程中，紧紧抓住和用好我国发展的重要战略机遇期，战胜一系列重大挑战，奋力把中国特色社会主义推进到新的发展阶段。进入新世纪新阶段，国际局势风云变幻，综合国力竞争空前激烈，我们深化改革开放，加快发展步伐，以加入世界贸易组织为契机，变压力为动力，化挑战为机遇，坚定不移推进全面建设小康社会进程。在前进过程中，战胜突如其来的"非典"疫情，认真总结我国发展实践，准确把握我国发展的阶段性特征，及时提出和全面贯彻科学发展观等重大战略思想，开拓了经济社会发展的广阔空间。2008年以后，国际金融危机使我国发展遭遇严重困难，党中央科学判断、果断决策，采取一系列重大举措，在全球率先实现经济企稳回升，积累了有效应对外部经济风险冲击、保持经济平稳较快发展的重要经验。成功举办北京奥运会、残奥会和上海世博会，夺取抗击汶川特大地震等严重自然灾害和灾后恢复重建重大胜利，妥善处置一系列重大突发事件。在十分复杂的国内外形势下，党和人民经受住严峻考验，巩固和发展了改革开放和社会主义现代化建设大局，提高了我国国际地位，彰显了中国特色社会主义的巨大优越性和强大生命力，增强了中国人民和中华民族的自豪感和凝聚力。所取得一系列新的历史性成就，为全面建成小康社会打下了坚实基础。我国经济总量从世界第六位跃升到第二位，社会生产力、经济实力、科技实力迈上一个大台阶，人民生活水平、居民收入水平、社会保障水平迈上一个大台阶，综合国力、国际竞争力、国际影响力迈上一个大台阶，国家面貌发生新的历史性变化。人们公认，这是我国经济持续发展、民主不断健全、文化日益繁荣、社会保持稳定的时期，是着力保障和改善民生、人民得到实惠更多的时期。

党的十八大报告指出：以胡锦涛同志为总书记的党中央，"抓住重要战略机遇期，在全面建设小康社会进程中推进实践创新、理论创新、制度创新，强调坚持以人为本、全面协调可持续发展，提出构建社会主义和谐社会、加快生态文明建设，形成中国特色社会主义事业总体布局，着力保障和改善民生，促进社会公平正义，推动建设和谐世界，推进党的执政能

---

① 胡锦涛：《在中国共产党第十八次代表大会上的报告》，人民出版社2012年版。

力建设和先进性建设，成功地在新的历史起点上坚持和发展了中国特色社会主义"。①

二 国情变化与"中国模式"的创新

2007年6月25日，胡锦涛同志在中央党校省部级干部进修班上发表了著名的"6·25讲话"。讲话内容之一是强调对初级阶段的国情认识不能动摇。胡锦涛同志说，我国改革开放和现代化建设取得举世瞩目的成就，人民生活总体达到小康水平。但我国生产力还不发达，自主创新能力不强，城乡区域发展不平衡，解决"三农"问题的任务相当艰巨，就业和社会保障压力增大，生态环境、自然资源和经济社会发展的矛盾日益突出，等等。这些都说明，我国依然处于不发达阶段，我们所达到的小康依然是低水平、不全面、很不平衡的小康，人民群众日益增长的物质文化需要同落后的社会生产之间的矛盾依然是我国社会的主要矛盾。全党同志特别是党的高级干部，必须牢记社会主义初级阶段基本国情，认清全面建设小康社会、实现我国基本现代化、巩固和发展社会主义制度的重要性、长期性、艰巨性，增强聚精会神搞建设、一心一意谋发展的坚定性，提高想问题、办事情决不可脱离实际的自觉性。

邓小平同志曾经高度评价党的十三大作出的中国正处于、并将长期处于社会主义初级阶段的观点，并且说，"一切从社会主义初级阶段的实际出发"。② 实践证明，凡是动摇对社会主义初级阶段的认识，就可能犯"左"或右的错误。不过，值得指出的是，当前以及今后一个时期在初级阶段认识上的主要错误仍然是"左"，即凡是社会主义现代化建设上了一个台阶或取得了重大成绩时，总有一些人头脑开始发热，做出各种"当前不可承受、未来不可持续"的事情。

我们在强调中国社会主义现代化的基本国情即初级阶段长期质的稳定性基础上，也应同时看到中国国情在初级阶段质的范围内量变的动态性，因此，中国建设模式必须在实践中通过创新适应这些新变化。中国国情在初级阶段质的范围内量变的动态性，主要表现为两个方面：（1）以GDP通行标准量化了的生产力水平提高，这要求中国建设模式不断转变增长方

---

① 胡锦涛：《在中国共产党第十八次代表大会上的报告》，人民出版社2012年版。
② 《邓小平文选》第3卷，人民出版社1993年版，第251页。

式,提高以效率、核心竞争力为主要内容的发展质量。(2)人均收入水平提高的社会结构变化。在经济发展的不同阶段上,对 GDP 增长贡献最大的阶层往往收入增大,这是造成中国收入差距日益加大的基础性原因。因为市场经济是以效率论英雄的。当然,也不能否认中国改革发展转型中因政策法律制度不完善甚至腐败在加剧收入差距过大中的作用。

改革开放以来,中国现代化面临的矛盾实际上经历了"思想解放阻力"到"利益差别"的阶段性转化。这种变化是初级阶段国情质确定下的量变的具体表现,是从"中国模式"创新到以"三个代表"、科学发展观、中国梦为指导的内在动力与社会基础。

中国以利益结构变化为核心的社会结构变化的主要表现是,中国社会结构由过去的干部与工人、城市人与农村人等政治身份划分,变成市场经济条件下的经济收入分层。社会灵活就业的自由取代单位对人的所有制,资本与产权在社会生活中的影响力日益增加。社会结构变化的显性表现是区域、城乡、个人差距扩大。这些经济、政治、文化、社会差距的扩大,有的合理合法,有的不合理不合法,有的是必需的,有的是不能允许与容忍的。总之,情况复杂,不能肯定一切与否定一切,要就事论事,具体分析,找到各方共同点、妥协点。

改革开放以来中国以利益结构变化为核心的社会结构变化,对中国建设模式创新的主要要求是,用法制建立既为发展提供动力,又为社会阶层接受至少容忍的制度框架,并用政策照顾与处理社会热点、难点问题。同时,在社会各阶层之间培育和谐文化价值取向,倡导理性、妥协、协商、谈判等现代社会思维方式与利益协调及问题处置方式。

三 社会的层次结构和"中国模式"的创新

什么是时代的层次性?时代的层次性应该主要表现为影响和平发展的方面、与决定和平发展趋向方面不同层次的因素和力量。

现实的和平发展局面,主要是由这些具有相对性特征的决定和平发展趋向的力量之间的平衡形成的。和平发展的相对性力量,不是理论必然性决定它的存在,而是现实利益与力量的平衡使然。比如,今天的世界态势是,局部因政治、文化、领土局部冲突不断,但整体和平大局依然不改。造成这种局面的原因,关键在于现实利益与力量的平衡。否则,无法解释同是社会主义的中国与越南,为陆地与海洋领土争端矛盾不小甚至兵戎相见；在中美贸易中，美国工会是推动与中国打贸易战的主要力量之一；在中日钓鱼岛争端向战争升级中，日本资本财团比民间更积极推动和平解决。

什么是国情的层次性？我们认为，主要表现为生产力的先进与落后并存、人们利益与文化价值取向的相互矛盾。中国生产力的并存性，有人称为原始、传统、近代、现代、后工业"五世同堂"，面对并存性的多层次生产力构成，经济建设既要立足于现代化方向，又不能不照顾落后生产力的制约与影响。当人们利益与文化价值取向处于相互矛盾的状况时，只能通过统筹兼顾路径找到现实的和谐最大公约数。

时代与国情的层次结构，实际上影响着"中国特色的建设模式"创新的理论层次提升、实践创新的视域拓展问题。比如，邓小平理论、"三个代表"重要思想、科学发展观都是中国特色社会主义理论体系的重要组成部分，但是，它们之间是有时代与国情的层次性差异的。邓小平理论，其理论硬核主要聚焦于"什么是社会主义，怎样建设社会主义"这一问题；"三个代表"重要思想，其理论硬核主要聚焦于"建设一个什么样的党，怎样建设党"这一问题；科学发展观从理论本身来说，是关于发展的世界观与方法论，也就是发展哲学，其理论硬核主要聚焦于"实现什么样的发展，怎样发展"这一问题。

随着时代与国情的变化发展，几代党中央领导人在"中国特色的建设模式"上的理论思维、战略思维体现出一个明显的发展变化过程。同时，这个过程中，在邓小平的物质文明建设和精神文明建设"两手都要硬"的基础上，以江泽民为总书记的党中央提出了中国特色社会主义的经济、政治、文化建设的"总体布局"，并开始重视生态保护。在此基础上，胡锦涛同志在党的十八大报告中又提出了经济建设、政治建设、文化建设、社会建设、生态文明建设"五位一体"的战略实践框架，其创新的理论层次提升是明显的，其实践视野拓展的特征也是十分明显的。这个"提升"与"拓展"的实现，就是因时代与国情的层次结构变化带来的"中国特色的建设模式"创新的变化。

第二节 "中国模式"创新的实践性分析

前面关于模式的学术基础讨论中我们提及，模式与道路互为表里，模式依托道路而生，道路依托模式进入实践、变成世俗生活的过程。我们的基本理论观点，是主张把模式与实践紧密相连的。所以，模式创新的实践性就是顺理成章的。对"中国特色的建设模式"创新的实践性分析，也是必须要进行的。

一 实践切入点的选择与"中国模式"的创新

中国古代有一个广为人知的"庖丁解牛"的故事。这个故事讲，在一个对牛身体整体结构非常熟悉的老厨师手下，一头庞然大物的牛可以被他用很短时间将牛肉与一块块骨头分开，这个过程既快且省力气。同样是这样一头牛，如果让没经验的人去剥皮去骨剔肉，一定费很长时间且事倍而功半。"庖丁解牛"的奥秘何在？就在于对牛身体系统特征的准确把握基础上，找到了剔肉去骨的每一个下刀处即切入点，所以事半功倍。

我们认为，"庖丁解牛"的道理，事实上已经存在于毛泽东同志创立的中国革命模式的创新实践中。从《关于中国社会各阶级的分析》到《中国革命与中国共产党》等文章中，毛泽东同志对中国当时半封建、半殖民地社会的客观发展阶段、主体阶级结构进行了深入系统的分析，并提出了"两步走"（即资产阶级新民主革命、社会主义）的革命战略。但是，在既定的主客体系统条件下，如何具体推进中国革命？这里的关键就在于实践切入点的选择问题。同时这个切入点还一定是以时间、地点、条件的不断变化而不断再选择的。这种选择与再选择，事实上反映着中国革命模式的不断创新。从农民运动到建立井冈山根据地、从长征北上战略方向的确立到建立抗日民族统一战线、从"重庆谈判"到推动解放战争战略演化，其中这每一个切入点的选择事实上决定着中国革命模式本身的是非成败、兴衰荣辱。

"庖丁解牛"的系统性与切入点关系的道理，不仅在毛泽东同志创立的中国革命模式的创新实践中得以体现，也完全可以用于分析中国特色社会主义模式的创新历程。中国特色社会主义理论体系指导下的"中国模式"，之所以受到国内外广泛认可，原因不仅在于中国特色社会主义道路规定的以"基本路线"为代表的实践系统正确，也在于从邓小平到江泽民、胡锦涛为代表的中央领导集体能够在纷繁复杂、风云变幻的国内外形势中，像"庖丁解牛"那样正确选择了推进中国模式不断创新的切入点。而且在推进中国模式不断进行创新切入点的正确选择中，始终坚持了实事求是、解放思想、与时俱进的思想路线。

邓小平同志领导我们开创现代化建设新局面中的实践切入点，经历了从正确评价毛泽东同志的功过是非到支持农村承包责任制到支持特区开放到建立沿海开放带，从批判"西单民主墙"到反对资产阶级自由化的演进，等等。这些切入点的链接，既构成了中国特色建设模式的创新过程，本质上又是坚持实事求是、解放思想、与时俱进的思想路线过程。

以江泽民、胡锦涛为代表的中央领导集体，在继承与发展邓小平同志开创的中国特色社会主义道路、创新中国模式中也进行了若干有重大实践的现实与实践影响的切入点选择与再选择。比如，选择市场经济为中国经济体制改革的方向、决定加入世界贸易组织、实施西部大开发战略、提出依法治国方略与推进"主旋律"引导的先进文化建设，等等；又比如，提出深入贯彻落实科学发展观、以"新区"为载体全面推进开放战略、用制度推进民生问题解决、使"一国两制"战略影响港澳台、提出和谐社会与和谐世界主张、树立负责任大国形象，等等。这体现了中国特色建设模式的创新轨迹，本质上也是坚持实事求是、解放思想、与时俱进的思想路线，不断推进中国特色社会主义向前发展的过程。

二　实践问题的连锁性与"中国模式"的创新

马克思在《关于费尔巴哈的提纲》中，阐述了共产党的哲学是通过实践行动解决问题，达到改变世界目的这一十分重要的观点。因此可以说，马克思的哲学就是"实践哲学"。的确，从列宁开始，马克思主义的全部理论与实践创新都是围绕解决特定时代、国情、阶段、形势下的重要问题而展开的。

马克思的"解决问题→改变世界"之哲学逻辑，一旦进入现实的实践，我们就能深刻地体会马克思主义哲学的博大精深和奥妙无穷，不在于"体系化"之如何庞大和缜密，而在于他们所聚焦的问题本身集理论与实践、抽象与具体、简单与复杂、确定与变化之多重辩证性、悖论性于一体。"解决问题"，尤其是"解决时代问题"，是一本永远读不完的实践大书、行动大书！

解决问题的认知与行动之难，可以从各个方面进行分析，其中，实践问题的连锁性或许是解决问题之难处的关键之一。无论是从中国共产党的角度还是从各级领导集体与个人角度，凡是提到当前必须解决的问题之事，没有哪一件不难。难在哪里？其中问题的连锁性，可能是难中之大处。问题不解决不行，解决问题又面临一系列连锁关系或反应。比如，当年邓小平同志谈到"傻子瓜子"例子，当时人们刚从"文化大革命"中走出不久、"左"的思维惯性还广泛存在，又面对"傻子瓜子"、"雇工剥削"既是个案又有普遍连锁反应的事情。从当时历史情景看，肯定它，党内外许多人思想会转不过弯来；否定它，改革开放政策贯彻必然受阻。邓小平以丰富的领导经验对此事智慧地加以了处置，主张"看一看"，从而平衡了各方面。邓小平实际上是用"看一看"的方式，构建了问题连锁反应的各方面的"防火墙"，今天看来这一处置方式仍是正确的。特区优惠政策、钓鱼岛主权争议的"搁置"方式等，都反映了邓小平同志处理连锁问题的大智慧。

以江泽民和胡锦涛同志为总书记的中央领导集体，在处理有重大连锁反应问题时，也表现出了这样的大智慧，推动了中国模式的不断创新。

比如，邓小平同志在"南方谈话"中肯定了社会主义与市场经济体制的关系，但是，当时对斯大林模式中的计划经济体制的错误，从理论与实践上转不过弯子的人还比较普遍的背景下，怎么既落实邓小平关于经济体制改革方向是选择市场经济，又减轻党内外阻力，江泽民同志提出了"社会主义市场经济"概念，并在上海浦东搞先行先试的实践来逐渐统一思想。今天回头看，以江泽民为总书记的中央领导集体，在处理市场经济选择这个当时必然会发生认识连锁反应这一复杂问题时，其主张与策略都是充满大智慧的。

21世纪中国既存在改革开放30多年成绩巨大，同时人为原因累积的各种问题在日益突出，这些问题都涉及人民内部利益差异乃至冲突，解决问题的主张也是各式各样。面对这种量大复杂的问题，以胡锦涛为总书记的党中央一方面坚决反对利用发展中的问题来否定改革开放的观点，强调坚定不移高举中国特色社会主义伟大旗帜，既不走封闭僵化的老路，也不走改旗易帜的邪路，反复重申"不动摇、不懈怠、不折腾"稳定大局或改革开放的实践框架，同时，积极建立和完善社会保障制度、城乡一体化制度、分配收入调节法规、反腐倡廉制度等，来逐步解决群众反映强烈的问题。

最近，习近平在中央党校十八大新进中央委员、候补委员学习班上的讲话中再次强调，"不能用改革开放后的历史时期否定改革开放以前的历史时期，也不能用改革开放以前的历史时期否定改革开放后的历史时期"①。这种以实事求是为基础的"互不否定"，也体现了处理连锁反应这一复杂问题的大智慧。因为互相否定所造成的连锁反应都是灾难性的后果。

问题连锁反应从理论上讲，有两种类型：一是多米诺骨牌式"牵一发而动全身"的连锁反应，二是"蝴蝶效应"式的"不确定"连锁反应。无论是哪种类型连锁反应的避免或解决，党的实事求是、解放思想、与时俱进的思想路线都是其基础，这是确定不移的。另外，构筑阻止问题连锁反应负效应的"防火墙"、注意平衡各方、稳定大局与积极解决问题的方法、策略，都应该是行之有效的办法。特别值得注意的是，无论是哪种类型的问题连锁反应，在问题的背后一定是人，连锁反应的内容归根结底还是人们的利益。因此，注重改革开放以来人们利益格局的新变化，重视和切实解决人民群众的利益诉求，这是把"问题连锁反应"解决在矛盾萌芽期的根本前提。

三 实践认知局限与"中国模式"的创新

实践认知的局限，是人类个体与群体永远都无法克服的。因为人的认知能力、认识水平与复杂且不断变化的客观相比较，永远都处于滞后、管中窥豹的状况。陶渊明的《归去来兮辞》中有名句：觉今是而昨非。这种永远带有后悔的感觉无论人们的个体还是群体试图克服，最终都是无法完全消除的。毛泽东同志在《实践论》中关于绝对真理与相对真理关系的观点，就从理论上把这个道理讲清楚了。人们的认识无论怎么正确，也超不出相对真理的水平，不可能达到绝对真理水平。相对真理相对于特定时间、地点、条件而言是真理，一旦时间、地点、条件发生变化，已有的真理就可能不是真理了，甚至可能转化为谬误。所以，"真理与谬误只有一步之遥"！相对真理只是绝对真理的颗粒，无数相对真理的总和才能逐步堆砌成绝对真理。

建设有中国特色社会主义的实践，中国模式的形成、发展与创新，也必然遵循这样的认识规律。

---

① 习近平在新进中央委员、候补中央委员学习贯彻党的十八大精神研讨班上的重要讲话，《人民日报》2013年1月6日。

改革开放 30 多年中,我们对社会主义、市场经济的认识,对 GDP、发展方式和生态文明建设的认识,对全球化的认识等,都曾经饱受认识局限的困扰。这既反映了认识正确中的局限性,也说明了解除局限束缚的办法唯有进行理论观点、实践模式的创新。

20 世纪 50 年代中国的社会主义基本制度建立后,我们党在理论和实践上对关于"什么是社会主义、怎样建设社会主义"的回答要求就提出来了。以后的探索过程中,既有成功的经验,也有失败的教训和曲折。直到党的十一届三中全会以后,我们才逐步开始了关于"什么是社会主义、怎样建设社会主义"的正确认识。

对于"什么是社会主义、怎样建设社会主义"的正确认识,也不是一步到位形成的,而是经历了三个标志性的认识飞跃的台阶。[①] (1) 关于社会主义初级阶段的认识,解决了中国社会主义现实与马克思主义关于社会主义理论之间的异与同问题。社会主义初级阶段理论使我们认识到,中国现阶段的社会主义同马克思主义的社会主义在方向上是一致的,在根本制度方面也是一致的,但是,它们的决定性基础——生产力水平、人民群众受教育的程度等方面差别很大,人民日益增长的物质文化需要同落后的社会生产之间的矛盾是社会的主要矛盾。社会主义初级阶段理论把实事求是思想路线加以具体化了,其最大意义就在于,"在任何情况下都要牢牢把握社会主义初级阶段这个最大国情,推进任何方面的改革发展都要牢牢立足社会主义初级阶段这个最大实际。党的基本路线是党和国家的生命线,必须坚持把以经济建设为中心同四项基本原则、改革开放这两个基本点统一于中国特色社会主义伟大实践,既不妄自菲薄,也不妄自尊大,扎扎实实夺取中国特色社会主义新胜利"。[②] (2) 关于社会主义本质的认识,解决了"什么是社会主义"的内涵问题。过去,我们对社会主义本质的理解是不深入和不深刻的,仅仅停留在"社会主义的特征"上,实践证明对"特征"的理解不能代替对社会主义本质内容的理解和把握。1992 年,邓小平在"南方谈话"中提出了关于社会主义本质的重要论断,这就是:"解放生产力,发展生产力,消灭剥削,消除两极分化,最终达到

---

① 参见董德刚《改革开放以来我党对社会主义的新认识》,《北京日报》2011 年 7 月 18 日。

② 胡锦涛:《在中国共产党第十八次代表大会上的报告》,人民出版社 2012 年版。

共同富裕。"这一关于社会主义本质的科学认识,既强调了立足于初级阶段的社会主义的首要和根本的任务,是以经济建设为中心,大力发展生产力,又揭示了社会主义的价值取向或价值目标,就是实现人民的共同富裕。从而把生产力和生产关系、手段和目的统一于社会主义的本质内涵中。这个论断极大地丰富完善了科学社会主义理论。(3)对社会主义和资本主义关系的新认识。随着全球化的深入发展,在党的十六大报告等重要文献中就十分强调:世界是丰富多彩的,不同社会制度和发展道路应当彼此尊重,长期共存,在竞争比较中取长补短,在求同存异中共同发展。党的十八大报告,在讲到关于国际关系我们的主张时,更加淡化了眼下不是当务之急的基本制度,突出的是国际关系、国家关系中的弘扬平等互信、包容互鉴、合作共赢的精神,共同维护国际公平正义。

21世纪在转变增长方式、调整经济结构中推进现代化,发展中国特色社会主义实践,突破认识局限、进行实践创新主要聚焦于两个问题。

第一,坚持与完善社会主义市场经济体制中的困惑。(1)什么是社会主义市场经济体制?它是把社会主义基本制度与市场经济相结合,这种表述当然是对的。但这里所说的"结合"没有得到明确的规定。比如,有人把这种结合解释为社会公平+市场效率;还有人对此作了进一步阐释,说社会主义市场经济体制是把社会主义基本制度的优越性和市场经济制度的优势结合起来。上述观点的缺陷都是不能表示出基本制度与市场体制这二者在经济结构中的内在联系。(2)科学地认定市场经济在政治经济学的地位和作用问题。在马克思之前,从英国古典政治经济学到庸俗政治经济学,以及现代西方经济学,都是把市场经济等同于资本主义经济,其原因一方面是发达的商品流通是资本主义建立的历史前提,另外就是资本主义制度是建立在商品经济的基础上的。邓小平将市场经济创新地表述为经济手段或经济方法,又引发了经济体制与基本制度特别是生产关系的联系及区别问题。(3)"中国模式"与社会主义市场经济体制的关系。在讨论"中国模式"时,国内理论界偏重强调市场经济的作用,例如有的学者说,"中国模式"的鲜明特色,就是把社会主义基本制度和市场经济结合起来。但是,西方发达国家在讨论"中国模式"时,恰恰又少有提到"市场经济"是中国模式的特点。因此从理论上建立中国模式与市场经济的关系,是必要的。党的十八大从社会主义的道路、理论、制度三统一的角度为这个问题开辟了正确的路径。市场经济属于中国特色社会主义道路中的亚类要素，属于中国模式中经济建设为中心领域内的要素，它比中国模式的层次低，不能相提并论。

第二，关于对国内生产总值的认识。GDP 让我们经历了喜悲之间出人意料的变化。与过去曾经发生的"政治挂帅"相比较，GDP 的进步性是不能否定的。2011 年，中国 GDP 总量达 47 万亿元人民币，人均 GDP 越过 5000 美元大关。但是，当时代提出必须从加快发展向科学发展转变时，GDP 的局限性就不能回避了。令人欣慰的是，在科学发展观的指导下，在从加快发展向科学发展转变的过程中，今天人们已经开始树立起对 GDP 的这样一种意识：GDP 是反映一国或地区的经济规模、增长速度的宏观经济指标。在经济工作中，要正确地认识它，科学地使用 GDP。我们既要避免"GDP 膜拜"，又不能把 GDP 妖魔化，要使 GDP 指标与其他科学发展指标成为科学决策的重要依据。

第三节 "中国模式"创新的基本特征分析

我们认为，在中国特色社会主义理论体系的支持下，与发展阶段性特征相适应的中国模式创新的每一个式样，都既具有发展的阶段性特征，也具有创新的实践共同特征。这里，主要分析在中国特色社会主义理论体系支持下中国模式创新的实践共同特征。

一 中国特色社会主义道路对"中国模式"创新的规定

为什么说中国特色社会主义理论体系支持下的中国模式创新的实践共同特征，要先强调道路对"中国模式"创新的规定性？这是因为"皮之不存，毛将焉附"的原因。中国特色社会主义道路，是中国特色社会主义全部理论与实践的共同基础与前提。中国特色社会主义道路犹如一株生机蓬勃的树干，并如树干一头连着供给营养的土壤即时代与国情，一头连着枝干与树叶即理论与模式。

2009 年社会科学文献出版社出版了邹东涛主编的专著《中国道路与中国模式》。[①] 正如邹东涛教授在绪论中所讲，该书主要是经济著作，对中国道路和中国模式的探讨集中在经济方面。也就是说，《中国道路与中

[①] 邹东涛：《中国道路与中国模式》，社会科学文献出版社 2009 年版。

国模式》一书，并未从理论与实践上正面探讨道路与模式的关系。

我们认为，中国特色道路对"中国模式"创新主要有三个方面的规定性。

（1）中国特色社会主义道路对于中国模式具有优先的规定性。这就意味着，讲中国模式的前提，就是坚持中国特色社会主义道路。所以，模式可以从一个学术维度，为坚持中国特色社会主义道路提供支持。胡锦涛同志在十八大报告中强调，道路关乎党的命脉，关乎国家前途、民族命运、人民幸福。

（2）中国特色社会主义道路对于中国模式具有基础的规定性。一个模式的形成并被广泛认可，需要在特殊道路轨迹稳定性基础上的积累。也就是说，模式不可能完全"设计"出来，也不可能"大跃进"式地形成与被认同。比如，毛泽东同志创造的体现中国革命道路特色的井冈山根据地革命模式，从1927年"秋收起义"到1935年的"遵义会议"，甚至可以说直至党的"七大"，经历了20年左右的时间才被全党广泛地认可。邓小平20世纪60年代提出"猫论"，就萌发了解放与发展生产力的中国建设模式，直到十一届三中全会，甚至可以说直至党的十五大，也是经历了几十年的时间，中国特色社会主义的建设模式才被广泛地认可。

（3）中国特色社会主义道路对于中国模式标准性的意义。世界上不可能有孤立于道路之外的模式，一个具体模式的优劣正误，或许用模式自夸或模式间比较的方式都难以说清楚。具体的模式到底是正确或错误？把它与道路相联系就很容易明白其优劣或正误了。比如，自然经济、计划经济与市场经济孰优孰劣？只有把它与道路相联系才能分个是非曲直。从历史上看，无论是自然经济或计划经济，与它们相联系的发展道路都是僵化封闭的老路。在《马克思恩格斯选集》第2卷前面一组文章中，马克思关于对埃及、印度、封建中国的分析就明确揭示了自然经济封闭与压抑人性的特点；关于计划经济体制的僵化与压抑经济内生创造力的特征，经济学家哈耶克有深入分析；对于市场经济的开放创新性，马克思恩格斯在《德意志意识形态》中从理论上对市场经济基础上的个人与国家民族交往形成了世界市场以及蕴藏其中的共产主义历史方作了分析。改革开放以来中国特色的社会主义道路展开的过程，从实践上也证明了社会主义制度与市场经济体制从"放开搞活"到明确市场经济改革方向的正确性。

二 思想路线对"中国模式"创新的指引

思想路线对"中国模式"创新的指引,在中国共产党 90 多年历史上的作用,是被反复证明了的。从毛泽东同志在井冈山时期写的《反对本本主义》一文开始,就十分强调从实际出发调查研究,并从哲学上加以总结与概括为思想方法和工作方法,以反对唯心主义、避免右倾机会主义与"左倾"盲动主义,从而在事实上形成了"实事求是"的思想路线。①"延安整风"中,只是正式在全党确立"实事求是"的思想路线。

毛泽东同志在井冈山时期为什么能够形成"实事求是"的思想路线?"延安整风"中为什么要在全党确立"实事求是"的思想路线?这都是创立与确立中国革命模式的需要。还记得,当毛泽东同志开辟了井冈山道路与根据地革命模式时,虽然实践证明了这条道路与模式的正确与有效性,但是,由于缺乏思想路线基础上的理论合法性支持,毛泽东同志的正确主张在党内是受排斥的。王明认为毛泽东的这一套是农民民粹主义,"山沟里哪有马列主义!"面对这些责难,只有以实事求是的哲学思想路线为武器,才能证明井冈山道路与根据地革命模式的正确性。而"延安整风"的目的,就是全面地从理论上、政治上、组织上清算党内王明、张国焘等人的错误路线及其主张,在全党真正确立"实事求是"的思想路线。

十一届三中全会的召开、改革开放新时代的开辟,是与实事求是、解放思想的思想路线的恢复联系在一起的。为什么一个看似抽象的"真理标准"的哲学问题讨论,具有打开改革开放时代阀门之力量?这也是因为,只有得到以实事求是、解放思想的思想路线的支持,才能使全党全国人民认识到毛泽东同志的晚年错误,才能把毛泽东同志的功绩与"晚年错误"加以区别,才能使中国从"以阶级斗争为纲"的错误转到改革开放的新时代。为什么邓小平同志要推动党的思想路线的内容在实事求是基础上增加解放思想?因为"文化大革命"模式有毛泽东关于"无产阶级专政下继续革命"这一理论的支持,并在相当长的一个时期给全国人民造成了一个固有的思维框架或思维定式。只有通过解放思想,才能否定"文化大革命"模式与"无产阶级专政下继续革命"的理论。这也就是邓小平反复强调的:不解放思想,难以真正做到实事求是;要真正做到实事

---

① 《毛泽东选集》第 1 卷,人民出版社 1991 年版,第 109—118 页。

求是，就必须解放思想。所以解放思想是实事求是的要求，也是深化。

以江泽民同志为总书记的中央领导集体，一方面反复强调开创中国特色社会主义新局面要坚持党的思想路线，另一方面在思想路线的内容中增加了"与时俱进"。为什么中国模式的创新在思想路线内容中要增加"与时俱进"的要求？其必要性在于，市场经济在过去中国人的认识观念中是等同于资本主义的东西。当社会主义也要搞市场经济时，虽然其前提是"社会主义"，但是，正如江泽民所讲，世界市场经济的一般规则我们是必须借鉴与遵循的。从计划经济到市场经济，这是体制转型，更是历史转折与理论认识之大颠覆，没有与时俱进观念的支撑是很难完成这一转型的。

当中国经过30多年的发展，人均国民收入正在突破6000美元大关，发展的巨大成绩与各种问题同时并存时，历史提出了从加快发展进入科学发展的要求，以胡锦涛同志为总书记的中央领导集体仍然一以贯之地强调实事求是、解放思想、与时俱进思想路线的重要性。正如党的十八大报告指出的："解放思想、实事求是、与时俱进、求真务实，是科学发展观最鲜明的精神实质。实践发展永无止境，认识真理永无止境，理论创新永无止境。全党一定要勇于实践、勇于变革、勇于创新，把握时代发展要求，顺应人民共同愿望，不懈探索和把握中国特色社会主义规律，永葆党的生机活力，永葆国家发展动力，在党和人民创造性实践中奋力开拓中国特色社会主义更为广阔的发展前景。"[①]

由此可见，思想路线的最大作用是在推动理论与实践创新中起关键性支撑作用。思想路线对"中国模式"的创新，过去、现在和未来都将发挥巨大的指引作用。

三　发展与民生关系对"中国模式"创新的引导

现代化，可以说是世界近500年来最大的公约数或最大发展规律。无论是搞革命或执政及其发展目标，脱离了现代化这个人类近代最大规律都是没有前途的。毛泽东同志在《论联合政府》中就指出，中国一切政党正确与错误、作用大与小，其考察的标准就是看对中国生产力发展所起的作用。邓小平更是明确地指出，实现"四个现代化"是最大的政治。

---

① 胡锦涛：《在中国共产党第十八次代表大会上的报告》，人民出版社2012年版，第9页。

关于发展，它的大致要素应该有：途径是通过经济建设，目标是现代化，手段是市场经济，量化指标是 GDP，质的标准是经济结构与增长方式，目的是增强综合国力与提高整个国家全体人民的生活水平。在关于发展的上述内涵中，我们认为，"提高整个国家全体人民的生活水平"，即"民生"问题尤其重要。发展，从理论上讲是提高生产力，实践上是经济学的若干角度与指标，目的要落实到民生上。这一切从理论上讲没有问题，但是，在现实中理论与实际脱节的事情实在太多！

民生发展与经济发展的脱节，有两个方面的原因。一是认识问题。民生可操作内容分为两部分，一是公共产品与福利，二是个人收入。如果领导或群众认识不到位，公共产品与福利包括收入，就难以通过项目及政策调整获得同步增加。二是市场经济体制本身在解决民生的滞后性。斯密论述过市场经济早晚会带来社会性生活水平的提高，他说 18 世纪伦敦普遍市民生活超过了非洲酋长。但是，现实的市场效率转化为民生普遍改善有滞后性。

目前，中国民生问题，认识不到位占一部分原因，民生改善相当程度还要依靠市场经济体制的完善。比如，专家指出，全国工资总额只占 GDP 的 30% 左右，与发达国家的 70% 左右差距很大。可见，中国民生问题的解决还是主要依靠市场经济的效率转化为全国人民共享发展成果。

面对市场经济出现的民生与发展分裂现象，我们怎么办？完全任其发展吗？不能。即使在资本主义社会，也不能任由市场经济推动的民生发展来分裂自由发展。我们是社会主义国家，应该一方面用市场经济办法发展生产力，另一方面应该更加自觉主动地解决市场经济下发展与民生的矛盾。实践证明，经济增长和民生是各级政府和老百姓都关心的焦点。保障民生和推动发展，是密切联系、相互促进的。在经济发展和民生的关系问题上，民生是关键、是核心、是根本。无论是体现发展目的，还是破解发展难题，乃至走出经济困境，都必须关注民生。只有着力保障和改善民生，才能营造和谐稳定的发展环境，才能充分调动广大人民群众的积极性。如果处理不好这一关系，就会出现有增长而无发展，有 GDP 的不断攀升而没有民生的改善与提升的局面。

第八章

邓小平创造的"有中国特色的发展模式"

引导词：

　　自觉的中国特色社会主义（建设）发展模式，是与十一届三中全会后中国特色的社会主义道路相联系的。从这个意义上讲，邓小平是"中国发展模式"的创立者、开拓者。邓小平同志为什么能够领导我们开拓出以社会主义现代化为目标的中国发展模式？在于邓小平同志立足于和平发展时代问题与初级阶段国情下的现代化建设谈模式，创立了解决特定时代下特殊国情问题的崭新的"模式观点"。

　　邓小平同志创造的有中国特色的建设模式是什么？分析与内容把握或许不在求全，而在"掌握要领"。这就是蕴涵于初级阶段基本路线中的现代化建设的动力体系。

　　中国共产党从1949年10月1日起，已经成为执政党。但是，执政地位与执政以后以领导经济建设为中心的能力，是两个不同的问题。中国共产党真正取得被国内外广泛认可的领导经济建设的能力是在十一届三中全会以后才有的。十一届三中全会以后，中国共产党为什么能够在各种挑战中显示出卓越的领导经济建设的能力？其力量源泉应归功于邓小平同志创造的"中国特色的建设模式"。

　　模式虽不能照搬，也不能复制，但是，模式作为道路上的里程碑，犹如黑夜中的灯塔可以为船只航向未来提供路径的引导。吴敬琏在回顾改革开放30年不平凡的历程时说："结论：让历史照亮我们未来的道路！"[①]

---

　　① 吴敬琏：《中国经济改革30年历程的制度思考》，《21世纪经济报道》2009年9月4日。

党的十八大报告则高度概括总结为：在改革开放三十多年一以贯之的接力探索中，我们坚定不移高举中国特色社会主义伟大旗帜，既不走封闭僵化的老路，也不走改旗易帜的邪路。① 邓小平创造的中国特色的建设模式，一直照亮着我们以改革开放为时代特征的道路。

第一节 邓小平关于"中国模式"的心路历程

邓小平同志在20世纪80年代的谈话中，虽然多次提到过"模式"，但是，他并未对自己关于"如何建设社会主义"的设想从模式角度加以表述与概括。后来，在关于邓小平理论的研究成果中，虽然有人就"邓小平创造的'中国建设模式'"展开过专门的研究，但是这方面的成果总体上讲仍然不多。从某种意义上讲，"邓小平的中国建设模式研究"至今还是邓小平理论研究的一个空白，至少是薄弱环节。我们认为，从总体上看，邓小平同志并未形成关于"中国模式"的系统理论，即模式观。邓小平同志在20世纪80年代的多次讲话中，也谈到模式问题，却是从阐述"中国特色社会主义道路"需要角度谈的。正如我们在前面论述的道路与模式的关系：道路是指立足于本国国情，走出的一条具有自己特色的革命或者建设之路，侧重于发展过程和发展形态本身。模式是指建立在发展过程和发展形态上的、经过抽象和升华提炼出来的核心理论体系，侧重于对发展过程和发展形态的理论概括，尤其是方法论总结。因此，可以这样讲，当时邓小平同志并未自觉把"中国模式"作为独立的、可以与"中国特色道路"并列、至少是有逻辑联系的概念来使用。我们不能苛求前人，在改革开放之初，实践的迫切需求是厘清一条不同于"以阶级斗争为纲"的道路，对模式的认知与界定需求，要待以改革开放为时代特征的"中国特色道路"有了一定实践过程后才会提上日程。基于此，我们对邓小平与中国模式的关系有两个基本认识：一是邓小平同志20世纪80年代多次谈到了模式问题，形成了"有关模式的观点"。但是，邓小平同志还未把模式作为中国特色社会主义理论的基本内容，所以，没有形成"模式观"或关于中国模式的自觉的系统理论。二是邓小平同志为中国模

---

① 胡锦涛：《在中国共产党第十八次全国代表大会上的报告》，人民出版社2012年版，第11页。

式的深入研究打下了重要基础。邓小平作出了"中国有自己的发展模式"的判断，为中国模式的研究奠定了实践基础；邓小平结合道路说模式，为中国模式研究奠定了逻辑基础。总之，邓小平同志在20世纪80年代曾经多次谈到的模式观点，为我们今天研究中国模式提供了一个重要启发：阐述"中国特色道路"，需要重视模式的理论与实践支撑。邓小平同志为我们开拓出了"有中国特色的社会主义道路"，这个共识是没有疑问的，今天我们还应该联系邓小平同志开拓出的建设道路，进而深入研究邓小平同志是从什么样的视角、沿着什么路径说模式，这也就是邓小平同志关于"中国模式"的心路历程问题。

一 邓小平同志强调在"实事求是"基础上说"模式"

模式从哪里来？怎么才能形成正确的模式？本书前面部分的研究成果归纳了邓小平同志的有关思想，可以形成这样的观点：邓小平同志十分强调在"实事求是"基础上说模式。

邓小平同志强调在"实事求是"基础上说模式，其根据是1982年9月邓小平同志多次与朝鲜领导人金日成的坦诚谈话。当金日成与邓小平谈到朝鲜自然灾害造成了农业歉收、人民口粮不足问题，并向邓小平介绍了朝鲜克服困难的一些具体方法时，邓小平没有对朝鲜为应对粮食歉收引发的饥饿问题的具体做法发表评论，而是与金日成长谈了中国近年发生的变化，特别是强调思想路线的变化。邓小平同志向金日成坦言，只有先解决思想路线问题，才可能形成正确的发展政策。

邓小平还告诉金日成，在实事求是思想路线的指导下，中国正在"打开新路"。这条"新路"是什么？就是他1978年在东北视察的思想，后来被概括为"改革开放"。邓小平同志在东北视察时候反复提出，"要迅速地坚决地把工作重点转移到经济建设上来"，"有好多体制问题要重新考虑"。怎么进行经济建设？邓小平同志在沈阳听取中共辽宁省委工作汇报时指出，鞍钢改造以后，必须是按照经济规律来管理，市政府是不是要考虑变成为它服务？他在长春视察时谈道：实现四个现代化，关起门来不行，要吸收国际先进技术和经营管理经验，吸收它们的资金。

邓小平同志强调在实事求是基础上说模式，那么，"实事求是"之剑锋指向何处？就是"体制上重新考虑"。前面我们强调过，模式从理论视角上看包括时代与国情问题、模式合法性的理论或意识形态支持、模式轴与维度构成的"实体架构"三个方面,但是,任何方面的模式内容一旦从理论走向实践都必须借助体制定型并具操作性。所以,在实事求是基础上说模式,即"实事求是"之剑锋的指向,就必然是在改革与开放的结合中改变原有束缚生产力的体制,具体说来就是改革计划体制。

邓小平时代,中国的改革开放重心无疑在经济领域,要害是从"放开搞活"政策到"有计划商品经济",再到明确市场经济为中国经济体制改革的方向。这个"渐进式"改革之路,因为触及了人们长时期以来形成的计划经济等于社会主义的错误认知定式,所以,反复存在"姓社姓资"疑问和争论。不仅中国人有这种疑虑,外国人也有。津巴布韦总理穆加贝就是其中之一。穆加贝1981年来华访问时,担心中国会走上资本主义道路,他告诉邓小平,中国在第三世界的朋友都希望中国保持社会主义。邓小平答道:"中国的改革也好,开放也好,都是坚持社会主义的。"邓小平还明确地告诉穆加贝:"我们要实现工业、农业、国防和科技现代化,但在四个现代化前面有'社会主义'四个字,叫'社会主义现代化'。"邓小平在1992年"南方谈话"中进一步强调:"改革开放迈不开步子,不敢闯,说来说去就是怕资本主义的东西多了,走了资本主义道路。要害是姓'资'还是姓'社'的问题。判断的标准,应该主要看是否有利于发展社会主义社会的生产力,是否有利于增强社会主义国家的综合国力,是否有利于提高人民的生活水平。"[①] 这"三个有利于"判断的标准,既体现了邓小平对社会主义理想信念的坚守,更体现出他把这样的坚守清醒地置于现实实践的基础上,置于现实社会发展要求的基础上。

以后邓小平在"南方谈话"中又概括出了以"社会主义本质论"、"市场经济论"为代表的一系列更系统、更有深度的振聋发聩的观点,廓清了当时困扰人们思想的种种认识困惑。"南方谈话"发表后的中共十四大上,正式确定了建立社会主义市场经济的改革目标,在次年召开的中共十四届三中全会上,《中共中央关于社会主义市场经济体制若干问题的决定》获得通过,中国由此进入新一轮快速发展周期。

二 邓小平同志持特殊的"模式"观点

我们要概括邓小平同志创造的中国特色的建设模式,首先应该尽可能

[①] 《邓小平文选》第3卷,人民出版社1993年版,第372页。

弄清邓小平同志对模式问题有什么基本的看法，也就是邓小平同志的"模式观"或"对模式的说法"。只有弄清了这一点，才能够按照邓小平同志的思维方式、思想逻辑，尽可能准确地去概括邓小平同志创造的中国特色的建设模式。

邓小平同志的"模式观"或"对模式的说法"是什么？根据有关研究成果，可以概括为"强调特殊的'模式观'或'对模式的说法'"。

曾任邓小平英文秘书的张维为教授，2012年2月在纪念邓小平"南方谈话"20周年时写了一篇题目为《邓小平如何思考"中国模式"》的文章。文章首先指出，邓小平是"中国模式"概念的原创人。早在1980年邓小平就明确使用了"中国模式"这个概念，并在20世纪80年代多次使用，在1988年曾明确地说，"中国有中国自己的模式"。

根据张维为的文章，邓小平至少从三个角度强调了"中国模式"的特殊性。

（1）强调模式是多样性的存在。邓小平同志多次强调，"世界上的问题不可能都用一个模式解决"。[①] 1990年7月，他在会见加拿大前总理特鲁多时指出："国际关系新秩序的最主要的原则，应该是不干涉别国的内政，不干涉别国的社会制度。要求全世界所有国家都照搬美、英、法的模式是办不到的。"[②] 邓小平同志认为从国际政治和经济的角度看，模式是多样性的存在。所谓"多样性"，是因为各自特殊，才能多样。比如，有百花的多样性，春天的色彩才是万紫千红。

（2）邓小平多次说过，中国模式是中国国情的产物。例如，1980年4月，邓小平在接受外国记者电视采访时指出："任何一个国家的革命，任何一个国家的问题的解决，都必须根据本国的实际情况。"因此他告诫："既然中国革命胜利靠的是马列主义普遍原理同本国具体实践相结合，我们就不应该要求其他发展中国家都按照中国的模式去进行革命，更不应该要求发达的资本主义国家也采取中国的模式。"[③]

（3）邓小平同志从总结改革开放以来的经验角度，强调发展模式是结合自己情况探索的经验。邓小平同志在会见罗林斯时说，"不要照搬我

[①] 《邓小平文选》第3卷，人民出版社1993年版，第261页。
[②] 同上书，第359—360页。
[③] 《邓小平文选》第2卷，人民出版社1994年版，第318页。

们的经验","结合自己的情况去探索自己国家的发展模式就好"。在1988年5月会见莫桑比克总统希萨诺时,他又坦率地说:"我们过去照搬苏联搞社会主义的模式,带来很多问题。我们很早就发现了,但没有解决好。我们现在要解决好这个问题,我们要建设的是具有中国自己特色的社会主义。"[①] 邓小平还建议莫桑比克"紧紧抓住合乎自己的实际情况这一条。所有别人的东西都可以参考,但也只是参考。世界上的问题不可能都用一个模式解决。中国有中国自己的模式,莫桑比克也应该有莫桑比克自己的模式"。[②]

张维为在介绍了他在近距离接触邓小平同志、理解他的模式观后,还明确指出要反对"模式的普遍性偏好或误解"。所谓模式的普遍性偏好或误解,就是通过模式的外延或效应作为"示范、样板"的意义来实现膨胀与扩张的。张维为认为,在汉语或中国人的思维定式中,"模式"这个词确有"示范、样板"的意思,但英文中的"模式"是"a pattern of behaviour or phenomenon",即某种有规律的行为或现象。从这个意义上讲,"中国模式"指的就是对"中国自己一整套做法和思路"的归纳。邓小平同志的模式观正是在这样的意义上"强调特殊的'模式观'"。

三 邓小平持"中国有自己的发展模式"的判断

"中国有中国自己的模式",这个观点的价值何在?在于说明从理论与实践上肯定模式、研究模式的必要性,而不是相反,把模式当作"负资产",忌讳甚至反对讲模式。

1988年5月,邓小平在会见莫桑比克总统希萨诺时指出,"中国有中国自己的模式,莫桑比克也应该有莫桑比克自己的模式"。那么,中国自己的模式应该是怎样的呢?邓小平虽然没有明示,但是,他却表示,中国的发展模式在马克思的本本上找不出来,在列宁的本本上也找不出来,这个发展模式就是"具有中国自己特色的社会主义"。

以"有中国特色的社会主义"名义命名的"中国模式"是什么?1987年召开的党的十三大把它概括为"十二条"。十三大之后,国外学者在关注中国发展道路中,逐步高频率地使用起"中国模式"概念。1988

[①]《邓小平文选》第3卷,人民出版社1993年版,第261页。

[②] 同上。

年年底，法国《发展论坛报》发表文章，认为"改革使中国模式逐渐变为计划经济与市场经济并存的中间模式"。

特别要指出的是，邓小平同志赞成"中国模式"的提法，但是，从来都是从符合中国改革与建设实际角度讲模式的。邓小平同志在讲模式的同时，明确反对把模式从特殊性的东西拔高为普遍，以模式名义搞各种"经验输出"或强加于他国的错误做法。1980年4月，邓小平告诫中央负责同志："既然中国革命胜利靠的是马列主义普遍原理同本国具体实践相结合，我们就不应该要求其他发展中国家都按照中国的模式去进行革命，更不应该要求发达的资本主义国家也采取中国的模式。……各国的事情，一定要尊重各国的党、各国的人民，由他们自己去寻找道路，去探索，去解决问题，不能由别的党充当老子党，去发号施令。我们反对人家对我们发号施令，我们也绝不能对人家发号施令。这应该成为一条重要的原则。"

邓小平同志的模式观强调"中国"的时空特殊性、特指性，其理论基础与列宁在《谈谈辩证法》中强调个别的重要性一致。这种理论基础给我们讨论模式实际定下了一个原则：模式与特殊时空需要解决的问题一定是一致的。离开特殊时空及问题谈模式，就违背了邓小平同志的模式观。

第二节 邓小平创造的"有中国特色的发展模式"

邓小平同志生前并未对他所创立的"中国建设模式"进行概念、内容等方面的具体说明，只是用"有中国特色的社会主义"来加以概括。邓小平同志认为，"中国有自己的发展模式"，党的十一届三中全会后，经济建设是工作中心，那么，"发展模式"的演进必然形成"中国模式"，中国模式主要内容与指向是中国发展的模式。对邓小平同志创立的中国发展的模式（"中国建设模式"）如何从学术上概括？有中国特色的社会主义视野内的中国建设模式是什么？张维为把它解释为"中国自己一整套做法和思路"，这与我们前面对模式从基础理论概括为时代与国情规定性、意识形态或创新理论的"合法性"证明、模式轴与维度的"实体"架构的"模式三大件"是相通的。但是，张维为又把模式等同于道路，这是与我们的模式观点不同的。我们认为模式是道路上的可以昭示过去、说明现在、连接未来的里程碑。依据这样的思路，我们试图按照"模式三大件"的理论逻辑，对邓小平创造的"中国建设模式"进行解析。

一 邓小平同志创立的有中国特色的发展模式图示

我们认为，邓小平创立的中国建设模式可以表示为图8—1：

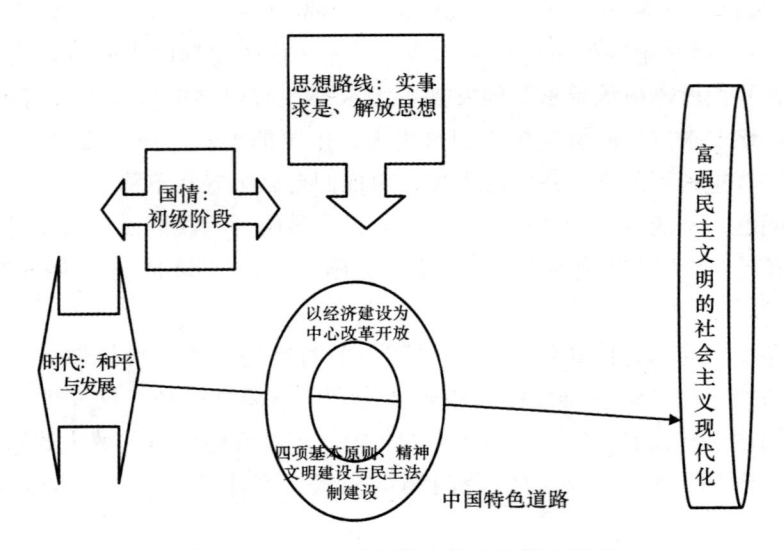

图8—1 邓小平中国特色的发展模式关系

从图8—1可以看出，"邓小平创立的中国建设模式"几乎涉及了有中国特色社会主义从理论到实践、从内容到目标的全部。

通过上面的图示还可以看出，邓小平创立的有中国特色社会主义的建设模式"实体"部分是以"一个中心，两个基本点"为主要内容的基本路线。这个"实体"架构告诉我们，以经济建设为中心，是邓小平创立的有中国特色社会主义的建设模式的模式轴，改革开放与坚持四项基本原则是两个最重要的实践维度。同时，我们认为，社会主义精神文明建设、民主法制建设虽然没有列入"党在初级阶段基本路线"的内容，但从中国特色社会主义实践战略与实践架构来看，它们也应该是邓小平创立的有中国特色社会主义建设模式的维度。

上图的创新之处在于，构建起了一个邓小平创立的有中国特色社会主义建设模式学术化视角的图示。通过这样的图示，我们可以从学术逻辑力量的高度,认识到邓小平同志的历史功绩,他开创的建设有中国特色社会主义事业从理论到实践、从内容到目标的正确性,以及无可否认与替代的历史地位。关于这种学术逻辑力量,我们将在后面作专门的分析。

二 时代与国情和中国特色发展模式的客观性基础

列宁在《论策略书》一文中反复指出,马克思主义者必须考虑生动的实际生活,理论的词句要适应生活。[①] 什么是列宁讲的"生活"? 从现象角度看是风云变幻的形势或时局,从本质角度看是时代与国情。列宁对俄国革命与建设面临的"战争与革命"时代、俄国资本主义发展水平低使社会主义的"文化基础"(即生产力)不符合马克思的社会主义标准等问题,在不少著作中都有专门的研究和强调。

可惜的是,后来斯大林在"社会主义建成了"的僵化思维定式下,不讲俄国的生产力落后;搞"两个阵营"后,也不再认真研究时代与国情。长此以往,人们似乎忘记了社会主义的一切行动还需要考虑时代与国情这些起码的客观基础,而是脱离现实的生产力基础,以为依靠"一大二公"频繁变动生产关系,就可以一路高歌猛进地进入共产主义了。

邓小平同志在创立中国建设模式中,首先恢复了对时代、形势、国情、生产力基础等马克思主义社会客观性 ABC 的权威。党的十一届三中全会召开前后,邓小平通过洞察国际形势及其发展新趋势,提出和平与发展是当今世界两大主题的科学论断。和平是前提,发展是核心。邓小平对和平发展时代的这一科学论断,是我们确立对内对外政策的重要依据。正是基于对时代主题变化的科学揭示,中国特色社会主义的一系列行动框架才能建立起来。主要的"行动框架"是:(1) 坚持奉行独立自主的和平外交政策,致力于反对霸权主义、维护世界和平;(2) 把我们的工作着重点转到社会主义经济建设上来,紧紧抓住有利时机,聚精会神搞建设、一心一意谋发展,建设现代化的社会主义强国;(3) 用改革开放方针与政策,把有利的时代趋向与国际形势转化为中国社会主义现代化建设的外部条件及其动力。

和平发展的时代主题的这一概括表明:世界要和平,国家要发展,社会要进步,人民要富裕,已经成为各国人民的共同愿望和世界历史进步的

[①] 《列宁选集》第3卷,人民出版社1972年版,第26、27页。

必然趋势。在这样一个大的时代背景下,尤其是面对社会主义与资本主义两种制度将长期并存竞争、世界科技革命不断深入的历史情势,现实的社会主义国家必须站在时代的高度,全面正确把握时代特征和时代主题,并从自身的具体国情出发,来合理制定正确的路线方针政策,抓住机遇,发展自己。实践也证明,只有与时代趋势或主题保持一致的社会主义才能得到老百姓的拥护,才能有不可战胜的力量源泉。

2012年7月24日,习近平同志在中央党校省部级主要领导干部专题研讨班结业式上所作总结讲话中说,改革开放30多年来社会主义在中国开创的辉煌局面和取得的巨大成就充分证明,中国特色社会主义是深深植根于中国大地、符合中国国情、具有强大生命力的社会主义。习近平同志的这个观点再次强调了中国特色社会主义与中国国情的一致性,30多年来正是中国共产党始终坚持这个一致性,才使中国特色社会主义具有了不可战胜的生命力。

中国国情是什么?就是中国将长期处于社会主义初级阶段。所以,邓小平同志反复强调,一切要从初级阶段的实际出发。初级阶段实际上就是党的思想路线的具体化。在党的十五大报告中就明确指出,我国处于并将长期处于社会主义的初级阶段。可是,每当中国经济有了阶段性的发展成绩,总有人头脑发热,有意无意否定初级阶段这一国情。所以党的十八大报告再次强调:"我们必须清醒认识到,我国仍处于并将长期处于社会主义初级阶段的基本国情没有变。"中国社会科学院王伟光说,正确认识我国社会现在所处的历史阶段,是建设中国特色社会主义的首要问题。社会主义初级阶段,是当代中国最大国情,是中国共产党制定理论路线、战略策略的基本出发点,是现阶段发展中国特色社会主义的总依据。[①]

三 党的思想路线是有中国特色发展模式的第一法宝

2007年6月25日,胡锦涛同志在中央党校省部级干部进修班发表重要讲话中强调,解放思想,是党的思想路线的本质要求,是我们应对前进道路上各种新情况新问题、不断开创事业新局面的一大法宝,必须坚定不移地加以坚持。改革开放,是解放和发展社会生产力、不断创新充满活力

[①] 参见王伟光《建设中国特色社会主义的总依据总布局总任务》,《人民日报》2012年12月20日。

的体制机制的必然要求,是发展中国特色社会主义的强大动力,必须坚定不移地加以推进。

邢贲思教授在解读胡锦涛同志的 2012 年"6·25 讲话"时认为,党中央之所以这么重视解放思想的问题,原因和理由要从与解放思想在党的工作全局中的重要作用和地位联系起来考虑。[①] 这个原因与理由是:中国特色社会主义这个理论的提出,本身就是解放思想的结果。因为解放思想,邓小平才在总结社会主义建设和苏联经验的基础上,得出"什么是社会主义、怎样建设社会主义"的理论主题与创新结论。邓小平在"文化大革命"后临危受命担负"第二代"领导集体核心之责任,他首先从思想路线上找原因,拨乱反正。他认为,我们(包括毛泽东同志)之所以对"什么是社会主义、怎样建设社会主义"理解错了,问题的根源是思想路线上的认识问题。邓小平把从斯大林开始直至毛泽东晚年对社会主义的"一大二公 + 以阶级斗争为纲"的传统认识,扭转到了对社会主义本质是解放生产力、发展生产力、消灭剥削、消除两极分化,最后达到共同富裕的认识。这是理论与实际工作重点的巨大改变,这种转变对中国这样的大国与大党来讲,如果没有实事求是、解放思想的思想路线支撑,这个弯子是无论如何都转不过来的。

我们认为,对于实事求是、解放思想、与时俱进为主要内容的党的思想路线的重要作用,不仅要看到它在推动党和国家从毛泽东同志晚年"无产阶级专政下继续革命"与"文化大革命"中走出来,开创建设有中国特色社会主义新时代的"历史转折"作用,还要看到党的思想路线在建设有中国特色社会主义继续前进中的不可缺少、不可替代的作用。胡锦涛同志在党的十八大报告中说,解放思想、实事求是、与时俱进、求真务实,是科学发展观最鲜明的精神实质。也就是说,科学发展观是完全符合党的思想路线的。反过来讲,党的思想路线也是衡量党的一切理论、实践正确与否的"合法性"的重要标准。

邓小平同志本人也有用党的思想路线来说明建设有中国特色社会主义过程中重大举措正确性的例子。1984 年 10 月 26 日,邓小平在会见马尔代夫总统加尧姆的谈话中就说,十一届三中全会的六年来,改变了过去

---

① 邢贲思:《解放思想与中国特色社会主义》,《红旗文稿》2007 年第 21 期。

"左"的政策，现在一心一意搞经济建设，发展成就超过了预想。① 看来，20世纪末人均800美元的小康目标是可以实现的。邓小平在谈到十一届三中全会以来六年为什么会取得超过预想成就的原因时，归结为搞了经济体制改革。当进一步谈到改革与发展的经验时，邓小平同志又进而归因于毛泽东倡导的实事求是原则。归纳以上邓小平同志的意思，就形成了这样的逻辑关系：实事求是原则→改革→发展成就。从邓小平同志的谈话显示的逻辑关系就可以看出，没有党的思想路线，中国特色社会主义建设就寸步难行。

四 有中国特色发展模式辩证的动力系统

我们认为，以"一个中心，两个基本点"为主要内容的党在社会主义初级阶段的基本路线，是邓小平同志创立的有中国特色的建设模式的"实体"性内容。也就是说，中国特色的建设模式直接与人们工作、生活相关的内容是什么？就是党在社会主义初级阶段的基本路线。邓小平同志在著名的"南方谈话"中指出，要坚持党的十一届三中全会以来的路线、方针、政策，关键是坚持"一个中心，两个基本点"。邓小平还强调，基本路线要管100年，动摇不得。只有坚持这条基本路线，人民才会相信你、拥护你。

由此可见，党在社会主义初级阶段的基本路线在邓小平同志心中有多么重的分量！

邓小平同志如此看重党在社会主义初级阶段的基本路线，我们认为，这是因为以"一个中心，两个基本点"为主要内容的基本路线，为中国特色建设模式提供着辩证的、永不枯竭的动力系统。也就是说，没有基本路线，中国特色社会主义就没有了发展的动力。

以"一个中心，两个基本点"为主要内容的基本路线，是一个不可分割的整体，它们共同构成了建设中国特色社会主义的动力。

首先，必须确立经济建设的中心地位。不确立经济建设的中心地位，改革开放根本无从谈起，坚持四项基本原则也会因失去实践依托而沦为空谈误国。

其次，必须正确处理"两个基本点"的关系。确立了经济建设的中

---

① 《邓小平文选》第3卷，人民出版社1993年版，第94页。

心地位后，经济建设怎么才能顺利推进？改革开放提供着直接动力，四项基本原则提供着稳定的社会环境与人们的积极性动力。所以必须把改革开放和四项基本原则统一起来。只有坚持四项基本原则，才能保证改革开放沿着社会主义方向顺利发展；只有坚持改革开放，才能解放和发展生产力，使社会主义制度进一步巩固和完善。改革开放是进一步解放生产力、推动中国社会主义现代化建设的必由之路，它赋予四项基本原则以新的时代内容。两个基本点，一个是立国之本，一个是强国之路，同等重要，缺一不可。

只有坚持"一个中心、两个基本点"的辩证统一，才能使经济上的繁荣昌盛和政治上的安定团结互为条件，互相促进，把建设中国特色社会主义事业全面推向前进。

党的基本路线内容相互依存、互为条件、缺一不可的整体性原则就道理而言并不复杂。但是回顾历史，对基本路线强调某一个方面而忽视甚至否定其他方面的片面思维与做法，却不时地困扰着我们。这是必须随时引起重视的。

江泽民同志在党的十四大报告中对坚持党的基本路线的重要性及其整体性就有明确的论述。他说：14年伟大实践的经验，集中到一点，就是要毫不动摇地坚持以建设有中国特色社会主义理论为指导的党的基本路线。这是我们事业能够经受风险考验，顺利达到目标的最可靠的保证。江泽民同志在党的十四大报告中还提出了"两个不动摇"，来强调贯彻党的基本路线中要坚持的整体性、系统性原则。他说：坚持党的基本路线不动摇，关键是坚持以经济建设为中心不动摇；坚持党的基本路线不动摇，必须把改革开放同四项基本原则统一起来。江泽民同志指出，有中国特色的社会主义之所以具有蓬勃的生命力，就在于它是实行改革开放的社会主义。我们的改革开放之所以能够健康发展，就在于它是有利于巩固和发展社会主义的改革开放。坚持四项基本原则，坚持改革开放，都是为了更好地解放和发展生产力。

江泽民同志还强调坚持基本路线的整体性原则中，关键是要警惕右，但主要是防止"左"。右的表现主要是否定四项基本原则，搞资产阶级自由化，甚至制造政治动乱。"左"的表现主要是否定改革开放，认为和平演变的主要危险来自经济领域，甚至用"阶级斗争为纲"的思想影响和冲击经济建设这个中心。

第三节　从模式视角看邓小平的历史地位

党的十八大报告强调指出："以邓小平同志为核心的党的第二代中央领导集体带领全党全国各族人民深刻总结我国社会主义建设正反两方面经验，借鉴世界社会主义历史经验，作出把党和国家工作中心转移到经济建设上来、实行改革开放的历史性决策，深刻揭示社会主义本质，确立社会主义初级阶段基本路线，明确提出走自己的路、建设中国特色社会主义，科学回答了建设中国特色社会主义的一系列基本问题，成功开创了中国特色社会主义。"① 这是对邓小平的历史地位再次和准确的定位！

一　邓小平历史地位非常重要

2004年8月24日，新华社记者班玮在邓小平百年诞辰之际，采访了美国前总统乔治·布什。布什曾在1974—1975年担任美国驻华联络处主任，遥想当年，布什曾经同夫人芭芭拉骑自行车穿行于北京的大街小巷，对改革开放前中国的状态，他自然了如指掌。抚今思昔，布什先生颇有感触地说："如今这个开放、欣欣向荣和更加自由的中国，与我当年曾经生活和了解的那个封闭的中国真有天壤之别。中国的巨变在很大程度上要归功于邓小平。"

2011年，81岁高龄的哈佛大学荣誉教授、《邓小平与中国的变革》作者傅高义认为，邓小平应该处在20世纪名人堂的中心位置，这不仅是因为他推动了中国以市场为导向的经济改革，还在于他把一个世界最古老的文明国家转变成现代化国家。傅高义认为，邓小平留下的最大遗产，是他提升了中国在世界上的地位，让中国成为一个正在崛起的强国。

中央党校主办的《中国党政干部论坛》，在2011年第5期发表了《邓小平的四大历史功绩》这篇文章，介绍说，邓小平同志逝世时，薄一波写的挽联是："一人千古，千古一人。"对这八个字，薄老后来解释说："一人千古，表达了我对小平同志的哀思；千古一人，是我对他的评价，是说他成就大业、功勋至伟。"他还说："小平同志的历史功绩，怎么估计都不过分。小平同志说，如果没有毛主席，中国人民还会在黑暗中摸索

---

① 胡锦涛：《在中国共产党第十八次全国代表大会上的报告》，人民出版社2012年版。

更长的时间。依我看，如果没有邓小平，中国人民还会在贫穷和混乱中摸索更长的时间。"① 薄一波与邓小平相知甚深，他的评价，深刻地揭示了邓小平为开创中国特色社会主义作出的前无古人的重大贡献。

充分肯定邓小平同志的历史地位，是党中央一贯的主张。2004年8月，胡锦涛同志在纪念邓小平100周年诞辰的讲话中，高度评价邓小平同志的历史功绩，胡锦涛称赞邓小平是中国经济改革的总设计师；邓小平同志提出的这些创造性的思想观点和方针政策，为我们不断开创党和人民事业发展的新局面提供了有力的理论指导。

2010年9月7日，胡锦涛等领导同志来到深圳莲花山公园，向邓小平同志铜像敬献花篮，表达了对邓小平同志的无限敬意和怀念。胡锦涛同志说，我们要胜利实现既定战略目标，必须坚定不移坚持中国特色社会主义道路，坚定不移坚持中国特色社会主义理论体系，勇于变革、勇于创新，永不僵化、永不停滞，不为任何风险所惧，不被任何干扰所惑，继续奋勇推进改革开放和社会主义现代化建设的伟大事业。

2013年12月7—11日，中共中央总书记、中共中央军委主席习近平在广东考察工作。习近平同志也来到深圳莲花山公园，向伫立在山顶的邓小平铜像敬献花篮。俯瞰深圳市的繁荣景象，习近平感慨地说，我们来瞻仰邓小平铜像，就是要表明我们将坚定不移推进改革开放，奋力推进改革开放和现代化建设取得新进展、实现新突破、迈上新台阶。离开前，习近平挥锹铲土，种下一棵高山榕树。一路上，习近平反复强调，改革开放是我们党的历史上一次伟大觉醒，正是这个伟大觉醒孕育了新时期从理论到实践的伟大创造。

人类实践既是整体千百万人的持续奋斗，也是杰出人物从普通人群中脱颖而出开创历史新时代的雄壮社会话剧。任何具体的社会历史过去、现在、将来，都镌刻上了杰出人物个人的名字。也就是说，对历史杰出人物当下是肯定或否定的声音，实际上是当下人们利益与诉求的反映。所以，常常有这样的情况，否定代表某段历史的个人，也就否定了那段历史本身。比如，中国1840年鸦片战争以来的百多年奋斗史，孙中山、毛泽东、邓小平都是不可否定的杰出人物。否定了孙中山，中国人民推翻封建专制斗争的合法性就没有了；否定了毛泽东，中国的民族独立、新中国的建

---

① 龙平平：《邓小平的四大历史功绩》，《中国党政干部论坛》2011年第5期。

立、共产党的执政党地位、中国社会主义制度的合法性就动摇了;否定了邓小平,改革开放的时代可能被逆转,中国人民可能再次回到那"封闭僵化"的年代!

值得注意的是,近年来随着中国在改革开放中各阶层利益的分化,随着"社会矛盾凸显"问题的浮出,出现了一些值得注意的倾向,尤其是如何看待在改革开放中出现的一些新问题,这直接关系到对改革开放的态度,对邓小平历史地位的评价。2013年1月5日,习近平同志在新进中央委员会的委员、候补委员学习贯彻党的十八大精神研讨班上发表的重要讲话中,明确提出:"不能用改革开放后的历史时期否定改革开放前的历史时期,也不能用改革开放前的历史时期否定改革开放后的历史时期。""两个不能否定"这一命题直接涉及要不要搞改革开放的问题,这是坚持和发展中国特色社会主义的根本问题。所以,我们一定要从政治高度深入认识其重大意义,把全党全国人民进一步团结凝聚在中国特色社会主义伟大旗帜之下,为实现中华民族的伟大复兴,万众一心,众志成城,阔步前进。

我们常说,吃水不忘挖井人。意思就是做人要懂得饮水思源的道理,在你享受成果的同时,不要忘了给你创造成果的人。我们改革开放前的历史时期,事实就是"挖井"的时期。正如党的十八大报告高度评价的那样:"完成了新民主主义革命,进行了社会主义改造,确立了社会主义基本制度,为当代中国一切发展进步奠定了根本政治前提和制度基础","在探索中国自己建设社会主义道路过程中,虽然经历了严重曲折,但党在社会主义建设中取得的独创性理论成果和巨大成就,为新的历史时期开创中国特色社会主义提供了宝贵经验、理论准备、物质基础"。

当然,社会是发展的,历史是进步的。改革开放开辟了中国特色社会主义道路,使我国成功实现了从高度集中的计划经济体制到充满活力的社会主义市场经济体制的伟大历史转折,成功实现了从封闭半封闭到全方位开放的伟大历史转折,使经济建设、政治建设、文化建设、社会建设以及外交国防等建设都取得了重大成就。在改革开放的进程中,我们也出现了一些矛盾和问题。但我们也不能用改革开放前那种僵化的观点看待这些矛盾和问题。要切实看到,在改革和发展进程中,什么时候问题都不会少,是正常的,从一定意义上说,这些矛盾和问题的出现是我国发展阶段的重要组成部分。所以,我们既不能以出现矛盾和问题为由否定改革开放,不能像鲁迅笔下的九斤老太一样，看这也不顺眼、看那也不顺眼，甚至否定改革开放的社会主义方向。

在中国特色社会主义发展进程中，科学评价邓小平的历史地位十分重要。只有充分肯定邓小平同志的历史地位与功绩，我们才能坚守住中国特色社会主义的探索成果，把全党全国人民进一步团结凝聚在中国特色社会主义伟大旗帜之下，实现中华民族的伟大复兴梦想，这具有非常重大的意义。

二 邓小平是为时代定向导航的旗帜

1997年2月19日邓小平同志逝世，迄今已经十多年了。但是，邓小平作为一面代表改革开放新时代的旗帜，其为中国特色社会主义道路定向导航的历史作用丝毫未减，反而与日俱增。

邓小平，是一个自然人名，更是一个时代的旗帜。邓小平作为创新了中国历史、更新了中国社会主义面貌的杰出人物，含义主要是后者。"邓小平"，包括他的人生经历与追求、他的理论思想、他的实践活动与影响。任何杰出人物都有这三个方面的存在，在现实中这三个方面既可同一又可以分别研究，既可以是辩证统一的过程，也可能出现分裂甚至悖论与异化。

邓小平作为代表改革开放新时代的一面旗帜，其为中国特色社会主义道路定向导航的历史与现实作用主要表现在两个方面。

第一，反对退回到封闭僵化的老路上去。胡锦涛同志在十八大报告中说，在改革开放30多年一以贯之的接力探索中，我们坚定不移高举中国特色社会主义伟大旗帜，既不走僵化封闭的老路，也不走改旗易帜的邪路。[①] 从中国的社会历史传统惰性与现实矛盾来看，"走封闭僵化的老路"依然是相当长时期内的主要危险。著名经济学家吴敬琏说过，中国现在不是富人太富，而是穷人太多。因为改革开放才30多年，真正在改革开放中利用市场机遇富起来的还是少数人，大多数人只是生活与计划经济时代相比有了改变但还并不富裕。因此必须尽快让大多数人富裕起来，在这种情况下，退回到封闭僵化老路上去的社会基础才会逐步削弱。邓小平同志

---

① 胡锦涛：《在中国共产党第十八次全国代表大会上的报告》，人民出版社2012年版，第11页。

反对走封闭僵化的老路的理论与实践都是一贯的。当年粉碎"四人帮"后,有人企图以"两个凡是"延续中国当时的走封闭僵化老路的历史。邓小平同志通过恢复党的实事求是的思想路线、推动召开十一届三中全会、实事求是地评价毛泽东同志的功过、支持农村联产承包制与特区先行先试搞改革开放,才冲破了封闭僵化时代的"铁幕",引导中国进入了改革开放的新时代。1992年,在中国的改革开放面临西方"制裁"使经济增长率只能确定为6%左右时,党内"姓社姓资"的质疑一时间甚嚣尘上,苏东"巨变"的冲击造成人心混乱,在这个关键时刻,邓小平同志不顾88岁高龄南下深圳等地,发表了定向导航的"南方谈话"。"南方谈话"内容丰富,主题就是坚持中国特色社会主义道路、坚持选择市场经济体制的改革开放不动摇!思想理论上的主要指向就是坚决反"左"!2012年2月20日新华社播发长篇报道《从春天再出发——记邓小平南方谈话20周年》和评论员文章,称南方谈话廓清了"姓资姓社"的迷雾,有力地击破了"左"的思想禁锢,大大解放了人们的思想,成为指引和激励开拓奋进的宝贵精神财富。

第二,防止走改旗易帜的邪路。所谓"走改旗易帜的邪路",主要是指从政治上、思想上放弃中国特色社会主义道路的主张。具体是照搬西方的民主政治那一套,要害是否定共产党的领导与执政地位,否定马列主义、毛泽东思想与中国特色社会主义理论体系的指导地位。邓小平同志早在1979年3月30日,就作了著名的《坚持四项基本原则》的讲话。邓小平同志还用辩证法思维,将西方美国式的三权鼎立制度与这个制度里面包含的民主、自由文化价值的"合理内核"作了区别。也就是说,我们反对美国式的三权鼎立制度,但不拒绝并要大胆吸收其民主、自由文化价值的"合理内核"。邓小平同志反对美国式的三权鼎立式的民主,但是,对社会主义民主制度建设是一贯重视的。早在1962年就提出"没有无产阶级的民主和无产阶级的集中,也就没有社会主义,资本主义就要复辟"。[①]党的十一届三中全会以后,邓小平在《坚持四项基本原则》这篇重要讲话中就强调:"没有民主就没有社会主义。"他指出:社会主义制度的优越性,在政治上就是要"充分发扬人民民主,保证全体人民真正享有通过各种有效形式管理国家、特别是管理基层地方政权和各项企业事业的权

[①] 《邓小平文选》第1卷,人民出版社1994年版,第304页。

力，享有各项公民权利"。① 我们认为，用法制保障民主、让民主在法制轨道上有序健康发展，是邓小平同志民主思想的核心。邓小平同志说，"我们的民主制度还有不完善的地方，要制定一系列的法律、法令和条例，使民主制度化、法律化"。② 如何既保证社会主义的统一意志，又有个人思想文化的自由空间？对此，邓小平同志主张通过思想文化的整合路径来实现。这条整合型文化的轨迹是：共同利益→共同理想→精神文明建设→"四有"新人。实现社会主义现代化，是每一个中国人的共同利益所在；现代化的目标，在中国必须有社会主义的价值特色与导向，这应该是我们共同理想的基本内容；社会主义的共同理想，不可能自发在每个人心中产生，要通过"两手都要硬"的精神文明建设；"四有"新人，是中国特色社会主义的民主、自由价值统一的人格化。

---

① 《邓小平文选》第 2 卷，人民出版社 1994 年版，第 322 页。
② 同上书，第 359 页。

第九章

"三个代表"重要思想对中国特色建设模式的丰富

引导词：

我们坚持认为，模式是解决特定时代下特殊国情问题的存在。所以，对"三个代表"重要思想为标志的中国模式创新分析，我们要立足于"解决问题的视域"。

"三个代表"重要思想，即代表中国先进生产力发展的要求，代表中国先进文化的前进方向，代表中国最广大人民的根本利益。"三个代表"重要思想在解决20世纪90年代至21世纪初中国特色社会主义建设实践中的重大问题中发挥了重大作用。

"三个代表"重要思想对中国模式创新的贡献主要是，成功地促进了以"现代化建设总体布局"为标识的中国模式的维度创新。

以江泽民同志为总书记的党中央集中全党全国人民的智慧，创立了"三个代表"重要思想，是中国特色社会主义道路事业的一个重要发展阶段，也堪称"中国模式"新的里程碑。从理论地位看"三个代表"重要思想，它是中国特色社会主义理论体系承上启下的重要一环；从实践历史阶段上看"三个代表"重要思想，它是成功将邓小平同志开创的以改革开放为时代特征的现代化建设推向21世纪的思想动力、理论基础，并赋予党的十四大、十五大及至十六大以前15年中国特色社会主义道路中重大举措的"合法性"。所以，从中国模式视角研究"三个代表"重要思想，不能简单地套"一脉相承"之视角，而要从20世纪90年代至21世纪初的15年中国特色社会主义道路中重大举措"合法性"角度，来看待

"三个代表"重要思想的理论价值与创新及其历史地位。

第一节 与时俱进与"三个代表"重要思想

与时俱进是马克思主义的品格。坚持党的思想路线,解放思想、实事求是、与时俱进,是我们党坚持先进性和增强创造力的决定因素。所谓与时俱进,就是党的全部理论和工作要体现时代性,把握规律性,富于创造性。"三个代表"重要思想是与时俱进的理论创新成果。中国共产党之所以能够提出"三个代表"重要思想,是因为在 21 世纪我们党面临的世情、国情和党情发生了一系列重大的变化,出现了一系列亟待解决的重大问题。"三个代表"重要思想的诞生,为解决这些重大问题提供了强大的指导方针。

一 经济增速从 3.8% 重回 10% 以上与"三个代表"重要思想

"三个代表"重要思想之所以成为以江泽民同志为总书记的党中央理论创新的成果,成为中国特色社会主义理论体系在 20 世纪 90 年代至 21 世纪初的理论创新新阶段的标志,与当时国民经济增长"大起大落"、"一放就乱,一管就死",政府不得不发挥"调整、整顿"的经济急刹车问题有关。

经济发展速度、态势是由经济体制决定的。吴敬琏在《中国经济 60 年》一文中指出,中华人民共和国成立以来,经济体制经历了三个阶段。第一阶段是 1958—1978 年,分权型命令经济。第二阶段是 1979—1993 年,为增量改革阶段。第三阶段是从 1994 年至今,为整体推进阶段,以建立市场经济体系为目标进行全面改革。[①]

在 1978 年前,整个国民经济就像是一个"大企业",中央政府是企业领导,各级地方政府是企业的各级部门,本该作为独立经营主体的企业,类似于这个"大企业"中大大小小的车间。尽管经济也有发展,但是,整体的低效率是不能否认的事实。其间,中央也试图对引自苏联的弊端日显的计划经济进行改革,主要内容是中央政府向地方政府让出某些物质、指标的计划权利,结果又形成了"一放就乱,一管就死"的大起大

---

① 吴敬琏:《中国经济 60 年》,《财经》2009 年第 9 期。

落经济运行态势。"大跃进"在某种程度上是这种"乱→死"经济的后果。中央应对这种混乱经济的办法就是1960年秋季实行的"调整、巩固、充实、提高"的"八字方针"。

1978年召开的十一届三中全会，虽然决定把全党的工作重点从以阶级斗争为纲转移到经济建设上来了，但是，用什么体制发展经济的问题并未解决。当时的主导经济体制仍然是计划经济，仍沿用计划经济办法搞现代化建设，过去那样的"一放就乱，一管就死"的大起大落经济运行态势就必然依旧存在。经济发展加速的时候，也是各地地方政府主导下争项目、争投资的时候，同时就会造成物质、路电水等基础设施供应的全面紧张，"拉闸限电"是当时这种状况的典型表现。在这种"一刀切"式的"整顿"行政手段旗帜下，"胡子工程"与经济增长萎缩又成了新问题。经济增长速度从1988年的11.3%，下降为1989年的4.1%和1990年的3.8%。怎么让中国的经济列车驶出"一放就乱，一管就死"的大起大落经济运行态势，是江泽民同志为总书记的党中央必须立即解决的问题。这时解决问题的契机出现了，1992年春天邓小平同志作了重要的"南方谈话"。在谈话中，邓小平提出了抓住机遇、加快发展的战略决定，并且肯定了用市场经济办法加快发展的战略思路。

用市场经济体制加快发展、促进国民经济过几年上一个"台阶"这一战略决定的提出，亟须理论基础的支持。这个"理论基础"就是"三个代表"重要思想特别是"代表先进生产力"的理论。有了这个理论的支持，就可以把20世纪80年代以来在计划经济体制外成长起来的非公有制经济、"三资"企业、农村承包责任制中蕴藏的市场经济体制因素等进行"正名"，从"试验"地位变成方向。在邓小平同志"南方谈话"的东风吹拂下，党的十四大作出了关于市场经济改革的战略决策。

实践证明，只有市场经济体制才能使中国经济摆脱"一放就乱，一管就死"的大起大落，进入持续快速增长的新阶段。1992年，中国经济增长速度一下子跃上了14.2%，1992—2007年中国经济维持了长达15年的平均超过10%的高速增长。正是这种连续十多年的高增长，使中国从人均国民收入二三百美元实现了总体小康的战略目标。2007年中国人均GDP达到了2461美元，居世界第106位。

二　国民经济格局关系处理与"三个代表"重要思想

中国国土面积自古较大，国土内部地理、气候、资源、人口、文化、发展水平差异也很大。如何在一个充满各种不平衡特殊性的国土空间上，进行实现"共同富裕"为目标的现代化建设？这是一个需要在实践中不断探索、认识不断深化的过程。

从实践探索角度看，中华人民共和国成立以来，中国的经济格局大致经历了"均衡→非均衡→协调均衡"发展的过程。

从新中国成立初期到改革开放前这段时期，由于受到理论指导上的平均主义思想的影响（当然也有当时国际战略等诸多方面的影响），国家在投资分配上注重向中西部倾斜，在产业发展和生产布局等方面片面强调各地区协调发展、齐头并进。这种均衡发展战略虽然在一定程度上逐步缩小了地区间的差距，却牺牲了东部沿海地区等发展条件好的地区的利益，使这些地区既有工业基础的优势不能充分发挥出来，延缓了东部沿海地区赶超世界先进经济技术水平的进程。同时，这种均衡发展战略背离了区域经济发展的客观规律，忽视了区域间在生产要素禀赋方面的差异和劳动地域分工的原则，造成投资效益差、区域经济缺乏活力，在中西部特别是西部地区经济技术尚不具备条件的基础上，盲目从外部引入的现代重化工、军工、机械电子等工业，形成了中国内陆现代化工业与传统农业城乡二元框架下的隔离运行。可以说，从新中国成立到改革开放前的均衡投资，很大程度上是在内陆地区人为地造成了一个个"工业城'孤岛'"。

改革开放以来，特别是进入 20 世纪 80 年代以后，在邓小平同志"先富带后富、最终实现共同富裕"理论指导下，国家开始实施非均衡发展战略。该战略承认区域经济发展不平衡存在的客观性，反对在生产要素的空间配置上对各地区采取平均主义做法，主张遵循并自觉利用不平衡发展规律，根据各地区的要素禀赋特点和经济发展条件，实行有区别、有重点、有选择的不平衡发展战略。具体举措是，根据邓小平同志的指示，国家以"优惠政策"向沿海地区倾斜为抓手，利用东部沿海地区的区位优势和工业基础，通过扩大开放、建立市场经济体制办法加快沿海地区发展，为带动中西部地区的发展凝聚力量。这一时期，在区域非均衡发展战略的指导下，国家把经济发展的重点放在了东部沿海地区，先后成立了深圳、珠海、汕头、厦门和海南 5 个经济特区，随后从北到南开放了大连、秦皇岛、天津、烟台、青岛、连云港、南通、上海、宁波、温州、福州、广州、湛江和北海14个沿海港口城市，紧接着将长江三角洲、珠江三角洲和闽南三角区划为沿海经济开放区。1988年初，中央又决定将辽东半岛和山东半岛全部对外开放，同已经开放的大连、天津、青岛等连成一片，形成环渤海开放区。如果不实行非均衡发展战略，中国的现代化水平是达不到目前这个人均6000美元程度的。但是，时至今天仍然有人对改革之初我国实行的非均衡发展战略表示不理解，认为是国家政策向东部沿海地区的过度倾斜造成了今天区域发展差距的不断拉大。这种理解和观点是不对的。客观考察世界现代化历史就会发现，只要遵循非均衡发展规律的国家和地区，其非均衡重点实施区大都在沿海。在美国，50%以上的人口集中在东部、西部、南部沿海50平方公里范围内的沿海城市，这些城市是美国最重要的政治、经济、文化中心地带；在欧洲西北部的沿海城市带，10万人口以上的城市就有40座，这一区域是欧洲最重要的沿海城市带；日本的东海道城市群面积只占日本国土面积的6%，却拥有全国总人口的61%，这个沿海城市带是日本经济的核心命脉区域。因此，坚持实事求是，就不能否定区域非均衡发展战略在我国20世纪八九十年代中的正确性、重要性和客观必然性。

如果仔细分析20世纪八九十年代中国经济格局的非均衡态势，比较各种关于经济格局的理论观点，可以看出，其理论与实践指向都是在呼唤"先进生产力"。通过以沿海为支撑的非均衡发展，在比世界上当时落后很多的中国形成了可以与世界接轨的先进生产力；通过以城市体系为载体的"点→轴"结构，形成了具有"增长点、增长极"功能的先进生产力，等等。所有这些发展成就都证明，"三个代表"重要思想，特别是代表先进生产力理论，绝非个人的主观想象和杜撰，而是中国现代化理论与实践创新成果的提炼与升华。

1995年9月，中共十四届五中全会在《中共中央关于制定国民经济和社会发展"九五"计划和2010年远景目标的建议》中，明确提出"坚持区域经济协调发展，逐步缩小地区发展差距"。这标志着我国区域发展战略由非均衡战略向均衡战略的正式转变。1997年9月，党的十五大报告指出，要"促进地区经济合理布局和协调发展。东部地区要充分利用有利条件，在推进改革开放中实现更高水平的发展，……中西部地区要加快改革开放和开发，发挥资源优势，发展优势产业。国家要加大对中西部地区的支持力度,……鼓励国内外投资者到中西部投资。进一步发展东部地区同中西部地区多种形式的联合和合作。……从多方面努力,逐步缩小地区发展差距"。2002年,党的十六大报告又提出,"促进区域经济协调发展","加强东、中、西部经济交流和合作,实现优势互补和共同发展,形成若干各具特色的经济区和经济带",从而逐步形成了区域"协调均衡发展战略"的明晰思路。

我国生产力水平呈东、中、西三级梯度态势是客观的事实,但这不是生产力布局必须遵循的规律。因为现有生产力水平的梯度顺序,并不一定就是采用先进技术和经济开发的顺序。落后的低梯度地区,只要政策得当、措施有力,也可以直接引进采用世界最新技术,发展自己的高技术,实行超越发展,然后向二级梯度、一级梯度地区进行反推移。

要使全党全国人民的认识与行动再实行战略转移,从实施了20多年的非均衡发展战略转向实行协调均衡发展战略,也必须有"三个代表"重要思想为统领才能达成共识。因为沿海的先进生产力要进一步发展,就必须依靠国内外两个市场与两种资源,中西部地区的内陆如果不能在整体上尽快地得到发展,就可能拖沿海进一步发展的后腿。同时,广阔的中西部地区居住着占全国近一半的人口,如果不适时实施协调均衡发展战略,全面建设小康社会的目标难以实现,代表广大人民群众的根本利益也不能实现。

第二节 "三个代表"重要思想与解决重大战略问题

"三个代表"作为以"正在干"的行动为立足点的中国共产党的理论创新重要思想的表现形式,也许在习惯在书斋搞"体系化"的有些人看来觉得"缺乏理论体系"。我们认为,"三个代表"重要思想,恰恰不是学者的逻辑理论,而是实践理论,也就是马克思在《关于费尔巴哈的提纲》里提出并强调的,以解决问题为中心、"管用"的理论。康德提出了实践理性问题;中国学者贺来认为,从理论理性到实践理性,是马克思哲学辩证法的重大变革。这种实践理论不是为了放在书架上有气势,而是为了对解决实践问题有直接的指导帮助,可以形成实践共识。[①] "三个代表"

---

① 贺来:《辩证法的实践理性转向》,《光明日报》2010年4月6日。

重要思想，对于解决把邓小平开创的改革开放事业、现代化建设成功推向21世纪发挥了重大的历史作用。其中，国企改革、协调均衡战略的实现、加入世界贸易组织这三个问题，又是中国20世纪90年代至21世纪初战略性的关键问题，从对这些问题的认识与解决中，我们更可以看到"三个代表"重要思想的重要性与历史和现实的意义。

一 加强宏观调控与"三个代表"重要思想

按照邓小平同志的观点，中国模式的主要内容与功能是解决中国实现现代化的"发展模式"。中国模式在十一届三中全会后的实践演进又是通过改革开放路径选择市场经济体制的，这就需要聚焦于市场经济。市场经济的内容有哪些？在亚当·斯密眼中，市场经济只有"自由竞争"，以后凯恩斯把政府依法的宏观调控也作为了市场经济的"内生"重要组成部分。因此，现代市场经济体制应该是企业依法自由竞争配置资源与政府依法宏观调控的有机统一。

十一届三中全会后，伴随着在办特区中引进外资、在放开搞活政策中发展非公有制经济以及国企扩大自主权等改革开放的进程，中国企业依法自由竞争的现代市场经济体制方面有了很大发展。相比较而言，政府宏观调控方面则显得较薄弱，我们对政府依法宏观调控与计划经济体制的区别在一个时期内也不那么清楚。针对这一问题，以江泽民同志为核心的党中央，不仅在党的十四大领导我们确定了市场经济的经济体制改革方向，还提出了建立与完善市场经济的任务，并领导我们进行了加强宏观调控的积极探索。加强宏观调控的理论与实践，既是"三个代表"重要思想的内容之一，也是对中国模式的重要丰富与发展，并且为以习近平为总书记的党中央关于发挥市场经济在配置资源中的决定作用、更好发挥政府作用的方针进一步奠定了理论与实践基础。

江泽民指出：我们要建立的社会主义市场经济体制，就是要使市场在社会主义国家宏观调控下对资源配置起基础性作用。[1] 1992年6月，江泽民在分析市场经济的特点时指出：市场是配置资源和提供激励的有效方式，对各种信号的反应也是灵敏的迅速的，这是市场的优点；但市场也不是全面的万能的，尤其是它存在自发性、盲目性、滞后性的消极一面。例

---

[1]《江泽民论有中国特色的社会主义》（专题摘编），中央文献出版社2002年版，第71页。

如，市场不可能自动地实现宏观经济总量的稳定和平衡；市场难以对相当一部分公共设施和消费进行调节；在某些社会效益重于经济效益的环节，市场调节不可能达到预期的社会目标；在一些垄断性行业、规模经济显著的行业，市场调节也不可能达到理想的效果。因此，需要加强国家对市场的宏观调控，来抑制市场的弱点和不足。所谓"宏观调控"，就是要依据客观规律的要求，运用好经济政策、经济法规、必要的行政管理来引导市场健康发展。

宏观调控依托什么进行？必须通过改革建立与完善宏观调控体系。1993年3月，江泽民指出，要从根本上解决宏观调控问题，需要靠深化改革。要进一步改革计划体制、财政体制、金融体制和投资体制，提高宏观调控的能力和水平，从体制上促使国民经济协调持续地发展。在这种思想指导下，党和政府在加强治理经济过热的同时，1993年12月，先后下发《国务院关于实行分税制财政管理体制的决定》《国务院关于金融体制改革的决定》《国务院批准国家税务总局工商税制改革实施方案的通知》等文件，决定从1994年年初开始，重点深化财税、金融、计划、投资等宏观管理体制改革，以初步确立新型宏观调控体系的基础构架。在十六大报告中，江泽民同志明确提出了宏观调控的"四个目标"，即：促进经济增长、增加就业、稳定物价和保持国际收支平衡。

20世纪90年代，以江泽民同志为核心的党中央领导我们进行宏观调控的探索，在中国特色社会主义道路中的历史贡献是什么？应该说，是使中国经济走出了20世纪80年代一直困扰我们的"大起大落"怪圈，实现了中国经济以持续较高速度增长的"软着陆"。1991—1999年，中国经济增长平均速度是9.2%，2000—2009年，中国经济增长平均速度上升到10%—13%。

二 国有企业的现代企业制度改造与"三个代表"重要思想

20世纪90年代中后期的国有企业的改革，之所以是把邓小平开创的改革开放事业、现代化建设成功推向21世纪的首要问题，是因为当时国有企业在理论与实践上都成了改革与发展的"拦路虎"。

国有企业改革的理论问题与实际障碍是联系在一起的。国有企业代表公有制，在人们传统的意识中历来是把国有企业同社会主义直接等同的。按照这个政治逻辑，国有企业越多，就等于社会主义的制度越牢固、社会主义的优越性越大。这种以意识形态为标准、不是以生产力为标准来看待国有企业数量的观点，显然是违背马克思主义生产力决定生产关系原理的。

20世纪80年代，改革开放起步于"凭票供应"的计划经济短缺时期，当时在国有企业推广了与农村承包制相似的"扩大企业自主权"的改革，一定程度调动了企业的生产积极性。但是，由于国有企业（当时叫"国营企业"）适应计划经济的思维、体制机制未受到触及，随着20世纪90年代出现的经济环境从"供不应求"到"供大于求"的历史转变，国企非生产人员太多（当时叫"冗员"）、产品与技术不能适应市场需求、管理与机制太死等弊端通通反映为企业大面积亏损。1996年国企亏损面达43%，1998年出现全国国企全面亏损。亏损尤为严重的食品加工业、食品前线制造业、纺织业、皮革毛皮羽绒及其制品业和金属制品业等5个行业，1996—1998年累计亏损额已经超过了本行业国有企业的净资产。国企亏损了，员工工资还得发，企业无钱发工资和报销医药费，职工就去政府门前示威静坐，政府只好出面贷款给企业发工资。如此等等的各种问题，到20世纪90年代中后期国有企业的改革就迫切地提上日程。

但是，理论的重要性显示出来了。不创新出可以对国有企业实施全面改革的理论，国企改革将寸步难行。时代呼唤理论，理论适应并满足时代的呼唤，这个理论武器就是"三个代表"重要思想。

有了"三个代表"重要思想的指引，国企改革的"刀山"、"地雷阵"才闯得过来。因为要进行国企以现代企业制度为标准的改革，必须让"冗员"成堆、社会包袱沉重、效益为负即亏损的国企人下岗，资产必须进行"关、停、并、转、破"的改革。这种改革不仅实践难度大、情况复杂，涉及的利益也是伤筋动骨的。在这个过程中有两个问题回避不了：工人阶级是主人，哪有社会主义国家让主人下岗的？国有企业等于社会主义，将社会主义企业搞"关、停、并、转、破"改革，这不是复辟资本主义吗？有了"三个代表"重要思想的指导支持，这两个问题就可以理直气壮地回答了。因为"三个代表"重要思想提出并确立了"代表先进生产力的发展要求"这一标准，改变了我们对社会主义传统僵化的认识。

"三个代表"重要思想从当今世界和中国实际变化出发，深刻阐发了生产力在社会发展中的决定性作用，第一次明确地提出代表先进生产力的发展要求。要求中国共产党必须站在时代潮流的前沿，立足于科学技术的发展趋势，根据生产力智能化、社会化和市场化的发展要求，不断调整生产关系和社会组织管理方式，才能进一步发挥社会主义制度的优越性，为先进生产力的发展提供各方面的保证，才能深化对社会主义本质的认识并将中国特色社会主义伟大事业推向前进。

正是有了"三个代表"重要思想的指导，1994年，为了落实《中共中央关于建立社会主义市场经济体制若干重大问题的决定》的精神，国家经贸委、体改委会同有关部门，选择100户不同类的国有大中型企业，本着"产权清晰、权责明确、政企分开、管理科学"的要求建立现代企业制度的试点。随后，全国各地根据本地区的实际情况，先后选定了2500多家国有企业参与现代企业制度试点，并对试点企业普遍进行了公司制改造。经过改革、改组、改造，全国2343家现代企业制度试点企业，共有84.8%的企业实行了不同形式的公司制，法人治理结构已初步建立。1999年，党的十五届四中全会提出，国有大中型企业尤其是优势企业，宜于实行股份制的，要通过规范上市。截至2001年初，在中国境内上市的公司从1990年的14家增加到1063家，其中，还包括114家境内上市外资股公司和52家境外上市公司，境内上市公司市价总值达46061.78亿元，流通市值达15492.49亿元，投资者开户数达到5683.88万户。2003年3月，中央和地方国有资产监督管理委员会分别成立，统一了管人、管事和管资产的权力。

20世纪90年代末，随着现代企业制度的逐步建立，国有企业普遍亏损的局面基本得到扭转。在企业改革中虽然国有企业数量不断减少，但是资产规模大幅增加，经济效益和运行质量显著提高。2002—2007年，国有企业户数每年减少近1万户，但销售收入平均每年增加1.9万亿元，实现利润平均每年增加2500亿元，上缴税金平均每年增加1800亿元，年均增长分别为16.1%、33.7%和18.2%。2007年，中央企业主营业务收入超过千亿元的有26家，利润超过百亿元的有19家，进入世界500强的有16家，分别比2002年增加20家、13家和10家。

三 协调均衡发展战略与"三个代表"重要思想

1995年9月，江泽民同志在中共十四届五中全会上作了关于要处理好在市场经济条件下现代化建设中的十二大关系的重要讲话，其中论述了东部地区和中西部地区的关系。学术界今天公认这是关于协调均衡发展战略思想的正式提出。从此以后，中央为了加快区域协调均衡发展，先后提出并实施了西部大开发、振兴东北老工业基地、中部崛起、东部率先发展等战略。其中，西部大开发战略，是实现协调均衡发展战略的典型案例。

在实施这些战略过程中，"三个代表"重要思想的指导作用，同样显得十分重要。2011年6月16日，中国宏观经济学会副会长、原国务院西部开发办副主任曹玉书在回顾西部大开发战略时仍然强调，[①] 首先要认识西部大开发的经济与政治双重意义。他说，西部大开发经济上的迫切性，在于西部与东部巨大的经济差距。西部地区从国土面积来看占全国的74.5%，从人口的比例看占27.5%，从GDP的情况来看占全国的比重比较小，2000年时只有17%，经过十年开发到2010年也只有18.7%。从政治上看，西部集中国的社会、民族、边疆问题于一身。西部有80%的贫困人口，有5个少数民族自治区，30个民族自治州。所以说通过西部大开发把西部地区尽快发展起来，这是关系经济和政治的大问题。

曹玉书还指出，西部大开发过程中实施的仍然是基础设施、生态建设的"补救战略"，产业与区域内部实施的是"非均衡发展战略"。由于各种原因，西部的基础设施、生态欠账太多，如果不实施"补救战略"，将不可能形成西部全面开发的局面。所以，西部大开发的前10年，中央财政、金融对西部地区发展"面上"的支持重点是放在基础设施与生态建设这两个重点上面。

到2009年年底，西部公路通车里程超过150万公里，高速公路超过18000公里，对基础设施这个"发展瓶颈"的缓解压力起到了明显作用。雪山消融、冰川退缩、雪线上升；草原退化、河川断流、黄沙漫天……恶劣的生态环境，这些生态问题也是制约西部地区发展的瓶颈之一。

中央财政累计投入2000多亿元，用于西部地区的生态环境改善和保护。完成了造林面积6亿多亩，综合防治水土流失54万平方公里；退牧还草2.9亿亩。新疆是沙化土地面积最大的地区，通过生态建设绿洲面积已由4万平方公里扩展到7万余平方公里；内蒙古的荒漠化土地占全国1/3左右，生态建设治理面积每年达1600多万亩；青海省投入7.8亿元

[①] 曹玉书：《新十年西部大开发将加强基础设施建设和生态保护》，《中国证券报》2011年6月16日。

用于三江源生态保护和建设，完成退牧还草禁牧面积7663万亩，实施生态移民7048户、33572人；昆明市实施"滇池流域5万亩秸秆直接还田控制滇池面源污染"，减少农业面源污染物氮磷排放量187吨，显著减轻滇池面源污染；四川省继续实施天然林保护工程，使2153.3万公顷天然林得到有效管护。

西部大开发前10年的发展体现在哪里？主要体现在以各省会城市（亦即是经济中心城市）的"域内非均衡发展战略"的实施。在西部大开发的前10年，崛起了三个以经济中心城市为载体的增长极。（1）广西北部湾经济增长区。广西北部湾经济区，涉及南宁、北海、钦州、防城港四市所辖区，陆地面积4.25万平方公里，人口1255万。（2）关中经济区。这个经济区包括陕西省的西安、咸阳、甘肃省的天水，人口2800多万，这个经济区的优势就是产业特别是高技术产业和装备制造业基础非常好。（3）成渝经济区。这个区包括重庆的3个区县和四川的15个市，面积是20多万平方公里，常住人口是9200万。

在以西部大开发为代表的实践协调均衡发展的战略中，从不直接形成生产能力的基础设施与生态切入，发展重点还要放在经济中心城市为载体的增长极，这两个问题如果没有"三个代表"重要思想的指导，对其重要性和紧迫性的认识是难以统一的。

先进生产力是什么？在西部视野中应该是立足于科学技术发展趋势的生产力的智能化、社会化和市场化的这样一个动态的、系统性的辩证统一体。所以，在传统痕迹明显，路、水、电、气、通信等基础设施与生态欠账多的地方，现代化标准的基础设施与可以支撑可持续发展的生态，就是先进生产力的具体体现，是形成西部先进生产力存在的很重要的"第一步"。

西部前10年发展重点为什么还是要摆在经济中心城市？因为西部边缘地区发展还得按"发展梯度"顺序与效率原则往后挪，西部占数量优势的中小城市与中心镇即使发展，也只能融入经济中心的"城市体系"，在当配角式的嵌入或融入中分一杯"发展之羹"。在习惯讲行政级别的西部，思维方式是"宁当鸡头，不当凤尾"，有人想不通是正常的。要解开西部大开发中的这种心理不平衡，还得依靠"三个代表"重要思想，才能认识到市场经济体制驱动的现代化，是以增长极为中心的集约过程，不可能每个地方、每寸国土都同等同时现代化以及地位一个样。西部地区地域虽然广大，只要构建起了以经济中心城市体系为载体的增长极，只要在幅员几千至多几万平方公里内高强度投入（通俗讲就是开发区每平方公里投资强度不低于 20 亿元人民币）并形成产业集群，就足以带动几十万平方公里即实现一个省的现代化。

四 加入世界贸易组织与"三个代表"重要思想

中国加入原称"关贸总协定"，后来叫作"世界贸易组织"，简称世贸组织，是中国现代化建设中具有战略决定性意义的经济发展的里程碑事件。今天我们对加入世界贸易组织的意义，应该说怎么估计也不过分。

加入世界贸易组织具有的战略决定性意义何在？从经济上讲，它接力了邓小平同志"南方谈话"的改革开放之"东风"，掀起了连续 8 年中国外贸以 20%—30% 速度增长的新一轮发展高潮。没有加入世界贸易组织带来的"外贸驱动型"的新一轮发展，中国经济人均国民收入从 2000 美元跃升到 2011 年的 5400 美元是不可能的。从政治上讲，加入世界贸易组织形成了中国开放促改革的稳定格局，改革开放从此"没有回头路"了，邓小平同志开创的中国特色社会主义道路将坚定不移地走下去！

中国虽然是 2000 年才正式重新加入世界贸易组织的，但是，中国"加入世界贸易组织"历尽曲折，反映了江河入海般中国发展与世界不可分割的历史必然性，也从理论上证明了马克思的"世界市场→世界历史→现代化→共产主义"理论的正确性。

关贸总协定于 1947 年 10 月 30 日在日内瓦签署，并于 1948 年 1 月 1 日开始实施，由于美国没有批准关贸总协定的《国际贸易组织宪章》文件，所以，"关贸总协定"实际上是一个临时性的国际组织。1995 年，世界贸易组织正式取代关贸总协定，成为一个永久性的正式的国际贸易组织，责任与权力是协调世界从货物贸易到服务贸易以及知识产权等领域的国际贸易活动。

中国是关贸总协定创始缔约国之一。1949 年 10 月 1 日中华人民共和国成立，撤退到台湾的国民党政府于 1950 年宣布退出关贸总协定。于是，出现了中华人民共和国所谓的"复关"问题。

1986 年，中国决定申请恢复关贸总协定缔约国地位。原因在于，1979 年实行改革开放以后，我国对外经济贸易活动日益增多，国内经济体制改革也不断向市场化发展，外经贸工作在国民经济中的作用不断增强，改革、开放、发展都迫切需要一个稳定的国际贸易环境，中国政府开始重视关贸总协定的重要作用。1983年1月，国务院作出决定，申请恢复我国关贸总协定缔约国地位。经过一段时间的准备，我国于1986年7月10日正式提出"复关"申请。此后，中国开始了长达8年的"复关"谈判历程。在漫长的谈判进程中，中国政府始终坚持了这三项原则：(1) 态度积极、不温不火；(2) 方法灵活，而表现出积极入世的高度诚意；(3) 绝不为谋求加入而牺牲中国的根本经济利益。

中国"加入世界贸易组织"谈判主要分两个阶段：第一阶段是1987年10月到1992年10月。这个阶段主要是审查我国对外贸易制度，由缔约方判断我国的对外贸易制度是否符合关贸总协定的基本要求。党的十四大通过了建立社会主义市场经济体制的决议，使这个阶段谈判的核心问题迎刃而解。1992年10月召开的关贸总协定中国工作组第11次会议，正式结束了我国对外贸易制度长达6年的审议。第二阶段是从1992年10月到2001年9月。内容是重点解决市场准入问题，比如涉及关税逐步降低、进口限制逐步取消、服务贸易逐步开放等内容。

当时关贸总协定和世界贸易组织的成员一共是130多个，陆续提出来要和我们进行双边谈判的一共37个，在双边或多边谈判中，美国、欧盟是最难缠的对手。美国是摆出一副代表世界贸易组织所有成员"领头羊"的姿态来谈判的，其要价最高，同其谈判最艰苦，充满了政治干扰，具有戏剧性。美国的"领头羊"地位又是得到世界贸易组织许多成员认可的。因此，美国与我们的谈判，是中国"加入世界贸易组织"战略的关键。

在中美谈判中，最后选定了4000多种产品进行谈判。这4000多种产品，再加上它最感兴趣的农业、银行、保险、电信、分销、汽车、电影进口等，构成了漫长谈判的内容。中美谈判进入到最后8个问题，谈起来格外艰难。它们是：农产品市场开放与补贴、资本市场与电信开放及汽车业保护与开放、反倾销条款和特殊保障条款。所有这些问题的最后谈判方案，在历经15年漫长而艰难的谈判后，2001年12月11日中国终于加入了世界贸易组织。

"加入世界贸易组织"谈判是艰难的，但是，中国国情下最难的或许在于如何面对"加入世界贸易组织"谈判中中国内部的政治干扰。"加入世界贸易组织"谈判首席代表龙永图回忆说，谈判是妥协的艺术，当时国内受极"左"思想影响很深的人胡说"没有必要'入世'。谈判代表团是卖国贼,当代李鸿章"!他们听了这些言论,一方面要与在美国、欧盟代表寸利必争的谈判桌上唇枪舌剑,另一方面还要忍受政治非议,实在难过啊!

中国"加入世界贸易组织"所以能最终成功,"三个代表"重要思想的思维方式与后来的理论概括,为其奠定了基础。比如,中央确定的"谈判三原则",就体现了"三个代表"重要思想的思维方式、方法与态度,体现了我们加入世界贸易组织的目标是坚定的。我们之所以要加入世界贸易组织,就是要冲破过去封闭僵化的思想禁锢,根本目的还是发展先进生产力,实现人民根本利益,也包括促进先进文化建设,等等。

加入世界贸易组织的十多年的实践也证明,我们确实通过世界市场"跨越式"地实现了发展。中国"加入世界贸易组织"后全球500强企业中,已有400多家来华投资。《财富》周刊公布的调查表明,92%以上的跨国公司若干年内将考虑在中国设立地区总部。世界著名的管理顾问科尔尼公司的调查结果显示,中国首次超过美国成为世界最有吸引力的外国直接投资目的国。"中国已经树立了快速发展的形象,其他国家能做到的,中国一样可以做到",大众汽车集团新任亚太区总裁雷斯能博士在接受记者采访时说。[①]

如今中国入世已经10多年了,我们既享受了加入世界贸易组织带来的外需拉动的高增长好处,同时也承受了2008年世界金融风暴及各种贸易保护主义的困扰。正如原外经贸部部长石广生所说,中国加入世界贸易组织是利大于弊。[②]

2011年12月1日《中国新闻周刊》载文说,中国加入世界贸易组织10年来的实践表明,中国和世界,都受惠于此。正是加入世界贸易组织,中国廉价的劳动力和规模化的加工模式优势才显现出来,并使中国成为全球制造业的最大基地。10年之后,市场经济的理念已经深入人心,市场已经成为中国经济领域资源配置的最基础的方式。[③]

[①] 车玉明:《加入世贸组织——打造中国经济发展的新平台》,新华社通讯稿,2002年11月2日。

[②] 参见石广生《中国加入世贸组织的意义》,《百年潮》2009年第7期。

[③] 马光远:《中国入世十年开放带来发展和安全》,《中国新闻周刊》2011年12月1日。

总之,"三个代表"重要思想是解决改革开放、现代化中问题的理论,是促进现代化建设隔几年"上一个台阶"的理论。

第三节 "三个代表"重要思想的学术价值分析

前面我们主要从实践、解决问题的角度,说明了"三个代表"重要思想是中国特色社会主义理论体系创新过程中的重要成果,这个成果把中国特色社会主义发展推向了新阶段,从而也使中国模式发展进入了新境界、新水平。本节主要分析"三个代表"理论的学术价值。

一 "三个代表"重要思想的内容就是三个理论硬核

"代表先进生产力的发展要求、先进文化的前进方向、人民群众的根本利益",这不能简单地理解为三句话,我们认为,从"范式转换"的观点看,它们是三个理论硬核。正是这三个理论硬核的提出,才有"三个代表"重要思想对党的指导思想与时俱进的创新和发展。

库恩认为,现代社会科学理论创新路径是以理论硬核为载体的"范式转换"。也就是讲,只要有了理论硬核,就是理论创新。这实际上就提出了现代社会科学理论创新的标准问题,这个标准就是"理论硬核标准"。这个标准已经在实践中加以运用,比如,今天在世界经济学界,凭一个理论硬核的创新成果,成为大师、得诺贝尔经济学奖岂止一人?"欧元"、"人力资本"概念等,不都使蒙代尔、舒尔茨成了世界著名经济学家,并获得了诺贝尔经济学奖吗?所以,说"三个代表"重要思想的主要内容就是三个理论硬核,并进而实现了党的指导思想与时俱进的创新和发展,是有理有据的。

同时,在生产力的发展要求和文化的前进方向中"析出""先进"的认识内容,在群众利益中区分出一般与"根本"、"根本"与具体的差异,其理论内涵的创新性也是毋庸置疑的。

从学术上进一步确立"三个代表"重要思想是对党的指导思想与时俱进的创新和发展,才能有力地说明它为中国模式的创新提供了崭新的价值观导向,即意识形态的支持,进而才能有力地说明"三个代表"重要思想为我们开辟了认识中国特色社会主义实践的新境界、新水平。

二 "代表先进生产力论"是生产力认识的新境界

对于"代表先进生产力论"是生产力认识的理论创新成果，学术界特别是哲学界是有研究的。《马克思主义研究》2002 年第 1 期发表了《"先进生产力代表"思想的伟大理论创新》一文，鲁品越教授谈到关于"'先进生产力代表'是伟大理论创新"的观点；《学术研究》2002 年第 1 期，发表了何关银教授关于《对生产力认识的新突破》一文，提出了"代表先进生产力"是对生产力认识新突破的观点；《岭南学刊》2001 年第 3 期，发表了段华明关于《如何理解和发展中国先进社会生产力》一文，提出了"科学理解和发展中国先进社会生产力"的观点；《兵团党校学报》2003 年 4 月发表了沈刚克关于《论江泽民对生产力发展规律理论的创新》一文，提出了"代表先进生产力"是对生产力发展规律认识创新的观点，等等。

"代表先进生产力"的这一理论硬核的提出，就使从李斯特以来被哲学、经济学广泛使用的生产力理论内容实现了一次整体性的创新与重构。具体主要反映在以下三个方面。

首先，"代表先进生产力"的理论硬核更新了生产力的视域。马克思在《〈政治经济学批判〉导言》中指出，生产力是人们在实践视野中才产生的。社会实践细分是一个历史纵向、横向、主客体的综合体。所以，1852 年，马克思在《致约·魏德迈》的信中，又强调了生产力的纵向代际继承的客观性、不可选择性；马克思恩格斯在《德意志意识形态》中分析了生产力在横向个人、民族、世界交往中的"世界历史"规律；马克思在《〈政治经济学批判〉导言》中，特别强调财富创造的主客观条件的存在与匹配。问题是，人们普遍树立了马克思主义的这一生产力视野吗？没有。"教科书哲学"长期强调的是生产力的"三要素"。"三个代表"重要思想关于"代表先进生产力"的理论硬核，使我们对生产力的视域实现了向马克思主义的回归或拨乱反正。所谓"先进生产力"，就是在世界历史、市场经济体制的比较中存在，在竞争中更替，在创新中发展的生产力。

其次，"代表先进生产力"的理论硬核更新了生产力的架构。生产力是什么？是简单机械的"三要素"之组合还是先进与落后生产力的辩证统一？根据"三个代表"重要思想，生产力的架构不应该再去简单争论是"三要素构成、还是更多要素构成"的问题,而要更多地关注现实生产力先进或落后的性质及存在条件,先进生产力代替落后生产力的路径和过程演化与相关环境、特征、政策、社会行动及其利益变迁等。因此,怎么才能始终代表中国先进生产力的发展要求,这其中蕴藏着很多理论内容、实践问题,需要我们持续地进行研究和解决。应该说,目前就"代表先进生产力"这一问题,在理论界与实际工作中还需要深入地展开研究。

最后,"代表先进生产力"的理论硬核更新了生产力的理论属性。生产力是客观的,还是主观的?生产力是自然的,还是社会实践的?这些似是常识,实践上并未从理论与实践上真正厘清。按照"教科书哲学"的生产力"三要素"观点,生产力被强调更多的是其客观性。根据前面对马克思关于生产力理论的回顾,马克思似乎没有单独强调过生产力的客观性、在给魏德迈的信中是从讲代际的意义上讲生产力"历史或代际更替"意义上继承中的客观性,而不是一般哲学意义上的客观性。因此马克思讲生产力,强调得多的还是社会实践性,即人们"交往"等主观形式的活动对生产力的影响。我们认为,把生产力的客观属性置于实践性上是科学和正确的。实践构成包含主客体环境与因素。从生产力的历史纵向视角看,生产力凸显的是人类代际、生产力升级代际的客观性;从生产力的世界横向以市场经济为纽带的关系角度看,生产力凸显的是以市场经济、开放为载体的国家、企业、个人交往的主观性。这样就不难理解"代表先进生产力"的时代性、针对性和创新性了。

三 "代表先进文化"是马克思主义文化理论的新境界

文化是什么?迄今或许还没有统一的解释,但是,人们对文化作用的认识还是有共识的。文化是国家、民族存在与延续的基本式样,离开了文化传统与现实氛围,我们将难以区分国家与民族;文化是经济社会发展的价值选择标准的先导、过程的得失优劣评价的支撑力量,韦伯在《新教伦理与资本主义精神》中就阐述了这种观点。

要深入理解党的"三个代表"重要思想提出的"代表先进生产力"的问题,就必须正确认识"代表先进文化"这一问题。因为文化是这个理论内在发展逻辑深入的必然指向。

什么是先进文化?中央党校沈宝祥教授 2001 年发表在《石家庄市委

党校学报》的文章中认为，凡是以马克思主义为指导的，具有社会主义性质的，面向现代化、面向世界、面向未来的文化，都是当代中国的先进文化。由此可见，在中国凡称得上"先进文化"的东西，应该具有"社会主义"的价值导向或旗帜功能，同时也应该具有促进现代化、沟通中外、引领未来的社会功能。

由于社会主义先进文化具有先进的价值功能与社会功能，所以，刘云山同志撰文认为：先进文化是中国特色社会主义社会的基本特征；先进文化是凝聚和激励全国各族人民的重要力量；先进文化是综合国力的重要标志。①

文化是一种自觉。无论是创造文化还是学习文化，要以主体自觉为条件。社会主义先进文化，更需要自觉建设、自觉学习、自觉践行与坚持。所以，中央宣传部副部长雒树刚 2007 年 6 月在《求是》杂志发表文章，强调了先进文化建设的培育、促进创造活力的功能。这说明了"三个代表"重要思想中的"代表先进生产力"理论内容与建设先进文化之间的内在统一关系。②

从仅属于上层建筑、政治色彩浓厚而单调的意识形态理论，到代表先进文化理论，对于依靠枪杆子取得政权的共产党来说，实现了认识的飞跃。有了"代表先进文化"的理论，我们就可以从革命党时代的仅把文化作为从意识形态领域为夺取政权、巩固政权服务的"工具"，转变为解放与发展生产力、焕发民族创新活力的路径。

四 "代表人民群众根本利益"是群众观的新境界

在"三个代表"重要思想中，"代表中国最广大人民群众的根本利益"，是继承了马克思主义的群众观，同时又对群众观的视野从政治转向利益进行了创新。因此，开创了马克思主义群众观的新境界。

有人认为，要代表人民的根本利益，首先要弄清"群众利益"的内涵。什么是人民根本利益？人民的根本利益是人民的物质利益、精神利益和政治利益的总和。利益是由人们的需要产生的，而人们的需要有物质需

---

① 刘云山：《高扬中国先进文化的前进旗帜》，《人民日报》2006 年 9 月 7 日。
② 雒树刚：《以激发全民族文化创造活力为目标大力推进文化创新》，《求是》2007 年第 23 期。

要、精神需要和政治需要，因此，利益就包含物质利益、精神利益和政治利益。

"三个代表"理论中"代表广大人民群众的根本利益"理论硬核，开创的马克思主义群众观的新境界主要反映为以下内容。

其一，"三个代表"重要思想将人民群众的根本利益进一步加以凸显，实现了人民群众概念从革命党时代向执政党时代的飞跃。"教科书哲学"大讲人民群众是物质财富的直接创造者与精神财富创造的"源泉"，社会制度变革中要有群众牺牲精神的作用。其理论指向是"革命群众"。所以，"人民群众"，长期以来实际上是一个政治哲学概念。毛泽东同志在1957年全国宣传工作会议上的讲话，提出了用对社会主义态度划分群众与敌人的政治标准。总之，人民群众概念历史悠久，但是，这个概念的"实惠"从来是很少的。"三个代表"理论将人民群众与利益相联系，使人民群众这个概念从政治内涵嬗变为经济内涵，"人民群众"概念才真正属于执政党时代。

其二，将群众利益作出了"根本"与"非根本"区分，体现了市场经济体制条件下利益的时代特征。马克思说过，人们争取的一切都与自己的利益有关。不准公开争取、实现、维护合法利益，是社会领域的最大唯心主义，是政治骗局！但是，利益本身也是一个纵向充满阶段性的轻重缓急、横向充满层次差异的复杂体。在市场经济体制条件下，注意利益的"根本"与"非根本"区分，是非常重要的。在市场经济条件下，根本利益是由社会体制机制用法律形式定型化的利益格局，非根本利益是由市场供求关系、经济效益、社会行动主体博弈产生的合同约定等具体利益。作为执政党的共产党，根据党政、政企分开原则，不能够对各种具体利益作出直接干预与承诺，只能依法推动根本利益架构向日益有利于广大人民群众的方向变化。将群众利益作"根本"与"非根本"区分，是对执政条件下共产党处理社会利益关系认识的重大成果。共产党是从革命党走来的，革命党时代共产党用"枪杆子+政权"力量直接依靠群众，用"打土豪，分田地"路径直接实现群众的利益。共产党执政后，这些革命党时代的办法与思维都过时了。执政后，共产党对群众利益既不能包办包揽，也不能什么利益都不管。有了群众利益的"根本"与"非根本"区分，共产党执政后面临的矛盾大多数都与利益有关，在处理社会矛盾中就有了争取主动权的依据。

最后，群众利益的"根本"与"非根本"区分，为发挥建设时代群众首创精神开辟了广阔空间。列宁说过，社会主义就是千百万群众创造自己新生活的实践。按照马克思的观点，社会主义解决了旧制度的社会基本矛盾问题，群众创造历史的发挥空间会更广阔。但是，社会"应该如此"与"事实如此"常常不一致。"三个代表"重要思想提出后，那些"非根本利益"，既给群众在市场经济条件下的生存带来了新挑战，同时，也为广大群众在广阔的非根本利益空间通过创业、创新实现自己的利益提供了广阔空间。

第四节 "三个代表"重要思想与"中国模式"维度创新

邓小平同志以经济建设为中心的建设模式，相对于毛泽东同志晚年以阶级斗争为纲的"继续革命"模式，是模式的质变。但是，"三个代表"重要思想相对于邓小平同志的建设模式而言，拓展了中国模式维度的"视域"或"域界"，从而实现了中国模式以维度为内容的创新。在邓小平同志领导期间，其现代化的"视域"或"域界"，主要是经济建设领域的。在以江泽民同志为核心的中央领导集体时代，随着时代、实践中的"问题需要"，全面开创现代化建设的新局面成为必然。"全面开创现代化建设的新局"，就是"三个代表"重要思想指导下的中国模式创新的具体内容与指向，体现在以下三个方面。

一 中国特色社会主义基本纲领与"中国模式"维度的创新

江泽民同志在党的十五大报告中，提出了社会主义初级阶段的经济、政治、文化全面建设的纲领，这是中国模式维度创新的实践性标志。

江泽民同志在十五大报告中指出："十一届三中全会前我们在建设社会主义中出现失误的根本原因之一，就在于提出的一些任务和政策超越了社会主义初级阶段。近二十年改革开放和现代化建设取得成功的根本原因之一，就是克服了那些超越阶段的错误观念和政策，又抵制了抛弃社会主义基本制度的错误主张。"正是在对建设中国特色社会主义的"出发地、立足点"即社会主义发展阶段有了清醒而正确的认识后，在总结新中国成立以来近 50 年尤其是改革开放近 20 年实践的基础上，才进一步制定出了社会主义初级阶段的基本纲领。这个纲领对有中国特色的社会主义经济、政治、文化的基本目标作出了明确的规定，这就是：（1）要在社会主义条件下发展市场经济，不断解放和发展生产力；（2）要在中国共产党领导下，在人民当家做主的基础上，依法治国，发展社会主义民主；（3）要在马克思主义指导下，以培育有理想有道德有文化有纪律的公民为目标，发展面向现代化、面向世界、面向未来的民族的科学的大众的社会主义文化。与此同时，纲领中还规定了与基本目标相适应的各项基本政策和战略任务。

恩格斯曾经强调："一个新的纲领毕竟总是一面公开树立起来的旗帜，而外界就根据它来判断这个党。"① 所以，学术界认为，社会主义初级阶段的基本纲领，是马克思主义政党的纲领理论的重要创新。党的纲领是多样的，但是，根据我们党的文献和我国政治生活对纲领概念的使用，过去只有社会制度目标性纲领、路线性纲领、准则性政策性纲领、文献式纲领等，但是没有"阶段性纲领"这个概念。应该说这是理论与实践上的重大缺陷。由于没有阶段性的纲领这个概念，常常把基本制度、长远甚至是最高目标性纲领拿来剪裁受阶段性局限与制约的工作，超越阶段、急于求成等极"左"思想反复为害我们，这与过去的阶段性纲领这个概念缺乏也是有关系的。所以，党的十五大关于社会主义初级阶段基本纲领的提出，是马克思主义党的纲领理论的重要创新。

在社会主义初级阶段基本纲领的指导下，中国特色社会主义的实践维度全面性就得到大大增强，经济、政治、文化建设较邓小平同志时期既保留了已有成就，又取得了更大成就或突破性进展。

2006年8月，原国务院副总理曾培炎撰文对在社会主义初级阶段基本纲领的指导下，中国特色社会主义的经济建设实践的更大成就或突破性进展作了概括。他指出，把确立社会主义市场经济与加强宏观调控结合，把坚持改革开放与扩大内需相结合，走持续健康的发展道路，成功实施了西部大开发战略等，是江泽民同志为总书记的党中央在经济建设方面的特殊贡献与建树。②

政治体制改革历来是争议较大领域，我们对中国政治体制改革不顾国

---

① 《马克思恩格斯选集》第3卷，人民出版社1995年版，第325页。
② 曾培炎：《学习江泽民经济建设思想促经济社会发展》，《人民日报》2006年8月20日。

情、经济发展要求，民众政治素养和社会承受力的急于求成的非理性情绪从来都是最值得关注的。为此邓小平同志为我们制定了基本的原则：政治体制改革不能不搞，也不能急于求成，更不能求全责备。我们认为，在这个问题上，首先，需要科学认识经济改革和政治改革的时序选择。我国的改革是经济改革为先导，它为政治改革奠定了坚实的物质基础和群众基础；政治改革与经济改革的互动又为经济改革的进一步深化提供了政治保障。这是一种改革成本与风险成本较小的、成功的方案。因此，我国的政治体制改革具有与经济改革的融合性、政治改革的渐进性这些突出的特点。其次，政治改革要以"效率、民主和秩序"为基本趋向，进一步发展中国特色社会主义民主政治。必须坚持政治体制改革的性质是社会主义制度的自我完善和发展，绝不是对现行政治制度框架体系的全盘推倒重来，另搞一套；必须坚持走中国特色社会主义政治发展道路，把党的领导、人民当家做主和依法治国有机统一起来，绝不能照搬西方政治模式。政治体制改革既不能"缓行"，也不能"激进"，必须是积极而又稳妥的，企图毕其功于一役，其结果只能是事与愿违。

以江泽民同志为核心的党中央对中国特色社会主义政治建设的贡献主要有。

其一，提出了政治文明的概念，并把政治民主作为社会主义政治发展的方向。2002年5月31日，江泽民同志在中央党校省部级干部进修班毕业典礼上的讲话中指出：发展社会主义民主政治，建设社会主义政治文明，是社会主义现代化建设的重要目标。其二，确立了中国政治建设以现有人民代表大会制度、政治协商制度、民族区域自治制度、基层民主制度为基础的路径。江泽民同志指出：建设社会主义民主政治，最重要的是坚持和完善人民代表大会制度；中国共产党领导的多党合作和政治协商制度，既避免了多党竞争、相互倾轧造成的政治动荡，又避免了一党专制、缺少监督导致的种种弊端，这是我国政党制度的巨大优势；把民族因素和区域因素相结合，把政治因素和经济因素相结合，既有利于人民群众当家做主，又有利于维护国家统一，完全适合我国的国情，是我们党和各族人民的一个伟大创举；扩大基层民主，是我国社会主义民主最广泛的实践，也是发展社会主义民主的基础性工作。其三，确立了坚持与改善党的领导同依法治国相结合的政治改革框架。江泽民同志说，依法治国把坚持党的领导、发扬人民民主和严格依法办事统一起来，从制度和法律上保证党的基本路线和基本方针的贯彻实施，保证党始终发挥总揽全局、协调各方的领导核心作用。

关于以江泽民同志为核心的党中央对中国特色社会主义文化建设的贡献，刘云山同志2009年6月撰文作了高度概括，即：从认识上，把发展先进文化作为社会主义优越性内容；在作用上，把先进文化作为综合国力的内容；在文化建设思路上，提出了"以科学的理论武装人、以正确的舆论引导人、以高尚的精神塑造人、以优秀的作品鼓舞人"；在工作举措上，提出了"弘扬主旋律，提倡多样化，用科学态度对待民族传统文化和外来文化，大力推进艺术创新，不断增强文学艺术的吸引力感染力"；在文化改革上，区别了文化产业与文化事业，要求文化事业与产业都要把社会效益放在第一位。[①]

二　可持续发展战略与"中国模式"维度创新

2003年3月9日，中央人口资源环境工作座谈会在北京人民大会堂举行，胡锦涛同志在会上指出："十三届四中全会以来，以江泽民同志为核心的第三代中央领导集体，把实施可持续发展战略、推动经济发展和人口、资源、环境相协调摆在现代化建设全局的战略地位，制定了一系列重大政策措施，推动人口、资源、环境工作取得了显著成效，积累了十分宝贵的经验。这些成就和经验，为我们进一步做好工作创造了有利条件。"[②]

所谓可持续发展，就是既满足当代人的需求，又不对后代人满足其需求的能力构成危害的发展。可持续发展是一个密不可分的系统，其目标是既要达到发展经济的目的，又要保护好人类赖以生存的大气、淡水、海洋、土地和森林等自然资源和环境，使子孙后代能够永续发展和安居乐业。可持续发展的核心是发展，但要求在严格控制人口、提高人口素质和保护环境、资源永续利用的前提下进行经济和社会的发展。

1996年7月16日，江泽民同志在第四次全国环境保护会议座谈会上提出，在社会主义现代化建设中，必须把贯彻实施可持续发展战略始终作为一件大事来抓。经济发展，必须与人口、资源、环境统筹考虑，不仅要

---

① 刘云山：《高扬中国先进文化的前进旗帜——学习江泽民同志的文化建设思想的体会》，《人民日报》2006年9月7日。

② 胡锦涛：《做好新世纪新阶段人口资源环境工作》，人民网，2003年3月10日。

安排好当前的发展，还要为子孙后代着想，为未来的发展创造更好的条件，绝不能走浪费资源和先污染后治理的路子，更不能吃祖宗饭、断子孙路；控制人口增长，保护生态环境，是全党全国人民必须长期坚持的基本国策；环境意识和环境质量如何，是衡量一个国家和民族的文明程度的一个重要标志；各级党委和政府要把环境保护工作摆上重要议事日程，每年要听取环保工作的汇报，及时研究和解决出现的问题，这要成为一项制度。此后，江泽民同志还在多个场合发表过有关可持续发展的讲话，形成了一系列重要论述。

以江泽民同志为核心的中央领导集体不仅倡导可持续发展战略，还认真推动中国经济建设从关注效率扩展到关注生态。比如，在西部大开发中积极实施退耕还林、退牧还草的生态型开发。同时，还亲自抓示范。安徽省毛集镇就是江泽民同志亲自抓的一个可持续发展典型。1991年夏季，淮河流域遭受百年不遇的特大洪涝灾害。地处淮河中游的毛集，是著名的"水口袋、锅底子"，也是沿淮主要行蓄洪区之一，受灾严重，一片废墟。为加快灾后重建，科技部于1994年批准毛集镇为"国家社会发展综合实验区"，后更名为"国家可持续发展实验区"。时任总书记的江泽民同志曾经三次视察毛集，极大地鼓舞了毛集人民在灾害频发的后发地区走"可持续发展"之路的信心。毛集人通过生态脆弱向生态文明转变、水害向水财富转变、传统农业向现代农业转变、城乡二元向一体转变、品牌经济向实力经济转变，不仅走上了绿色可持续发展道路，而且脱贫致富了。农民人均纯收入增长1.8倍，2011年达到7330元，高出全省人均水平1030元；财政收入由2008年的3019万元增加到2011年的2.5亿元。

三　构建国际政治经济新秩序与"中国模式"维度创新

在党的十六大报告中，江泽民同志说，我们主张建立公正合理的国际政治新秩序。

什么是国际秩序？国际秩序，是指某一特定时期内以国际政治格局为基础的国际社会中各行为主体之间形成的处理相互各方面关系的行为规范、原则及相应机制的总体框架。

旧的国际政治经济秩序是什么？其总体表现就是帝国主义国家和超级大国凭借其经济、科技、军事实力优势垄断国家事务，对广大第三世界国家和人民进行肆无忌惮的侵略、压迫、奴役和掠夺，导致国际局势动荡不安、南北问题严重。

构建公正合理的国际政治经济新秩序的迫切性何在？随着20世纪90年代初苏联解体与东欧"剧变"的"冷战"时代结束，围绕建立一个什么样的国际政治经济新秩序的斗争相当激烈。斗争的焦点主要集中在：由一国或少数国家集团主宰世界，还是各国有权平等参与国际事务？1999年3月，江泽民同志在瑞士工商界人士集会上演讲时指出：建立国际政治经济新秩序，应该从当今世界的实际情况出发，反映世界各国人民的普遍愿望和共同利益，体现历史发展和时代进步的要求；产生于20世纪50年代的和平共处五项原则，以及其他公认的国际关系准则，应该成为建立国际政治经济新秩序的基础。

中国在构建国际政治经济新秩序的主要主张有哪些？（1）主张在政治上做到"相互尊重，共同协商，而不应把自己的意志强加于人"。2000年9月，江泽民同志在联合国千年首脑会议上阐述了我国的主张：世界上所有的国家，无论大小、贫富、强弱，都是国际社会的平等一员，都有参与和处理国际事务的权利；要坚决维护联合国宪章的宗旨和原则，继续发挥联合国及其安理会在处理国际事务、维护世界和平方面的积极作用；要坚持通过协商谈判和平解决争端。世界各国国情、发展阶段和所处国际环境不同，不可能采取同一种发展模式。（2）在经济上做到"相互促进，共同发展，而不应造成贫富悬殊"。据世界银行2002年8月21日公布的世界发展报告，目前世界上最富裕的20个国家的平均收入已经是最贫困的20个国家的37倍。发展中国家继续贫困落后，势必会影响到整个世界经济的健康发展。发达国家应该对欠发达国家减免债务、增加援助和转让技术；南方国家之间加强合作。（3）在文化上做到"相互借鉴，共同繁荣，而不应排斥其他民族的文化"。多样性既是人类社会的基本特征，也是人类文明进步的动力。世界各种文明和社会制度应长期共存，在竞争比较中取长补短，在求同存异中共同发展。那种认为本民族文明至上，忽视甚至鄙夷其他文明，在文明的差异上大做文章，企图挑起不同文明间的冲突的做法，是错误的，有害于世界文明的进步，有害于世界和平与发展的崇高事业。（4）要在安全上做到"相互信任、共同维护，树立互信、互利、平等和协作"的"新安全观"。关键是超越意识形态和社会制度的异同，摒弃冷战思维和强权政治心态，互不猜疑，互不敌视。

建立国际政治经济新秩序，是一项需要长期努力才能逐步取得成效的战略行动。在以江泽民为总书记的中央领导集体时期，中国国际战略从"韬光养晦"到实现树立负责任大国的形象，这是建立国际政治经济新秩序的总体成效。具体的战略性进展可以作以下主要概括。（1）2001年10月，中国上海成功主办了亚太经合组织第九次领导人非正式会议。这次盛会是在"9·11"事件发生后不久，以及世界经济形势面临严峻挑战的紧要关头召开的，世界为之瞩目。在江泽民主席的主持下，与会各成员领导人围绕"新世纪、新挑战：参与、合作，促进共同繁荣"的主题，深入交换意见，达成广泛共识。（2）2001年6月15日，在欧亚大陆上的地区多边合作组织"上海合作组织"成立。由中国、俄罗斯、哈萨克斯坦、吉尔吉斯斯坦、塔吉克斯坦、乌兹别克斯坦共同建立的这一组织，对加深六国之间的互信和友谊、巩固地区安全与稳定、促进地区经济繁荣起到了重要作用。六国元首共同签署了《打击恐怖主义、分裂主义和极端主义上海公约》，首次对"三股势力"作出了法律上的界定。（3）2001年，朱镕基总理出席第五次东盟与中国"10+1"领导人会议，与东盟就以后10年内建立中国—东盟自由贸易区达成共识，这对双方关系的长远发展及地区繁荣稳定具有深远的意义。（4）中国与非洲国家的关系发展顺利。中国支持非洲国家成立非洲联盟和制定"非洲发展新伙伴计划"，在21世纪实现非洲复兴发展的宏伟目标。李瑞环、胡锦涛、尉健行等党和国家领导人及唐家璇外长分别访问了毛里求斯、南非、乌干达、中非、喀麦隆、加蓬、安哥拉、科特迪瓦、博茨瓦纳、津巴布韦、塞舌尔等国；尼日尔、尼日利亚、卢旺达、南非等国总统也相继访华，使中非传统友谊进一步增强。（5）在中东和平进程等地区热点问题上，中国一贯采取公正、均衡的政策，得到国际社会的普遍赞赏。江泽民、李鹏、李瑞环、胡锦涛、尉健行等党和国家领导人分别访问了阿尔及利亚、突尼斯、摩洛哥、土耳其、伊朗、叙利亚、约旦、塞浦路斯和利比亚等国，伊朗、突尼斯、巴勒斯坦总统，卡塔尔首相，叙利亚、苏丹副总统先后访华。（6）中美关系在充满挑战中发展。2001年4月的中美撞机事件，以及美方在售台武器和人权会议反华提案等方面的错误行径，使中美关系在2001年上半年遭遇较大挫折。"9·11"事件后，中国本着一贯反对恐怖主义的立场，在事件发生后不到两个小时，江泽民主席就代表中国政府向布什总统发了慰问电,美方对此十分感谢。10月,江泽民主席与布什总统在上海出席亚太经合组织领导人非正式会议期间举行首次会晤,就发展中美建设性合作关系达成重要共识,为两国关系开辟了新的前景。2002年,布什总统正式访华和胡锦涛副主席访美,进一步推动了中美关系向前发展。

第十章

科学发展观对"中国模式"的飞跃性提升

引导词：

科学发展观这个理论创新成果对"中国模式"创新的意义，就是集中表现为实现了中国模式创新的"飞跃性提升"。

"中国模式"在科学发展观推动下，"飞跃性提升"表现是什么？就是实现了发展的世界观、价值观、发展境界"上水平"的根本变化。

科学发展观的提出，使发展世界不再是一个"数字晶体"式的 GDP 存在，而是一个"经济社会"立体式的存在；发展的价值导向冲破了"唯效率"的狭隘眼界，指向了"以人为本"的可持续发展的广阔空间。

科学发展观解决的是经济社会发展中的战略问题。通过"民生问题"路径，对阻碍科学发展战略问题的认识与逐步解决，发展境界必然"上水平"。

科学发展观是继"三个代表"重要思想后，中国特色社会主义实践中的又一理论创新成果。这个理论创新成果，将对 21 世纪中国现代化建设产生长远的指导作用与深刻的影响。站在中国模式视角看科学发展观，我们认为，它的总体性影响是推动"中国模式"实现飞跃性的提升。

第一节 科学发展观对"发展世界观"的变革

胡锦涛同志在党的十八大报告中指出，科学发展观是马克思主义关于发展的世界观和方法论的集中体现，对新形势下实现什么样的发展、怎样发展等重大问题作出了新的科学回答，把我们对中国特色社会主义规律的认识提高到新的水平，开辟了当代中国马克思主义发展的新境界。这是对科学发展观的定位。值得注意的是，科学发展观说的"发展世界"及其世界观，是"世界"的特称判断，不是全称判断。所谓"实现什么样的发展、怎样发展"，这是由"新形势→重大问题→中国特色社会主义规律→发展新境界"这样的视域锁定的。沿着胡锦涛同志的讲话思路，从学术规范性的角度和要求去理解，我们可以发现科学发展观讲的"发展世界"，内在地包含着从思维方式变革到发展逻辑点的位移，从而形成由新的发展方法论与发展方式统一的"发展新世界或新境界"的逻辑关系。当然，这需要从学术上给予进一步的理论阐述。

一 思维方式变革与"发展世界"的锁定

什么是"发展世界"？迄今自觉研究这个问题的学术成果并不多。

哲学上讲的"世界"，是宏大得从宇宙到细胞的"大而全"。由"教科书哲学"解释的"世界"，与社会实践视域下的经济社会发展"域界"，从概念的外延上讲是不那么"对得上号"的。

经济学讲"发展"，主要是经济环境、经济要素、GDP或效率。所以经济学讲的发展归根到底是可以数字化的GDP。

这样看来，目前理论上已有的"哲学主流"讲的无所不包的宏大"世界"概念，或经济学讲的具体到数字之间的"世界"，都与科学发展观讲的经济社会战略性层次的"发展世界"有距离。所以，我们认为，可以对"经济社会发展"意义的发展世界作下面的学术规范。

首先，"经济社会发展"意义的发展世界，表现为既变化又相对稳定的形势。所以，认识发展世界，认识、分析、把握形势是切入点。这种形势，在和平发展时代，经济形势是起主导作用的。无论是国际还是国内，无论是政治文化还是社会，各方面形势的局部与过程及阶段，都不能脱离经济形势而存在与发展。在和平发展时代，国家关系、外交政策、国际力量都是围绕经济利益这个轴心运动与聚散角力的。

其次，对"经济社会发展"意义的发展世界的认识、分析，把握要聚焦于"发展中的重大问题"。形势是一个看似具体，进入又觉得"好像云里雾里"的存在。如果不把对形势的认识与把握聚焦于发展中的重大问题，我们就可能在复杂多变的形势面前丧失主动权。什么是发展中的重大问题？就是对发展起根本、长远、关键影响的问题，简而言之，战略问题就是"发展世界的重大问题"。比如，胡锦涛同志在十八大报告中说，十七大的五年来，中国特色社会主义之所以能在国际金融危机、国内矛盾等复杂条件下取得新成绩，与十七大对推进改革开放、全面建设小康社会、深化行政管理体制改革、制定"十二五"规划、推进文化改革发展等关系全局的重大问题适时作出了决定和部署关系很大。这里所列举的问题，就是战略问题，也就是"发展世界的重大问题"。

最后，对"经济社会发展"意义的发展世界的认识，要争取上升到社会实践规律的高度。关于规律的内涵，一是规律是代表事物内在的、本质的、稳定的发展趋势；二是恩格斯在《路德维希·费尔巴哈和德国古典哲学的终结》中讲的，社会规律是千百万人持久的行动。而科学发展观就揭示了这样的社会发展的实践规律，即核心就是以人为本的规律，或者叫做"发展的人本规律"。"发展的人本规律"，颠覆了经济学的以效率为本规律，其学术渊源与恩格斯讲的社会规律"是千百万人持久的行动"这一观点是完全一致的。

科学发展观关于"经济社会发展"意义的发展世界，既不同于传统"哲学教科书"讲的那宏大世界，也不是经济学讲的那个"数字晶体"与模型推导世界，而是人本基础上的实践或行动世界，它的表象化形态是在形势与重大问题基础上与人们符合规律行动的互动。

二 学术立足点创新与发展视野的拓展

"经济社会发展"意义的发展世界问题，某种意义上讲是一个发展视野问题。发展视野有多大，社会领域中的发展世界的"边界"事实就在此。发展视野的拓展，在社会领域中常常需要思想理论杠杆来撬起。

如果说科学发展观开辟出了相对于经济学、哲学已有的发展概念相区别的新的"发展世界"，并形成了可以指导解决中国特色社会主义实践中重大战略问题的"世界观与方法论"，那么就必然提出一个新的学术问题，这就是科学发展观的学术立足点何在。

提出"科学发展观的学术立足点何在"这一问题，其学术必然性与必要性都是存在的。

从学术必然性或内在逻辑关系看，可以解决实践中重大战略问题的"世界观与方法论"，即其学术基础的存在，没有学术基础的思想认识都必然局限在特殊与个别视域，是无力解决涉及全局、长远、根本的战略性重大问题的。

从必要性看，既然科学发展观理论的实践张力或解决实际问题能力的域界，定格在以世界观与方法论的优势上，即以解决实践中重大战略问题为其对象。那么，解决战略问题的路径还是不可避免地要学习逻辑式样的理论。毛泽东同志在《中国革命战争中的战略问题》一文中说，学习战争全局的指导规律，是要用心去想一想才行的。因为这种战争全局性的东西，眼睛看不见，只能用心去想一想才能懂得，不用心去想，就不会懂得。怎么"去想"？毛泽东又强调，"重要的问题是善于学习"。① 这种学习，内容包括学习理论与学会运用两个方面。由于理论学习与实际运用的效果都与主观能动性发挥有关，所以，毛泽东特别强调要"想一想"。

科学发展观的学术立足点是什么？根据罗晓梅教授等学者的研究，他们认为，科学发展观是把发展的学术立足点从经济学转移到了经济哲学。②

罗晓梅教授等学者明确提出，"科学发展观是马克思主义经济哲学的最新创新成果"，认为站在马克思主义经济哲学的学术平台上，可以清晰地看到科学发展观推进马克思主义中国化的四个脉络，即：（1）问题域脉络。也就是把邓小平、江泽民同志反复强调的现代化建设问题作为科学发展的逻辑起点"第一要义"，同时增加了又好又快的可持续新内容。（2）发展立足点的脉络。实现了把发展的立足点从"物本"向"人本"的变革，使现代化更具有中国特色社会主义的特质。（3）体制脉络。主要是把发展体制从市场经济的效率体制创新为可持续发展体制。什么是"可持续发展体制"？学者们认为，是市场效率体制、宏观调控体制、社会保障体制、世界贸易体制、生态平衡体制的耦合。③

科学发展观更新了发展的学术基础，必然带来发展视野的拓展。具体表现在，过去一说发展，由于学术立足点仅限于经济学，路径选择就是争投资、争上项目，目的就是 GDP 或效率的增长。而盲目投资、重复建设、产能过剩等问题就会大有积重难返之势。如此反复，恶性循环。而科学发

---

① 《毛泽东选集》第 1 卷，人民出版社 1991 年版，第 177—178 页。
② 罗晓梅等：《科学发展观的范式创新研究》导论，中国社会科学出版社 2011 年版。
③ 何关银：《经济认识论研究》，河南人民出版社 2009 年版，第 125 页。

展观视野中的发展,由于其学术立足点上升为马克思主义的以"问题解决"为重心的实践唯物主义哲学这一战略层次,其发展路径就必然从冰冷的投入与产出线性思维,转向以人为本及民生问题和可持续发展,以及凸显科学规划的发展战略全局眼光及其超前认识水平的体现。

三 发展方法论与发展方式

科学发展观创新了发展的方法论,这是目前理论界与实际工作者的共同认识。

但是,科学发展观对发展方法论创新的具体内容上,目前学术界还是有一些不同看法的。

比如,中国政法大学李立等人认为,科学发展观把发展从"对立统一"方法论发展为"协举性统一"。

2005年11月15日,上海《文汇报》发表了程伟礼的文章,认为科学发展观的发展方法论是统筹兼顾。

2012年8月6日,《中国青年报》发表了辛向阳的文章,认为科学发展观的方法论是一个体系,这个体系以统筹兼顾为方法论的根本要求,形成了包括求真务实、规律分析、趋势分析以及调查研究等方法在内的若干具体方法。

罗晓梅等人在《科学发展观的范式创新研究》一书中认为,科学发展观的方法论创新,是遵循的库恩以理论硬核为载体的"范式转换"路径。根据库恩的观点,"方法论与世界观是通约的,世界观内容都具有方法论的功能"。所以,从整体上讲,科学发展观的发展是第一要义、以人为本、统筹兼顾、全面协调可持续、又好又快目标要求等理论内容都同样地具有世界观与方法论的意义。不过,科学发展观的方法论核心还是统筹兼顾。科学发展观正是用统筹兼顾方法论,代替了对立统一方法论,从而推动了中国共产党的方法论从革命党向执政党转变的飞跃的完成。

对统筹兼顾方法论重视程度较高的是从事现代化建设"第一线"的领导同志。比如,2010年福建省委领导孙春兰对记者发表了用统筹兼顾方法论作指导、转变发展方式的谈话;[①] 上海闸北区委书记方惠兰也在

[①] 孙春兰:《转变发展方式要把握关键统筹兼顾求实效》,《经济日报》2010年5月26日。

《人民日报》上撰文，谈"运用统筹兼顾方法推动科学发展"问题。可见，科学发展观的统筹兼顾方法论，是推动科学发展观从理论认识形态向实际工作行动转化的桥梁、中间环节。

第二节 科学发展观是发展价值观的飞跃

科学发展观创新了发展的世界观与方法论，在推动中国模式创新过程中，一个值得关注的效应与环节是，引发了人们关于发展价值取向的颠覆性改变。这集中体现在对发展思路的改变。"思路决定出路。""思路是什么"？人们凭借什么进行"思"？这里就有价值观的问题。同样的问题、同样的主客观条件，人们思考的结论可能相差甚大甚至根本对立。科学发展观引发了关于价值观的哪些变革？这种变革的特征是什么？这种变革成功的条件是什么？下面围绕这三个问题进行概括与讨论。

一 从唯效率到"人本"价值目标的变革

科学发展观引发了关于价值观的哪些变革？周光迅、谢嘉梁在对近年来科学发展观理论的研究述评中指出，[①] 有学者认为，价值理念是发展观的核心问题。科学发展观蕴藏着丰富的价值内涵，即：科学理性、人文理性和生态理性是科学发展观的深层价值理念。科学理性体现的是科学发展观尊重事实、尊重客观规律的求真务实精神，具有自主性的批判精神、竞争精神和开放精神，大胆探索、追求真理的开拓创新精神。人文理性体现的是科学发展观对人的生存权的实在关注，对人的发展权的深度关怀，对人的全面发展的无限眷注。生态理性体现的是科学发展观对人与自然可持续发展的关切，对经济、社会和生态效益的统一的追求，对生命与世界存在和谐的期待。

科学发展观引发的价值观变革是全面的，但又是有价值重点的。科学发展观的价值核心内容是以人为本。正是科学发展观实现了发展价值从"物本"到"人本"的颠覆性变革，科学发展观才能引起国内外的广泛关注与好评。学者曾建平、韩玲指出："传统发展观总体而言是坚持以物为

---

① 参见周光迅等《近年来科学发展观理论的研究评述》，《社会科学管理与评论》2011年第3期。

本的，关注的只是'如何能够发展'、'如何发展得更快'，把发展等同于经济增长，使人淹没在经济发展的单向度中，成为片面的人；科学发展观突出以人为本的价值向度，追求的是'合理的发展'，关注的是发展的意义，即'应当怎样发展'和'为了什么而发展'这个目的论、价值论问题，它力图实现公平尺度与效率尺度的统一、工具尺度与价值尺度的统一、功利尺度与道义尺度的统一、生态尺度与人态尺度的统一，是真实的发展，是人类发展的正确方向。"①

侯惠勤教授还认为，科学发展观引发的价值观变革，除了可以学术化地规范表述为体现以人为本的内涵外，还可以、也有必要进行实际工作针对性很强的通俗化表述。② 比如，导致我们在时代观、市场经济观、权力观、政绩观、人才观、文化观、道德观、战争观等涉及世界观、人生观、价值观的重大问题上的新认识。我们认为，侯惠勤教授关于科学发展观的价值观内容，应该同时有学术性与生活化的两种"版本"的表述观点是值得重视的。

2013年1月28日，中国共产党十八届中共中央政治局就坚定不移走和平发展道路进行第三次集体学习。习近平同志在发言时，对中国人民坚定走和平发展道路的战略抉择就进行了通俗化阐述。他说，中华民族是爱好和平的民族。消除战争、实现和平，是近代以后中国人民最迫切、最深厚的愿望。走和平发展道路，是中华民族优秀文化传统的传承和发展，也是中国人民从近代以后苦难遭遇中得出的必然结论。中国人民对战争带来的苦难有着刻骨铭心的记忆，对和平有着孜孜不倦的追求，十分珍惜和平安定的生活。中国人民怕的就是动荡，求的就是稳定，盼的就是天下太平。习近平同志对中国走和平发展道路战略选择充满历史感、现实生活感的阐述，立即受到了国际舆论的好评。埃及新闻网评论认为，中国政府再次申明继续走和平发展的道路，体现出中国政府对当前面临的国内和国际形势的正确判断。

---

① 曾建平、韩玲：《试论科学发展观的价值向度》，《哲学原理》（人大复印报刊资料）2005年第8期。

② 侯惠勤：《论科学发展观的重大意义》，《邓小平理论、"三个代表"重要思想》（人大复印报刊资料）2006年第11期。

二 "人本"价值的四个向度

胡锦涛同志在十八大报告中指出,在新的历史条件下以人为本要表现为"人民主体地位",必须牢牢把握八个方面的基本要求,才能夺取中国特色社会主义新胜利,使中国特色社会主义成为全党全国各族人民的共同信念。有学者认为,胡锦涛同志讲的以"人民主体地位"为中心的八个基本要求,涉及经济、政治、社会、生态四个方面。① 这说明,要落实科学发展观的以人为本的价值导向要求,需要从各个方面进行努力。

为什么科学发展观的以人为本的价值导向,涉及经济、政治、社会、生态的四个向度?原因在于人的实践与需求都是多方面的。马克思恩格斯在《共产党宣言》中也说,共产主义是一个促进、实现人的自由全面发展的社会,共产主义是通过全面发展成了"自由人"的联合体。

胡锦涛同志在讲"必须坚持人民主体地位"时指出,中国特色社会主义是亿万人民自己的事业。要发挥人民主人翁精神,通过坚持依法治国的基本方略,最广泛地动员和组织人民依法管理国家事务、管理经济和文化事业、积极投身社会主义现代化建设,保障人民权益和保障人民当家做主。这是政治生活中的"以人为本"的具体体现。

经济生活中的以人为本,包括了以科学发展为主题的坚持解放和发展社会生产力、坚持推进改革开放、维护社会公平正义、坚持走共同富裕道路等方面。

社会生活中的以人为本,具体是国内社会和谐建设、国际社会坚持和平发展。这是社会生活中两个互相促进、不可分割的以人为本的方面。2013年1月28日,习近平同志在十八届中共中央政治局集体学习会上强调,我们要树立世界眼光,更好把国内发展与对外开放统一起来,把中国发展与世界发展联系起来,把中国人民利益同各国人民共同利益结合起来,不断扩大同各国的互利合作,以更加积极的姿态参与国际事务,共同应对全球性挑战,努力为全球发展作出贡献。

生态中的以人为本,就是建设生态文明。生态文明是关系人民福祉、关乎民族未来的长远大计。面对资源约束趋紧、环境污染严重、生态系统退化的严峻形势,必须树立尊重自然、顺应自然、保护自然的生态文明理

---

① 胡锦涛:《在中国共产党第十八次代表大会上的报告》,人民出版社2012年版。

念，把生态文明建设放在突出地位，融入经济建设、政治建设、文化建设、社会建设各方面和全过程，努力建设美丽中国，实现中华民族永续发展。

落实科学发展的价值观，必须坚持党的领导。中国共产党是中国特色社会主义事业的领导核心。只有加强和改善了党的领导，党在总揽全局、协调各方的领导核心作用得以发挥的条件下，以人为本的价值导向才能很好地落到实处。

三 "人本"价值观的制度保障

科学发展观如何才能真正落到实处，对此理论界近年有很多的研究和思考，尤其是集中于对制度体制机制创新的思考。中央党校教授赵理文认为，因为制度有稳定性、刚性、导向性、强制性等特点，所以，从一定意义上说，坚持科学发展观关键在落实，落实科学发展观关键在制度。只有通过一系列制度设计、制度安排和制度创新，科学发展观才能真正落到实处。他还特别强调，如果不改变干部政绩考核制度，科学发展观的以人为本价值要求是难以落到实处的。[①]

落实科学发展观对发展的各项要求特别是以人为本的价值导向要求，到底主要应该在哪些制度建设上下功夫呢？2010年5月19日，《人民网》刊登了中共云南省楚雄州委党校李志昌的观点。（1）激励制度。激励的实质是，科学发展的"奖励"机制。只有用制度鼓励人们主动产生科学发展的行为，并对这些行为的结果给予奖励，才能使人们重现并维持这种行为。这里说的"奖励"是广义的，包括经济利益、政治利益、精神利益等多方面的奖励。（2）促使制度。促使的实质是"惩罚"机制，当人们不履行科学发展的职责和义务行为时，就会受到惩罚，从而才能使人们产生并维持履行职责和义务的行为。比如，重视民生、为人民服务，既是道德，也是责任。凡是在该解决责任范围，无论职务高低，都应"问责"。对于渎职行为，都应有对应惩戒机制与制度。（3）禁止制度。这种制度针对"不准、禁止"的消极、有害的行为。禁止也是通过对违反科学发展要求的后果进行"惩罚"的机制。（4）规范制度。规范功能，是

---

① 参见赵理文《落实科学发展观需要刚性的制度保证》，《中国党政干部论坛》2006年第2期。

通过"纠错"机制来实现的。当人们从事某种活动时，如果违反了科学发展的规则和程序，就要加以纠正。①

实现以人为本的发展价值导向，需要把科学发展观从理论形态转化为制度存在，这是重要的。但是，"制度被形式化"或"制度失灵"也是值得重视的。中国既存在制度缺失或缺陷，更广泛存在因各种"人情关系"的潜规则使制度形同虚设等"失灵"问题。2009年3月26日，"党建网"刊登了王征国探讨这个问题的文章。文章认为，如何制定出"要精、要管用"的制度推动科学发展，是值得重视的。文章还指出，建立管用的推动科学发展的制度，关键是眼睛要盯在制度责任相关的各方面、各环节涉及的人上面。只要制度的相关方面与环节，都将责权利明确到人头上，制度失灵问题就可能减少乃至清除。与制度相关的责任人，包括担任领导的人、执行各环节直至办事机构、落实单位各层次的人。不能一说制度就仅想到领导，各环节与层次相关人也是制度"落地"的相关者。②

上海财经大学张雄教授在《论科学发展观的制度要求及保障》的文章中说，使科学发展观有效地贯彻落实，要做到有"扎根"、"高效"、"长效"的制度建设。这不仅涉及相关体制机制创新问题，更是一个制度保证问题。与科学发展观的要求相一致的体制机制和制度包括三个方面，即：努力建立一个充分体现人民当家做主的体制机制；努力建立更加完善的科学化执政程序；努力建立一个符合中国特色社会主义根本要求、有助协调经济社会发展的体制机制。③

第三节 科学发展观对"中国模式"创新的影响力

从中国模式视角看科学发展观，它对中国模式的影响力就主要表现为对中国模式轴与维度创新的影响上。这种影响力又表现在两个不同的方面上：一是在深度上对已有的经济、政治、文化建设"上水平"的影响；二是在广度上对社会、生态建设创造性地全面展开的影响。科学发展观推

---

① 李志昌：《用科学的制度推动科学发展》，《人民日报》2010年5月19日。
② 王征国：《落实科学发展观的制度保障》，《党建研究》2009年第3期。
③ 张雄：《制度安排的人民性、科学性和协调性——论科学发展观的制度要求及保障》，《人民论坛·学术前沿》2012年10月18日。

动中国模式创新的状况，概括起来就是：推动了经济、政治、文化的"老三篇"建设在质的稳定性基础上得到了"上水平"或"质的提升"；拓展了全面建设和谐社会与生态文明的新维度或新领域。

一　发展境界的上水平

"科学发展上水平"，这是党的十七大后在深入贯彻落实科学发展观实践中的一种共识与共同行动。陕西省延安市安塞县是地处陕北高原的革命老区，2008年10月，胡锦涛同志把这里作为自己进行"深入学习实践科学发展观活动"的联系点。他在安塞县信访局调研听了汇报后，说：在深入学习实践科学发展观活动中，要"真正做到党员干部受教育、科学发展上水平、人民群众得实惠"。[①] "科学发展上水平"，通过媒体迅速传遍中国大地，成为全党全国人民的共同认识与行动。我们认为，"科学发展上水平"体现的是发展境界的上水平，反映了科学发展观对经济建设为中心的这个中国模式轴的实际影响力。

所谓"科学发展上水平"，就是在继承邓小平同志、江泽民同志时期关于发展才是硬道理、发展是第一要务等思想的基础上，对发展的质量提出了更高要求，是科学发展观的"以人为本"价值的落实。

"科学发展上水平"，从理论上讲是一种"质的提升性发展"。所谓"质的提升性发展"，是以原有质为基础，对质的水平或本质层次的提升性变化。所以，科学发展上水平，是以发展才是硬道理、发展是第一要务等思想为基础的，又进行了质的水平或本质层次的提升性的创新。关于这一思想，胡锦涛同志在党的十八大报告中有清楚的表述：以经济建设为中心是兴国之要，发展仍是解决我国所有问题的关键。但是，在当代中国，坚持发展是硬道理的本质要求就是坚持科学发展。以科学发展为主题，以加快转变经济发展方式为主线，是关系我国发展全局的战略抉择。

那么，怎样才能做到"科学发展上水平"呢？

从理论上讲，是通过转变增长方式、体现为以人为本的发展。这就是党的十八大报告强调的："要适应国内外经济形势新变化，加快形成新的经济发展方式，把推动发展的立足点转到提高质量和效益上来，着力激发各类市场主体发展新活力，着力增强创新驱动发展新动力，着力构建现代

[①]　胡锦涛：《科学发展观要让人民群众得到实惠》，《深圳特区报》2008年11月18日。

产业发展新体系，着力培育开放型经济发展新优势，不断增强长期发展后劲。"① 2013 年 3 月，温家宝同志在《政府工作报告》中将经济发展速度预期为 7.5% 左右，这是中国发展阶段的一个标志性节点。中外媒体纷纷认为，此举向社会各界发出了鲜明导向信号：中国将把更多注意力转向加快转变发展方式，更加注重提高经济发展的质量和效益。7.5% 的目标设置合理、客观，符合科学发展观，这个数字背后，凸显了中国转型发展和环保要求的紧迫和必要。有专家也认为，从此中国经济从"跨越式发展"进入了"慢呼吸比耐力"的发展状态。根据"基数愈大，速度愈低"的现代化速度原理，中国在 GDP 总量从 2010 年的 40 万亿元增加为 2012 年的 51 万亿元，在这个基数上以后可能很难再有两位数的发展速度了。在马拉松赛跑似的比耐力中如何实现科学发展，对全党全国人民来说都是新课题。根据国际经验，发展"耐力"，也就是经济"内生动力"基础上的创新力、可持续发展能力，这种能力获得的关键在于充满活力的市场经济体制、激励政策、文化氛围与素质等合力的形成。

从实践上讲，北京市、天津市的做法可能给我们一些具体启示。

北京市委领导在与企业界同志共同讨论第十届市委工作报告时指出，科学发展上水平，要以发展阶段特征为基础，突出遵循阶段发展规律。也就是说，科学发展上水平，是一个受发展阶段影响的相对概念。凡是体现了区域、行业、单位发展阶段特征与规律的发展，其水平就是科学的，相比原有阶段就"上了水平"。我们认为，这种观点既有利于克服把"科学发展上水平"蜕变为形式主义、浮夸的错误倾向，也可以防止各种"科学发展顶峰论"的僵化表现。

天津市在争取"科学发展上水平"中，形成了"解决问题→落实服务→上代表发展新水平的项目"等的科学发展上水平的机制与路径。具体内容是。(1) 开展以"解难题"为主题的"上水平"活动，发动干部群众找到并着力解决制约经济社会发展的突出问题，化解影响社会和谐稳定的各类矛盾，为经济发展方式加快转变提供动力与条件。（2）抓住"上水平"的核心是政府"服务"这个关键。天津市各级政府和部门转变作风，提高效率，加快完善了有利于转变经济发展方式的体制机制。

---

① 胡锦涛：《在中国共产党第十八次代表大会上的报告》，人民出版社 2012 年版，第 11 页。

(3) 把高水平大项目好项目建设作为加快转变经济发展方式的重要载体。项目坚持了高端高质高新产业发展方向，形成了项目投产达标一批后发展水平明显提升的格局。

二 社会主义政治发展道路清晰化

科学发展观推动中国模式创新，近年来取得的一个重大成果是对中国特色社会主义的政治发展道路的进一步明确，而且日益达成了共识。

改革开放以来，随着经济体制改革的深入发展与国家经济发展阶段的变化，政治体制改革与完善从理论与实践上看都是必要的。问题不在于改革开放是否包括政治体制改革，而在于用什么理论指导与评判政体制治改革、改革什么、怎么改、改革的目标设定、阶段安排、策略选择等问题。关于这些，我们党始终有坚定的目标和战略部署。

发展社会主义民主政治，是我们党始终不渝的奋斗目标。这一目标的提出，使中国政治发展有了明确的方向。中国特色社会主义道路，包括了中国特色经济发展道路、中国特色文化发展道路和中国特色政治发展道路。因此，中国政治建设得如何，走一条什么样的政治发展道路，关系到中国特色社会主义道路特征的鲜明性。

十一届三中全会提出发展民主，健全法制；十二大提出继续健全社会主义民主和法制；十三大提出建设有中国特色的社会主义民主政治；十四大提出围绕建立和发展社会主义市场经济体制，积极推进政治体制改革，使社会主义民主和法制建设有一个较大的发展；十五大更加明确地提出要建设有中国特色的社会主义民主政治，在人民当家做主的基础上，依法治国，发展社会主义民主政治；十六大提出发展社会主义民主政治，最根本的是要把坚持党的领导、人民当家做主和依法治国有机统一起来；十七大更加庄严地提出"要坚持中国特色社会主义政治发展道路"；十八大则强调，要坚持走中国特色社会主义政治发展道路和推进政治体制改革。

回顾改革开放以来我国政治发展道路的进程，表明我们党始终积极探索中国特色的政治发展道路，表明我们党已经找到了一条合乎自己国情的中国特色社会主义政治发展道路。坚持中国特色社会主义政治发展道路，坚定不移发展社会主义民主政治，这是我们党始终不渝的奋斗目标。

中国特色社会主义政治发展道路的制度内容是什么？按照十八大的精神，中国特色社会主义制度，就是人民代表大会制度的根本政治制度，中国共产党领导的多党合作和政治协商制度、民族区域自治制度以及基层群众自治制度等基本政治制度，中国特色社会主义法律体系，公有制为主体、多种所有制经济共同发展的基本经济制度，以及建立在这些制度基础上的经济体制、政治体制、文化体制、社会体制等各项具体制度。这是"一个根本"、"三个基本"为基础性制度及其机制衍生体系的总和。

广东省委党校张浩认为，中国特色社会主义政治发展道路及其制度内容包括以下四个方面。（1）中国特色社会主义政治理论。包含的主要内容有社会主义政治文明建设理论、政治体制改革理论、人民民主专政理论、社会主义法治理论等。（2）政治目标取向。即：政治民主化、政治法治化、政治稳定化和政治清廉化。（3）政治核心机制。即：党的领导、人民当家做主和依法治国三者有机统一。（4）政治制度模式。即：人民民主专政制度、人民代表大会制度、中国共产党领导的多党合作和政治协商制度、民族区域自治制度以及基层群众自治制度。①

国家行政学院叶小文教授认为，对中国特色社会主义政治道路的理解，要立足于一个"特"字。特在哪里？叶小文认为，中国特色社会主义政治发展道路就"特"在走出了一条既遵循民主发展的客观规律，又符合本国国情，以本国社会制度、历史传统、文化背景和经济发展水平为依据，坚持党的领导、人民当家做主、依法治国有机统一的政治道路。②

值得指出的是，总有人爱拿西方民主"说事"。这实质上是主张，世界任何一个国家的政治发展道路都要以西方这种政治体制作为唯一选择的模式。这种世界政治发展道路的政治模式的唯一选择性，显然违背了"各国文明的多样性，是人类社会的基本特征，也是人类进步的动力"这一社会发展规律。世界政治发展道路绝不是一种模式、一种选择，而是多样性和多模式。各国都要探索适合自己国情的政治发展道路。我们这条中国特色社会主义政治发展道路，最能体现中国共产党领导下的人民当家做主，能最广泛地反映人民群众的民主愿望和政治要求，能更有力地保障人民群众的经济、文化和政治利益，最能从根本上调动人民群众走中国特色社会主义道路的积极性和创造性，这也就最能有效地维护国家统一、民族

---

① 张浩：《中国特色社会主义政治发展道路的科学内涵》，《南方日报》2013年1月7日。
② 叶小文：《中国特色政治发展道路"特"在哪里？》，《人民日报》（海外版）2012年8月17日。

团结、社会稳定。我们要坚定不移地坚持中国特色社会主义政治发展道路，绝不照搬西方政治发展道路模式。

改革开放以来，我们党解放思想，实事求是，正确判断基本国情，积极学习借鉴国外政治发展道路有益做法，从邓小平同志时期的加强民主法制为起点的政治体制改革构想，到江泽民同志领导时期的依法治国框架，再到科学发展观指导下形成的中国特色社会主义政治道路，反映着党和人民在改革开放中的政治探索。今天，这一条终于成功地探索出来的发展社会主义民主政治的中国特色社会主义政治发展道路，是科学发展观指导下的中国模式政治维度的定型化。

三 社会主义文化道路上的自觉

文化建设从来是中国特色社会主义理论与实践中的重要维度、方面、领域之一。从以培育"四有新人"为主要内容的加强社会主义精神建设到以主流价值观为核心的先进文化建设，在党的十八大报告中凝练为这样的目标：走中国特色社会主义文化发展道路，建设社会主义文化强国。

科学发展观对文化建设的影响力突出表现在，中国特色社会主义文化发展道路的形成与文化自觉的不断增强。

什么是"中国特色社会主义文化发展道路"？2010年3月，李长春同志在河北调研时对这个问题有概括。他认为，中国特色社会主义文化发展道路就是正确处理文化建设中的"十大关系"。（1）正确处理基本文化需求与多样化多层次多方面文化需求的关系。坚持一手抓公益性文化事业、一手抓经营性文化产业。"两手抓、两加强"，不断提高人民群众精神文化生活水平。（2）正确处理社会效益与经济效益的关系。始终把社会效益放在首位，努力做到"两个效益"有机统一。（3）正确处理弘扬主旋律与提倡多样化的关系。推动社会主义文化全面繁荣。（4）正确处理改革与发展的关系。坚持以改革创新为动力，解放和发展文化生产力。（5）正确处理文化与经济的关系。充分发挥文化产业优结构、扩消费、增就业、促跨越、可持续的独特优势，使文化产业成为国民经济新的增长点和现代服务业的支柱产业。（6）正确处理发挥政府作用与动员全社会力量投入文化建设的关系，努力形成文化建设的强大合力。（7）正确处理民族文化与外来文化的关系。积极构建以民族文化为主体、吸收外来有益文化的文化开放格局。（8）正确处理促进繁荣与加强管理的关系。通过不断提高管理的科学化水平确保文化健康有序发展。(9) 正确处理发展文化与运用科技的关系。把高新科技作为推动文化建设、提高文化传播能力的新引擎。(10) 正确处理调动现有人才积极性主动性创造性与培养更多创新型复合型外向型人才的关系。要建立和完善有利于优秀人才脱颖而出的体制机制，为推动文化大发展大繁荣提供有力人才保障。[①]

李长春同志对中国特色社会主义的文化道路的概括，体现了科学发展观的以人为本、统筹兼顾等理论思想的根本要求。

党的十七届六中全会明确要求，要提高全党全国人民的文化自觉。因为文化建设效果好坏、结果成败关键在于提高文化自觉。怎么才能不断提高全党全国人民的文化自觉？我们认为，从理论上讲，就是要深刻理解党的十八大关于文化建设的战略认识和战略部署，就是要把科学发展观的以人为本体现在文化建设中。胡锦涛同志在党的十八大报告中说，文化是民族的血脉，是人民的精神家园。全面建成小康社会，实现中华民族伟大复兴，必须推动社会主义文化大发展大繁荣，兴起社会主义文化建设新高潮，提高国家文化软实力，发挥文化引领风尚、教育人民、服务社会、推动发展的作用。

如何以科学发展观为指导，走出一条中国特色社会主义文化发展道路？

首先，文化建设必须适应和满足人民群众多方面、多层次的需求。科学发展观是统领包括文化建设在内的我国经济社会发展全局的根本指导思想，因此科学发展观的以人为本要求，体现在社会主义文化建设实践中就必须首先满足人民对文化生活的巨大需求。改革开放以来，随着社会物质财富的不断积累和人民生活水平的不断提高，人民的文化需要有了大幅增长，丰富精神文化生活越来越成为我国人民的热切愿望。这就要求社会主义文化建设必须适应和满足人民群众多方面、多层次的需求，更好地保障人民群众的文化权益和多样化的文化需求。

其次，文化建设必须充分发挥人民在文化建设中的主体作用，充分调动广大文化工作者的积极性。文化生产是一种复杂的智力劳动，人民群众既是文化成果的享受者，也是精神财富的创造者。在文化建设中坚持科学发展观的以人为本要求，就应该充分发挥人民群众无穷无尽的创造能力，

---

① 李长春：《走出一条中国特色社会主义文化发展道路》，《人民日报》2010 年 3 月 31 日。

特别是发挥文化工作者队伍的重要作用，调动广大文化工作者的积极性、创造性，更加自觉、更加主动地推动文化大发展大繁荣。

再次，文化建设必须遵循与体现发展规律，实现全面协调的发展。促进文化事业全面繁荣和文化产业快速发展，关系全面建设小康社会奋斗目标的实现，关系中国特色社会主义事业总体布局，关系中华民族伟大复兴。

有学者还认为，走出一条中国特色的文化发展道路，还应该遵循与体现文化建设的规律。主要是：（1）把文化发展道路的先进性与现实性统一起来。社会主义文化必须坚持先进文化的发展方向，但我国处于社会主义初级阶段，经济文化还比较落后，文化的先进性要建立在基本国情的基础之上，循序渐进、稳步推进，注重做好教育普及，特别要抓好抓牢公民素质等基础工程。（2）把握中国特色社会主义的历史坐标，把文化发展道路的民族性与时代性统一起来。中国特色社会主义文化是中华优秀文化的继承与创新，同时也是人类先进文明成果的继承与发扬。要既努力保持民族文化特色，又要加强对外文化交流，吸收各国优秀文明成果。（3）认识中国特色社会主义的总体布局，把文化发展道路的特殊性与整体性统一起来。文化发展道路反映了文化建设的特殊规律，但同时又是在社会整体发展道路中运行的，文化发展道路要与中国特色社会主义道路相适应。（4）把中国特色社会主义的政治属性、人民性、创新性统一起来。文化为人民服务、为社会主义服务，是文化发展道路的根本性质。但是，只有创新了的文化作品或成果，才能有艺术欣赏性、感染力、影响力，才能兼备社会效益与经济效益，才能保障人民文化利益实现、满足人民精神文化需求。

总之，党在中国特色社会主义文化发展道路中的探索，在科学发展观指导下对文化发展规律所取得的认识和实践成效，都体现了我们对社会主义文化道路越来越自信，越来越自觉。

四 社会建设从维稳到和谐的飞跃

从传统社会向现代社会的转型发展中，社会有机体在领域分化中提出社会管理和建设的要求，在以西欧为代表的"先发现代化"国家，这已经在理论与实践上都是比较成熟的问题。"市民社会"，是西欧封建"母腹"孕育资本主义社会的胎胞；公民社会，是资本主义基本制度下经济、政治、文化、社会运作的前提。应该说，今天现代资本主义的社会建设已经达到相当完善的水平。

中国由于改革开放的起点低，在相当长时间内，把工作重心或注意力放在经济领域势所难免，非发展到一定水平社会建设问题才能提上日程，这也是国情决定发展本身的逻辑顺序。总之，社会建设维度，对于中国特色社会主义理论与实践来说都是一个拓展或发展中新增的领域。我们认为，对这个领域的自觉关注时间起点应该定在和谐社会建设的提出。

20世纪80年代，邓小平同志提出要为现代化建设创造一个安定团结的政治局面，后来又提出了"稳定是压倒一切的"著名观点。江泽民同志为总书记的党中央提出了正确处理改革、发展、稳定关系问题。2002年，党的十六大提出"社会更加和谐"的发展要求；2006年，党的十六届六中全会审议通过《中共中央关于构建社会主义和谐社会若干重大问题的决定》；2007年，胡锦涛总书记进一步阐明构建社会主义和谐社会必须坚持"在共建中共享，在共享中共建"的原则；2011年，胡锦涛总书记在省部级领导社会管理及其创新专题研讨班上强调："最大限度激发社会活力、最大限度增加和谐因素、最大限度减少不和谐因素。"

从把社会看作附属于政治生活的一部分，到把社会看成是与经济、政治、文化并列的一个独立领域并提出和谐社会建设，反映了中国共产党对执政后社会构成的认识和中国特色社会主义的总体布局进入了更加科学的新阶段。

胡锦涛同志在十八大报告中又提出，要在改善民生和创新社会管理中加强社会建设，并且强调，加强社会建设，是社会和谐稳定的重要保证。怎么才能加强社会建设？胡锦涛同志提出了其根本路径是加快推进社会体制改革。"社会体制"的主要内容是什么？按照十八大报告，主要包括四个方面的内容：（1）中国特色社会主义管理体制。架构是党委领导、政府负责、社会协同、公众参与、法治保障的结合与统一。（2）基本公共服务体系。这个体系由政府主导、覆盖城乡，是可持续的。（3）现代社会组织体制。特征是政社分开、权责明确、依法自治。（4）社会管理机制。具有源头治理、动态管理、应急处置相结合的功能。

2005年10月9日，《人民日报》发表的文章《建设以人为本的和谐社会》中指出，"以人为本"是构建和谐社会的基石，只有真正贯彻以人为本，社会和谐才能不断增加，社会矛盾才能逐步缓解乃至解决。以人为本，是党的科学发展观的核心，强调以人为本对于构建和谐社会的作用，就是强调科学发展观与社会建设不可分割的关系。文章还说，我国各项改革仍处在体制机制的调整阶段，通过各种渠道汇集的信息比较多，人们思想比较活跃。因此，中国的社会问题显现出一些新的特点，即：群体性、突发性事件数量增多，纠纷与冲突涉及范围扩大，社会矛盾尖锐和对立的程度加剧。这些不稳定因素和不和谐现象，是多少年来在"以人为本"方面做得不到位而积累、遗留下来，在改革发展的攻坚阶段凸显出来的。

纵观人类发展史，在任何国家，一个稳定的、和谐的、发展的社会都离不开有效的社会管理。回顾世界历史，世界各国都将加强社会管理作为解决社会转型过程中社会问题的根本方法和手段。2005年，胡锦涛总书记在省部级领导干部专题研讨班上提出"社会建设"，并把它作为中国特色社会主义总体布局的"四位一体"中新的"一位"。党的十六届六中全会通过的《中共中央关于构建社会主义和谐社会若干重大问题的决定》进一步阐明了构建社会主义和谐社会的一些重大问题。2007年，党的十七大报告专列了"加快推进以改善民生为重点的社会建设"的内容，提出"必须在经济发展的基础上，更加注重社会建设"，报告对教育、就业、收入分配、社会保障、医疗卫生、社会管理等方面的社会建设内容，提出具体目标和要求。2012年，党的十八大报告专列了"在改善民生和创新管理中加强社会建设"等内容，提出加强社会建设，必须加快推进社会体制改革。

当前我国既处于发展的"重要战略机遇期"，又处于"社会矛盾凸显期"，社会管理领域存在的问题还不少。从总体上看，我国社会管理领域存在的问题，是我国经济社会发展水平和阶段性特征的集中反映。加强和创新社会管理，是继续抓住和用好我国发展"重要战略机遇期"、推进党和国家事业的必然要求，是构建社会主义和谐社会的必然要求，是维护最广大人民根本利益的必然要求，是提高党的执政能力和巩固党的执政地位的必然要求，对实现全面建设小康社会宏伟目标、实现党和国家长治久安具有重大战略意义。

同时，社会管理、社会服务都是现代化建设中社会建设两个不可缺少的方面。这两个方面的内容在社会个体与群体多样化、个性化、动态化的生活中作为"产品"形成供应与消费。与此同时，社会组织与相应的公民素养及其合法守道德情操的行动规则，也都是"一个也不能少"的。

比如，社会管理中最常见的城管人员与摊贩、交警与开车人，形象地表现了社会管理、社会服务是现代化建设中社会建设两个不可缺少方面的"生活情景"。没有城管、没有交警，还有社会生活秩序与交通秩序吗？但是，这种管理需要相互依法行为、过程还要融入相互理解情感，服务与管理才能相互促进。

五　生态从工作问题到文明形态的确立

胡锦涛同志在十八大报告中说，建设生态文明，是关系人民福祉、关乎民族未来的长远大计。面对资源约束趋紧、环境污染严重、生态系统退化的严峻形势，必须树立尊重自然、顺应自然、保护自然的生态文明理念，把生态文明建设放在突出地位，融入经济建设、政治建设、文化建设、社会建设各方面和全过程，努力建设美丽中国，实现中华民族永续发展。

中国共产党执政以来，一直重视生态文明建设。但是，囿于各个历史时期条件不同与认识水平差异，对生态文明的内容、地位认识的区别是存在的。毛泽东发出了绿化祖国、治理黄河与淮河等属于生态文明建设的号召，但还不是从严格的生态文明角度的认识。邓小平同志倡导植树造林，并推动了"植树节"的确立，但对植树认识当时是纳入精神文明范畴的。江泽民同志提出了生态环境保护与建设问题，将生态问题提升到了"可持续发展战略"层面认识，并建设了"三北防护林带"、在西部大开发中进行了以退耕还林或草的生态建设，但生态问题总体是隶属于经济发展领域来看待的。胡锦涛同志为总书记的中央领导集体，明确提出了生态文明概念，并且提出了建设"美丽中国"的战略。

科学发展观是中国特色社会主义的战略指导思想。有了这个战略指导思想，我们才能找到重大战略问题。生态文明，就是今天的中国特色社会主义发展战略问题。

中国科学院可持续发展战略研究组组长、首席科学家牛文元说，生态文明是更具先进性和规范性的文明形态。牛文元认为，生态文明是人类从原始文明、农业文明、工业文明演进而来的高级文明形态。原始文明表现出的最大优点是"淳朴"，局限性是"盲目性"；农业文明的最大优点是"勤勉"，局限性是对自然的"依赖性"；工业文明时代，其优点是"进取"，有能量、有机器、有工具，可以有效实现自己的欲望，更强地放大自己的能力。但是,这个文明形态的缺陷是为效率的非理性"掠夺性"和"不可持续性"。生态文明是用"自控、自律、自觉"来约束自己,用理性和智慧去克服盲目性、依赖性、掠夺性等,标志发展进入到一个适应新时代、新观念的更高级的文明形态。把生态文明作为我们建设现代化社会必须提升的文明要求,反映了对发展科学性的更高级次的认识。

2013年1月12日,经济学家胡鞍钢在《人民日报》撰文说,绿色发展本质就是科学发展,也是中国发展道路的最大创新。胡鞍钢认为,生态文明要求的绿色发展,本身也是工业社会发展的内在趋向。因为绿色发展是一场新兴的工业革命。从黑色工业革命到绿色工业革命、从黑色城市化到绿色城市化、从黑色现代化到绿色现代化,反映了现代化中工业与城市转型发展的过程。同时,绿色发展也是一条全新的跨越式道路。绿色发展的后果是经济发展逐步和自然要素特别是不可再生资源消耗脱钩,不断推动绿色创新,追求经济发展与生态资本消耗、化石能源消费和碳排放间的脱钩,从而不断缩小生态赤字,进而"扭亏为盈",转向生态盈余的不断增加和积累。[1]

国防大学颜晓峰博士认为,生态文明要通过生态建设的行动、项目才能落到实处。国家行政学院叶小文教授认为,应该从生态与人权关系角度,揭示生态文明、生态建设的广泛相关性,激发全世界、全社会的共同责任感。因为今天有一个值得重视的现象,说生态问题,义愤填膺者甚多;谈为生态尽责时,局外人(包括国家,比如美国拒批准京都议定书)不少。[2]

从全球极端气候到2013年北京等地区的雾霾现象,都说明树立生态文明理念、加强生态文明建设已经刻不容缓。那么,在科学发展观的指导下,生态文明建设可以亟待建设的主要方面有哪些呢?

首先,把生态文明作为经济转型的主要方向。温家宝总理在2012年夏季达沃斯论坛上的致辞中明确强调"绿色发展是经济转型的主要方向"。李克强副总理在第七次全国环保大会上的讲话指出,"转变经济发展方式是否见到实效,基本的衡量标准就是生态环保的力度有多大,发展的资源环境代价是否降低"。生态文明建设将推动构建新的经济发展方

---

[1] 胡鞍钢:《中国现代化将是绿色的》,《人民日报》2013年1月12日。
[2] 叶小文:《生态文明,人权建设的新起点》,《人民日报》2012年12月19日。

式，协调经济增长与环境保护间的矛盾，走出一条可持续的经济发展道路。

其次，从"顶层"进行生态文明建设的制度设计。党的十八大报告提出要"加强生态文明制度建设"。目前可以考虑把单纯的强制性环境约束指标，转变为有效衡量生态文明发展的考核标准，从根本上优化 GDP 为核心的评价体系。在生态文明评价体系的基础上，要进一步构建协调的区域环境保护制度、严格的资源环境约束制度、有效的市场对环境问题规制机制等。

再次，采用市场手段实现生态文明。十八大报告明确提出，要"深化资源性产品价格和税费改革，建立反映市场供求和资源稀缺程度、体现生态价值和代际补偿的资源有偿使用制度和生态补偿制度"，还进一步指出要"积极开展节能量、碳排放权、排污权、水权交易试点"。随着我国社会主义市场经济的发展，我们完全可以使用以环境税、排放权交易为代表的环境经济手段，来实现最小成本地解决市场的外部性——生态环境问题。

最后，站在生态系统和生态文明的高度，对现行立法体系进行"生态化"的改造，构建适合我国国情的生态文明建设立法体系。有法律学者建议，可以考虑将只重视污染防治的《环境保护法》，调整为整体保护环境、资源和生态的《生态法》，并赋予其基本法的地位，让其作为母法和龙头法，对整个环境资源立法进行统领和指导。

第十一章

推进科学发展观的实践与"中国模式"创新

引导词：

理论联系实际、密切联系群众，是中国共产党的优良传统与战胜一切困难的武器。问题在于，理论联系实际、密切联系群众如何才能变成全党自觉的、制度化的、长期可持续的行动。

"深入贯彻落实科学发展观活动"，是使理论联系实际、密切联系群众变成全党自觉的、制度化的、长期可持续的行动的成功创新。

"深入贯彻落实科学发展观活动"，是共产党执政条件下以"顶层设计"为特征的理论创新、实践创新的自觉。

"深入贯彻落实科学发展观活动"对中国模式创新的影响力，主要反映为中国共产党人在解决与应对21世纪现代化建设中的国内外重大问题的智慧。

科学发展观作为中国特色社会主义理论体系创新的形态，对中国模式创新的推动作用，不仅体现在具有学术意义上的模式轴、维度的促进作用。我们还必须高度关注中国共产党第十七次全国代表大会以来，广泛持久开展的"深入贯彻落实科学发展观活动"对中国模式架构创新的影响或促进作用。

"架构"，是解决复杂问题的结构化手段。架构师现已经成为一个职业，主要职责是在软件开发中完成"技术实现"。毛泽东同志在《实践论》中说，从理论到实践是比从感性到理论更重要的"第二次飞跃"。长期以来，有了正确的理论，如何尽快、自觉、广泛地发挥理论对实践的推动作用，一直是没有真正解决好的问题。理论怎么去联系实际？我们过去只有"理论联系实际"的原则，缺乏理论联系实际的"架构"。随着"深入贯彻落实科学发展观活动"的开展，理论联系实际的架构开始有了解决的自觉路径。从这个意义上讲，"深入贯彻落实科学发展观活动"对中国模式创新具有重大的价值。

第一节　推进科学发展观实践活动与"中国模式"的创新

胡锦涛同志在十八大报告中说，面向未来，必须把科学发展观贯彻到我国现代化建设全过程、体现到党的建设各方面。在强调继续坚持"深入贯彻落实科学发展观活动"同时，胡锦涛同志强调了"四个自觉"问题，即：自觉地推动经济社会发展；自觉地把以人为本作为核心立场；自觉地把全面协调可持续作为基本要求；自觉地把统筹兼顾作为根本方法。胡锦涛同志强调的"四个自觉"问题，有重要的现实意义。我们过去有这样的认识论观点，但实践感性的特征可能明显了些，自发性的成分可能多了些，只有真正实现了理性认识才能真正进入自觉的状态。感性或实践能否尽量减少自发性，增加自觉性呢？"深入贯彻落实科学发展观活动"说明，感性或实践是可以提高到自觉性主导的状态的。自觉性主导的实践，对于理论落实、实践创新的作用是十分重要的。毛泽东同志在《中国革命战争的战略问题》中指出，实践或实际工作的架构是演出过程中舞台与演员的关系，没有舞台，演员的才能难以发挥，但是，演员又只有借助舞台才能充分发挥自己的主观自觉即能动性。科学发展观就是把中国特色社会主义实践推向了利用国内国际两个"舞台"、在贯彻落实科学发展观中发挥创新力的新境界，这是中国模式创新的又一个里程碑。

一　推动科学发展观实践活动是"顶层设计"的自觉

改革开放、经济社会发展在 21 世纪进入了攻坚克难的"深水区"。"深水区"是什么样子？是成绩与问题并存、大事与难事同在。怎么应对？不少人呼吁进行"顶层设计"，即采取重大战略行动攻坚克难。犹如当年解放战争中组织辽沈、淮海、平津三大战役，每次歼敌数十万，解放大片区域，迅速推进新中国成立的历史车轮。但是，面对像医生做脑外科手术般复杂的改革发展问题如何"顶层设计"？我们认为，"深入贯彻落实科学发展观活动"是"顶层设计"的自觉与成功的典型案例。

不过,值得指出的是,深入贯彻落实科学发展观的"顶层设计",不是由"上面硬压"式的强迫命令,而是上下共识基础上、上下互动基础上的"顶层设计"。

2007年10月,党的十七大报告就作出了深入贯彻落实科学发展观的战略部署。由党的代表大会部署这一项活动,使其具有了党内最高层级的权威性。

2008年9月19日,全党深入学习实践科学发展观的省部级干部专题研讨班在中央党校举办。胡锦涛同志在讲话中要求,通过深入贯彻落实科学发展观,把党的政治优势、组织优势,转化为推动经济社会发展的强大力量。与此同时,中央还向全党印发了《关于在全党开展深入学习实践科学发展观活动的意见》。

贯彻落实科学发展观不仅是"顶层"号召,关键在于政治局常委带头实践。胡锦涛、吴邦国、贾庆林等九位常委都亲自来到自己的联系点,用科学发展观研究解决当地经济社会发展中面临的重大实际问题。

中央政治局常委把亲自干与对全党指导相结合,成立了以习近平同志为组长的中央学习实践活动领导小组,先后派出23个指导检查组、13个巡回检查组指导督促工作,并召开了15次中央学习实践活动领导小组会议,39次调研、座谈、研讨会具体推进这项工作。

各级党委主要领导任组长的学习实践活动这一组织架构迅速在全党形成。全国共成立了13万多个省市县级学习实践活动的指导巡回检查组,19万多名党员干部担任了学习实践活动指导员。

"一级做给一级看,一级带着一级干",这是群众看到的学习实践科学发展观的"顶层设计"的模样。

二 推动科学发展观实践活动共识的自觉

"什么是科学发展?什么不是科学发展?"一旦进入实际工作中,对这一问题的理解并不是马上可以形成共识的。所以,深入贯彻落实科学发展观的过程,也是结合实际对科学发展观进行"理性具体"的再认识过程。

下面的一些观点,至少反映着我们对科学发展认识水平的深化与具有操作性的成果。

首先，对科学发展观之"科学"的认识。2011年11月29日，《学习时报》发表了中国马克思主义研究基金会张琳对这个问题的观点。张琳认为（1）科学发展观的"科学"，不同于科技理性或科学主义所信奉的"科学"。科学主义所信奉的"科学"，只是单纯强调工具理性，消解了科学的内在精神特质。而科学发展观之"科学"，是指发展所具有的"科学性"。这种科学性，内在熔铸着理性精神与人文精神，它追求真，趋于善，达至美。真善美，是人类文明的基本要求和进步标尺，贯穿于人类生活和活动的各个方面和全部过程。（2）科学发展观的"科学"超出了具体科学意义上的"科学"的内涵和外延，更具复杂性和多层次性。它是针对发展内涵而规定的，包括：节约发展、清洁发展、安全发展、可持续发展、循环发展、协调发展、全面发展、集约发展、友好型发展、和谐发展等，是对发展内涵的深刻揭示和对发展规律的科学把握。（3）科学发展观的"科学"，它是科学性与价值性的统一。它将追求客观真理和实践党的宗旨统一于整个发展过程。真理原则与价值原则，是马克思主义的一体两面。

其次，在深入贯彻落实科学发展观中需要处理好一些重大关系。科学发展观是中国特色社会主义的战略指导思想，战略关系都是复杂的，不处理好现代化建设中的主要战略关系，就难以贯彻落实科学发展观。中央党校韩庆祥教授认为，有三个方面的关系要处理好。[①]（1）转变经济发展方式与落实科学发展观的关系。韩庆祥教授认为，转变经济发展方式为什么那么艰难？根本原因在于我国经济发展中"人本"体现不充分、"物本"主导格局，因我国总体上还缺乏自主创新能力而难以很快变化。因此，实现科学发展观的以人为本，具体就是增强自主创新能力，实现增长方式转变，是落实科学发展观中必须努力解决好的问题。自主创新能力产生的基础是每个人能力的提高，毛泽东在1939年强调指出，我们队伍里边有一种恐慌，不是经济恐慌，也不是政治恐慌，而是本领恐慌。我们要时刻铭记毛泽东提出的关于克服"本领恐慌"的启示，在各项工作中，一定要确立"和而不同、能力本位"的文化价值导向。（2）解决利益公平分配与落实科学发展观的关系。目前利益分配不公平的事实与需要解决是没争议的，关键是用什么新的利益结构来解决利益公平分配？如果直接从经济

---

① 韩庆祥：《深化理解和贯彻落实科学发展观的三个问题》，《红旗文稿》2012年第7期。

学上进行"蛋糕"数量化的具体设计,谁都想比别人分得更多,共识将永远无法形成。应该运用科学发展观的统筹兼顾方法,确定经济、政治和社会都担责的合理的分配结构,这种结构就是"分配功能领域递进"的分析框架。每个阶层、单位、个人先按能与绩、责与利匹配原则对号入座,再逐步清理出"都可以接受的'利益妥协区间'"。这就是当下的公平与分配区间或系数。(3)政府改革与落实科学发展观的关系。政治体制改革在中国当下一个具体的重点就是政府改革。当前政府改革主要是职能转变,从管制变服务。而且,管制改革也得分领域、层次,结合环境与时机"说事"。(4)解决民生问题与贯彻落实科学发展观的关系。胡锦涛同志明确提出,科学发展观的落实要反映为"群众得实惠",具体就是解决民生问题。但是,一触及具体民生问题就复杂了,欠账型、应该与可以解决型、应该但无力解决型、具体的个别问题、牵涉面大连锁性问题、一次了结与长期压力型,等等。这些复杂民生只能分类,分轻重缓急在可承受与可持续条件下尽力解决。上海市政府参事毛时安则认为,解决民生问题既要尽力而为,又要量力而行,民生问题已经成为全社会共同关注的热点。然而,在"民生热"的同时,还必须进行一些"冷思考",即有一个怎样在科学发展观的指导下,用科学方法去关注民生并更加可持续地解决民生问题的考量。具体是:我国民生问题不能按照西方高福利模式来解决;解决民生问题是一个渐进过程;必须注重民生问题的多面性,从不同角度、不同层面解决民生问题。[①]

另外,2011年10月9日,汪洋同志曾在广东省委常委会改善民生问题调研工作交流会上说,不能用运动式的方式解决民生问题,要充分考虑各方面的条件和可持续承受能力。汪洋强调,在保障和改善民生工作中,要正确把握五个重要关系:一是发展经济与改善民生的关系;二是尽力而为与量力而行的关系;三是突出重点与统筹兼顾的关系;四是民生的物质需求与精神需求的关系;五是党政决策与群众参与的关系。[②]

三 推动科学发展观实践活动的路径选择

怎么才能把科学发展观从理论形态通过"落实行动",转化为中国特

[①] 毛时安:《解决民生问题要"尽力"也要"量力"》,《解放日报》2011年12月21日。
[②] 汪洋:《不能用运动式方式解决民生问题》,《广州日报》2011年10月10日。

色社会主义的实际生活？这就是路径选择问题。我们认为，可以把贯彻落实科学发展观的实践路径依赖概括为是发展、改革开放、建立机制的相结合。

贯彻落实科学发展观的根本路径是依靠发展。科学发展观的"第一要义"是发展，只不过对发展从过去的速度标准变成了以人为本的又好又快。贯彻落实科学发展观的过程，就是进一步推动发展的过程。当然，全国各地的发展因现实所处阶段、起点不同，具体的发展内容区别是较大的。沿海地区的科学发展主要是以自主创新力、国际标准和市场竞争力为主要内容的转变发展方式，中西部地区可能还有"补工业化、农业产业化课"的问题。比如，陕北安塞县侯沟门村，是胡锦涛同志落实科学发展观的联系点，胡锦涛两次亲自来到村庄，与村民们共商科学发展问题。在集中大家意见与智慧基础上，村里发展起了大棚蔬菜，就凭这个原来没有的发展项目，村民收入达到了8120元，比上年增加了35%。

改革开放是发展中国特色社会主义的动力、必由之路。所以，贯彻落实科学发展观也必须在坚持改革开放、进一步推进改革开放上下功夫。所谓"坚持改革开放"，就是不能借口贯彻落实科学发展观，否定过去的改革开放历史与成绩。因为贯彻落实科学发展观中要解决的问题，有不少是过去改革开放与发展中不可避免或人为加重乃至扭曲累积产生的。我们不能借这些问题的产生和存在，对改革开放与过去的发展"搞清算"，从而否定改革开放与发展本身。所谓"进一步推进改革开放"，就是要用改革开放的办法落实科学发展观。2006年2月7日，有学者发表了"落实科学发展观实现改革新突破"的观点。① 观点认为，要落实科学发展观，就必须具有与之相配合的体制保障，这是新时期改革的总体要求。2012年11月21日，中共中央政治局常委、国务院副总理李克强在北京主持召开全国综合配套改革试点工作座谈会上的讲话中说，中国发展的"人口红利"并没有完全消失。同时，李克强认为，今后创新发展要重视"改革红利"。他说，一方面，改革的空间和潜力仍然十分巨大，同时，改革目前已进入攻坚区、深水区。所以，我们下一步的改革，不仅是要解放思想、更新观念，更多方面的改革是要打破固有利益格局，调整利益预期。

---

① 达铸之：《学者热议落实科学发展观实现改革新突破》，《经济参考报》2006年2月18日。

这既需要政治勇气和胆识，同时还需要智慧和系统的知识。如果说过去改革开放主要聚焦于经济体制，今天，在落实科学发展观中改革开放的聚焦点就要转向政府服务功能与质量。其中，要注意把政府的财政支出从支持投资项目，变成公共服务产品的供应。

贯彻落实科学发展观的活动要从顶层动员驱动，变成长效状态，根本要依靠建立科学发展的体制机制。2010年1月11日，《人民日报》评论员文章说，"要建立健全学习实践科学发展观的长效机制"。文章说，建立健全学习实践科学发展观长效机制，是学习实践活动取得实效的关键环节，是巩固扩大学习实践活动成果的必然要求。建立健全学习实践科学发展观长效机制的基本要求和目标任务是：要形成有利于学习研究和贯彻落实科学发展观的政策导向、舆论导向、用人导向和体制机制；要注重解决保障和促进科学发展的制度缺失和制度障碍问题，建立健全经济社会发展综合评价、科技创新、环保约束、财税分配、民生保障等体制机制和政策法规；要把解决突出问题的成功经验，用制度的形式固定下来。2010年4月6日，胡锦涛同志在全党深入学习实践科学发展观活动总结大会上的讲话中说，必须加快构建充满活力、富有效率、更加开放、有利于科学发展的体制机制，为推动科学发展提供有力制度保障和持久推动力量。在这一要求下，围绕体制机制的创建，各地纷纷出新招。

浙江省在建立健全有利于科学发展的长效机制中率先进行了探索，主要做法是以下两个方面。（1）省委领导带头整体推进体制机制建设。经浙江省委常委会讨论通过，省委办公厅、省政府办公厅转发了《关于开展建立健全转变经济发展方式和推动经济转型升级体制机制调研工作的意见》，从改革开放、自主创新、产业升级、节能环保、城乡统筹、改善民生、社会稳定和考评体系等8个方面，确定了75个需建立健全的体制机制调研课题，调研课题转化为政策文件75个，为全省整体构建科学发展体制机制奠定了基础。（2）按照"要精、要管用"的要求，着力抓好6类机制建设，即："强动力"体制机制、健全"保增长"体制机制、建立健全"抓转型"体制机制、建立健全"重民生"体制机制、建立健全"促稳定"体制机制、建立健全"优考评"体制机制。此外，甘肃省白银市围绕经济转型建立"以人为本，科学转型"的理念，带动社会、生态、文化全面转型的机制，也是富有创新和启发的。

第二节 推进科学发展观实践活动的智慧与方法

根据马克思在《关于费尔巴哈的提纲》中阐述的通过认识与解决问题改变世界的实践唯物主义哲学，共产党人的世界观是以问题为中心的世界观。深入贯彻落实科学发展观的活动，就是中国共产党人主动认识与解决 21 世纪国际金融危机、国内科学发展问题的一种自觉。这种自觉，不仅是认识与行动的主动性，更是一种能力，即共产党执政能力的展示与提升。在深入贯彻落实科学发展观中，中国共产党创造了解决问题的智慧成果，彰显了党领导与实现科学发展的能力，试作概括如下。

一 解决群众现实利益问题是根本目的

2008 年 9 月 21 日，习近平同志在第一批深入学习实践科学发展观活动工作会议上的讲话中说，深入学习实践科学发展观活动要在解决制约科学发展、影响群众切身利益的突出问题上求突破、见实效。

2010 年 4 月 6 日胡锦涛同志在全党深入实践科学发展观活动总结大会的讲话中说，实现最广大人民根本利益是贯彻落实科学发展观的根本目的。所以，活动要坚持全心全意为人民服务的根本宗旨，坚持以人为本，贯彻党的群众路线，深入了解民情，充分反映民意，广泛集中民智，切实珍惜民力，着力解决好人民最关心最直接最现实的利益问题，把群众满意不满意作为衡量各项工作的根本标准，引导广大党员、干部特别是领导干部始终与人民群众同甘共苦、为人民利益不懈奋斗。

为什么学习实践科学发展观的活动要在解决制约科学发展、影响群众切身利益的突出问题上求突破、见实效？主要原因有三个。

首先，科学发展观产生的直接原因是国内外发展中的新问题。科学发展观产生的时代背景，就是因为 21 世纪中国特色社会主义遇到了 20 世纪八九十年代没有的新情况与新问题，需要进一步提出新的理论、作出新的回答。理论是来自于实践的，但理论的有用性一定是体现在对实践的指导上。因此，科学发展观是为解决 21 世纪中国特色社会主义的新情况与新问题产生的，它被用于"学习实践"中，必然要发挥认识与解决问题的功能。

其次，21 世纪中国特色社会主义面临的新情况与新问题，只有在科学发展观理论指导下才可能逐步解决。中国特色社会主义在发展中创造成绩的同时，必然会产生、累积各种各样的问题。问题本身具有必然性，当然，并非每个问题及其程度都是必然的。比如，环保问题、社会保障问题、收入差距问题，在现代化建设中它们的产生都有不能完全避免的特征，当然其程度可能有机制与人为因素影响。所以，中国特色社会主义面临的新情况与新问题，一是问题复杂，二是解决难度大，三是解决问题的共识正在形成中。只有以科学发展观为指导，我们才可能逐步有效地解决这些问题。

最后，以人为本是解决21世纪中国特色社会主义面临的新情况与新问题的根本指导。也就是说，没有以人为本的价值导向，21世纪中国特色社会主义面临的新情况与新问题就难以找到解决的出路。比如，环保问题、社会保障问题、收入差距问题，理论上说都是在发展经济中的与自然、社会、人的关系问题，现实情况则是，一旦把财政收入的一部分投入到不能立竿见影的自然、社会、人方面，按经济学的效率至上观点看就是"不经济的"。为此，只有在科学发展观指导下，树立以人为本的发展价值导向，才能在发展经济与自然、社会、人之间放弃过分偏重经济，而忽视乃至损害自然、社会、人的选项。

解决人民群众最关心的切身利益，如果进入实践或操作环节，首当其冲的困难就在于市场经济条件下的群众利益是存在阶层差异结构的。以中国目前"全面建设小康社会"的利益格局而论，其利益难题如吴敬琏所言：中国问题不是富人太富，而是中等收入以下的低收入者太多。"这种收入差距过大，违反了社会公正和共同富裕的原则，必须郑重对待、妥善处理。"[①] 2013年"两会"期间，厉以宁教授提出了一个重要观点：没有中等收入陷阱，只有低收入陷阱。厉以宁说，"哪有什么中等收入阶段才有陷阱？最大的陷阱、最多的陷阱是低收入陷阱！很多国家在一两千美元就上不去了，同时，即使成了高等收入国家也有陷阱。当年希腊突破12000美元的时候，世界银行就庆祝；金融危机前希腊人均国民收入到2万多美元了，可是现在又下来了。所以在任何阶段都有陷阱呢？"[②] 2013年3月4日，美国拉塞尔投资集团宣布，因希腊风险评估不达标，该公司

[①] 吴敬琏：《贫富悬殊缘于机会不平等》，《商务周刊》2008年3月24日。
[②] 厉以宁：《哪有中等收入陷阱：最大的是低收入陷阱》，新华网，2013年3月7日。

已经将希腊从发达国家降格为新兴市场经济国家。厉以宁认为中国要把收入分配制度改革与技术的创新相结合，才能突破低收入陷阱，成为"高收入发达国家"。从一定意义上可以说，科学发展就是要突破低收入陷阱，使广大群众普遍地提高收入水平与生活质量。"高收入加中等收入占国民人口多数"（发达国家一般是70%左右），应该是科学发展的标志性特征。

二 发挥群众自主性力量解决突出问题

胡锦涛同志说过，学习实践科学发展观，要发挥群众的参与作用。

所谓在学习实践科学发展观中让群众满意、得到实惠，本质是发挥群众的主体性、创造性。领导机关、干部的作用就是用科学发展观去组织、动员、帮助群众解决最现实的利益问题。

四川省成都市温江区寿安镇东岳社区用"点菜哲学"，发挥了群众在落实科学发展观中的主体作用。东岳社区位于寿安镇最北端，面积5.5平方公里，辖24个居民小组，1160户3664人。由于这个社区是由东岳村、天师村、三邑村三个村合并而成，群众居住分散，基础设施薄弱。

为了给这个社区办实事，上级给了70万元。怎么用这个钱？过去怕人多嘴杂，都是镇、村领导包办。花了不少钱，群众意见还不少。

这次社区改变了用钱办法，请村上的老干部、老党员和部分群众代表到社区，征求大家的意见和建议，讨论如何用好资金。大家一致同意先做什么、后做什么，都由群众说了算。随后，社区议事会开会8次，小组议事会开会20多次，社区24位工作人员深入家家户户收集意见。通过4天走访，共收集了1000余条意见。最后确定三青路、院落联防、医疗卫生站、广播站是近期急需完成的项目。在项目建设中，群众主动搬迁花木、义务投工投劳，再现了热火朝天的建设场面。

村支书王光林感慨地说："让群众自己做主，不但没有削弱社区支部的地位，反而增强了凝聚力！"王光林还将这次成功总结为"点菜哲学"。就是说，"为老百姓办实事得讲究方法，好比请客点菜。本来是我请客，没有征求客人意见，点了一桌菜，也花了不少钱，结果客人可能觉得菜不是自己点的，没有吃尽兴。如果我让客人点菜，尽管厨师厨艺不好，客人也会原谅"。

三 统筹兼顾探索连片贫困区的脱贫问题

中国山区占国土面积60%以上，尤其是一些自然条件特别恶劣的山区，由于基础设施落后、远离大城市、民众文化与技能偏低、人口超过土地资源承载力等原因，成了连片贫困区，而且脱贫致富难度相当大。怎么在学习实践科学发展观中，探索连片贫困区的脱贫致富问题，也是一个相当棘手的问题。

贵州毕节地区因山高谷深水土流失、资源与社会及经济矛盾尖锐而属于深度贫困区。20世纪80年代末，毕节地区的经济总量才17.8亿元人民币，农民人均纯收入184元，在贫困的贵州省是最贫困的地区之一。贵州省委领导同志着眼全省大局，1988年提出了把毕节地区作为"开发扶贫、生态建设、人口控制"试验区的战略构想，并报经国务院批准建立了"毕节试验区"。贵州毕节地区在学习实践科学发展观中，探索出了用统筹兼顾方法论取得了连片贫困区脱贫致富的明显成绩。[1] 他们的主要做法是（1）积极实行有利于解决贫困落后和生态恶化问题的特殊措施，探索贫困地区建设小康社会的新途径。实行的"人地挂钩"新机制，探索抑制农村人口过快增长政策。同时，培育各种促进发展的内生资源存量与增量。内容包括发展草地生态畜牧业、小流域综合治理、土地制度建设、林权林地制度改革、计划生育村为主并延伸到组等一系列改革试验等。（2）通过与沿海地区的横向经济联合，培育脱贫致富的产业支撑。23年来，毕节试验区电力、煤电、煤化工、食品、机械制造等支柱产业初具雏形；先后建成了洪家渡电站、索风营电站、引子渡电站等"西电东送"项目；发展了畜牧业、经果林、马铃薯、油菜等特色农业，建立了400多个标准化生产示范基地，形成了13个产业带；以旅游业为龙头的现代服务业，也得到了较快发展。（3）着力开发人力资源，注重提高人口素质。毕节"两基"覆盖率100%，新型合作医疗参合率95.28%，以"五园新村"为载体的生态文明家园建设快速推进，并建立了畅通民意渠道的"三级视频联动接访"信访模式。

---

[1] 栗战书：《科学发展观在毕节试验区的探索与实践》，《人民日报》2012年2月17日。

四 科学地解决推进与深化改革开放中的问题

胡锦涛同志在十八大报告中说,改革开放是坚持和发展中国特色社会主义的必由之路。要始终把改革创新精神贯彻到治国理政各个环节,坚持社会主义市场经济的改革方向,坚持对外开放的基本国策。

要发挥改革开放对于实现与推进科学发展的动力与路径作用,不少学者认为,关键是如何正确处理政府与市场的关系。

海南改革开放研究院院长迟福林教授非常赞赏2013年"两会"期间推进的以转变政府职能为目标的"大部制改革"。他认为,当下要用政府改革带动新一轮全面改革。他回忆,如果说2011年的《政府工作报告》中还认为,是政府作用多一点或市场作用多一点要"相机抉择",那么2012年的《政府工作报告》则明确要发挥市场的基础作用。他认为,政府与市场的关系是改革开放中的"牛鼻子"。改革开放,始终不变的是在市场主导下,有效地发挥政府作用;而不是政府主导下,有限地发挥市场的作用。[1]

张维迎教授认为,应对"深水区"改革开放中的难度问题,可能首先要重视我们的理念、我们的领导力问题,而不是"夸大既得利益集团的阻碍"。张维迎认为,既得利益者不仅不可能改革,而且一定会阻挠任何对他们不利的改革。纵观历史,几乎所有伟大的变革事实上都是由旧体制下的既得利益者中的一些人领导的。这些既得利益者之所以变成改革的领导者,是因为他们有了新的理念。美国独立后华盛顿没有选择当皇帝,甚至没有当终身总统,就是因为他的理念,他认为民主比明君更重要;邓小平发起改革开放,也是由于他的理念而非他的利益,他废除领导职务终身制就说明了这一点。当然,改革要成功推进,不仅依赖于领导人的理念,也依赖于普通大众的理念,因为任何领导人都不能长期背离普通大众的观点而行事。[2]

张维迎还认为,当下中国深化改革开放需要广泛学会理性思考。张维迎认为,改革开放中的理性包含以下四个方面的内容。(1)在评价一种变革和政策的优劣时,必须尽量超脱于自身的地位、身份、利益,必须讲

---

[1] 周锐:《"大部制"推进新一轮政府机构改革》,中国新闻网,2013年3月1日。
[2] 张维迎:《继续改革才能穿越改革深水区》,《人民日报》2012年7月10日。

公共理性，学会换位思考。（2）我们在评价一种变革和政策优劣时，必须考虑政策的可行性。在当前有关改革的讨论中，一些人全然不考虑政策的可行性，不考虑政策的激励相容条件是否满足，习惯于用乌托邦理想蛊惑人心，这对解决改革中出现的问题有害无益。（3）在评价一种变革和政策的优劣时，必须讲事实、摆道理，实证数据和逻辑分析相结合，而不能以感觉代替事实，用直觉判断代替逻辑推理。（4）我们实施一项变革政策时，必须本着"向前看"的精神，也就是如何在给定的历史条件下，调动大家的积极性，把蛋糕做大，实现多赢，使全体民众和整个社会受益，而不是向后看，纠缠于历史旧账。

关于深化改革的策略问题，张维迎认为，既要敢于打破现有利益格局，又要研究改革中的利益补偿问题。任何体制下，都会形成既定的利益格局，都存在既得利益阶层。无论是改革还是革命，都会涉及对既定利益格局的调整，但二者在调整利益关系的方法上有着本质的区别。所谓革命，就是通过暴力和强制手段将财富或权力从一部分人手里剥夺，然后转移给另一部分人。改革与革命不同，改革不是把财富从一部分人手中无偿转移给另一部分人，而是在承认原体制下形成的社会各成员既定利益（statusquo）的前提下，通过权利和财产关系的重新安排，调动大家的积极性，增加社会总财富，实现帕累托改进。[1]

厉以宁教授认为，收入分配改革的重点应放在初次分配中的增加公平问题上。[2] 厉以宁教授还认为：收入分配改革的内容主要是打破行业垄断；保护农民的财产性收入，让农民成为清晰的产权主体；发挥工会力量促进劳资地位平等；鼓励低收入人群自主创业。厉以宁指出，城乡的初次分配存在不公，二次分配应将促进社会保障水平城乡一体化作为重点。

这些讨论和观点，对于科学地解决推进与深化改革开放中的问题，无疑是有积极促进作用的。

党的十八大后，习近平同志为总书记的党中央把统筹稳增长、调结构、促改革作为我国经济工作的重心。2013年7月18日，习近平同志在湖北考察工作时指出，深化改革要处理好五个关系，即：处理好解放思想和实事求是的关系，整体推进和重点突破的关系，顶层设计和摸着石头过

---

[1] 张维迎：《理性思考中国改革》，《经济观察报》2006年3月11日。
[2] 厉以宁：《收入分配改革应以初次分配为重点》，《中国证券报》2013年1月28日。

河的关系，胆子要大和步子要稳的关系，改革发展稳定的关系。李克强同志也在一次经济形势座谈会上指出，面对当前形势，要坚持依靠科学发展解决前进中的问题，依靠改革开放解决发展中的难题，通过结构调整推进转型升级。

稳增长是深化改革的必要条件，调结构中才能实现增长"稳中有进"。在处理"调结构→稳增长→深化改革"的因果链关系中，中央政府设置了2013年在复杂国内外环境中经济增长以7.5%、物价上涨3.5%为基数的"上限与下限"。调结构与稳增长如何结合？兴业银行首席经济学家鲁政委说，棚户区改造就是把稳增长和调结构结合起来了。从投入看，结合的方式就是把投资投到有利于结构调整的方面，比如，城镇化、节能环保、发展生产型服务业和生活型的服务业等举措。

在深化改革的切入点上，主要是通过改革政府审批制度，发挥市场经济的活力。2013年4—7月，国务院已取消和下放了四批、累计215项行政审批项目等事项。此外，"营改增"扩容提速、盘活财政存量资金、对中央政府一般性支出的严控以及进一步推进利率市场化改革都彰显着政府"促改革"的决心。

在扩大开放上，应该更加重视运用国际贸易规则维护与实现国家经济利益、创新开放路径。中欧光伏产品谈判、重庆"渝新欧铁路"都是较成功的例子。

2012年7月，以德国Solar world为代表的欧盟光伏电池产业向欧盟委员会正式提交了对中国光伏产品进行反倾销立案调查的申请；2012年9月6日，欧盟委员会对中国光伏产品发起反倾销调查；2013年6月4日，欧盟委员会宣布，欧盟将从6月6日起对产自中国的光伏产品征收11.8%的临时反倾销税，如果双方未能在8月6日前达成妥协方案，届时反倾销税率将升至47.6%。2013年7月27日，几经反复、多次面临撕破脸皮的中欧光伏冲突终于峰回路转柳暗花明。全联新能源商会、机电产品进出口商会、可再生能源商会、资源综合利用协会、光伏产业联盟等5家中国行业商会共同发表《关于中国输欧光伏产品贸易争端达成价格承诺的联合声明》，宣告以双方均能接受并确认的"妥协价位"，中国光伏产品继续保持对欧出口，并保持60%合理的市场份额。总之，中欧光伏产品争端避免了"制裁"的两败极端方式后果，采取"价格承诺"的谈判让步的双赢解决方式，这是值得欢迎的。专家也指出，中欧光伏产品争端风波的发生，除了国际贸易保护主义外，我们的光伏产品缺乏创新的核心竞争力，加上产能盲目扩张，也都是争端产生的原因。中欧光伏产品争端的事例说明，扩大开放要凭实力，要争取开放中双赢、多赢的结果。

渝新欧铁路是起始于重庆，经新疆阿拉山口，经哈萨克斯坦、俄罗斯等五国，一直抵达德国杜伊斯堡的内陆新的开放通道。2011年8月，渝新欧铁路正式开通运营，其经营权将由重庆交运集团、中铁、俄铁、哈铁、德铁、奥地利远东陆桥等分属五个国家的六家企业享有。据了解，从我国沿海地区走海运至欧洲，所需时间约为36天；如果往西走渝新欧铁路，到荷兰鹿特丹只需约13天。值得一提的是，走渝新欧铁路运费比航空节省，运输时间比海运短，安全性更高，通关也更加便捷。所以，有人称渝新欧铁路为"新丝绸之路"。中国物流与采购联合会专职副会长蔡进说，渝新欧铁路的意义绝不只是重庆以及西南地区的利好，长三角、珠三角等地的货物如果花一两天从沿海运到重庆，再从重庆走13天到欧洲，也比原来海运集装箱动辄一个多月的运输时间快不止一倍。2012年4月12日，"渝新欧"（重庆）物流有限公司正式挂牌成立，该公司董事长接受记者专访并表示，公司将以市场化方式运行，不仅要把"渝新欧"建设成为重庆对外开放的重要通道，更要让它在中国内陆通往欧洲的物流中发挥更加快捷、安全、低成本的作用。

五 贯彻群众路线解决各级领导班子的作风问题

实现科学发展，就要求解决各种历史累积与现实生成的民生问题。仔细分析，各种民生问题的相当数量是历史复杂原因累积起来的，为什么长期没有得到及时、有效的解决？除了条件制约、利益交织原因外，各级领导班子因群众路线贯彻差距特别是以"四风"为代表的作风问题，也是阻碍民生问题解决、实现科学发展的障碍。

党的十八大后，以习近平同志为总书记的中央领导集体，适时组织全党开展了深入贯彻群众路线、改进工作作风的活动。这是十七大深入贯彻落实科学发展观活动的继续与深化。说"继续"，表现是解决民生问题的一贯性；说"深化"，这是把解决民生问题与解决各级领导班子问题结合起来了。

人民群众是推动历史进步与变革的基本力量，是历史的创造者。相信谁、依靠谁、为了谁，是否始终站在最广大人民的立场上，是区分唯物史观和唯心史观的分水岭，也是判断是否是马克思主义政党的试金石。所以，在全面建设小康社会中开展党的群众路线教育实践活动，是充分调动广大人民的积极性、主动性、创造性，夺取中国特色社会主义伟大事业的新胜利，实现国家富强、民族振兴、人民幸福中国梦的根本保证。通过开展的群众路线教育实践活动，为实现中国梦凝心聚力，是党中央、国务院在十八大后全面夺取中国特色社会主义建设新胜利的战略举措。

新的宏图伟业，仍然关键在党、关键在人。党执政后的最大危险是脱离人民群众。今天我们党脱离群众的危险主要来自形式主义、官僚主义、享乐主义和奢靡之风"四风"。党内一些沾染上了"四风"的人，平时高高在上，脱离群众，官气十足，不调查研究，不了解下情，满足于发号施令，家长制作风严重，把自己凌驾于集体甚至是法律之上。

"四风"之间的关系是：官僚主义和形式主义是一对孪生兄弟，官僚主义，势必助长下面搞形式主义；享乐主义和奢靡之风，是形式主义的行为趋向。结果是滑向以权谋私，消极腐败。

形式主义、官僚主义、享乐主义和奢靡之风尽管只发生在少数干部身上，是支流，但是危害极大。它不仅腐蚀党的肌体，败坏党的声誉，损害党的威信，而且会挫伤人民群众的积极性，使党脱离群众。党风建设的实质是党与群众的关系问题。因此，通过清除"四风"，搞好党的作风建设，增强党的组织与个人自我净化、自我完善、自我革新、自我提高能力，对于我们党长期执政、全面夺取中国特色社会主义新胜利、实现"中国梦"具有极为重要的意义。

在21世纪全面建设小康社会阶段，破"四风"，就是要"正党风"。具体说来，是要加强全体共产党员特别是各级领导班子四个方面的建设。

（1）要着力坚定、弘扬共产主义理想信念。一些有才干、也作出过贡献的人，为什么滑向了腐败深渊？共产主义信仰动摇，理想信念缺失是原因之一。因此，要坚持把学习马克思主义基本理论知识，同中国特色社会主义伟大实践相结合，用理论的学习研究之基础，坚定或唤回广大党员干部的理想信念，使党风成为21世纪中国特色社会主义道路上的浩然正气。

（2）要着力培养求真务实、真抓实干的工作作风。作风问题与群众路线，历来既是一分为二的关系，又是合二为一的关系。当然，在改革开放中、在市场经济条件下要把优良党风与保持同人民群众的血肉联系结合起来。要培养与市场经济相适应的工作作风；要适应信息网络化的发展，不断改进领导方式和工作方法；要培养在解放思想基础上的开拓创新的工作作风。

（3）要严格按照民主集中制，培养发扬民主、团结共事的领导作风。历史经验说明，什么时期党内民主集中制坚持得比较好，党风也就比较好，党群关系、干群关系也是好的。

（4）要着力培养生活正派、情趣健康的生活作风。党员干部的生活作风不是小事，因为党员干部在社会生活中有着特殊的示范作用，人们往往会通过党员干部的日常生活言行来评价我们的党。近年来，党内有人羡慕奢华生活，盲目攀比，心理失衡，思想扭曲，精神空虚，贪图享乐，玩物丧志；有人经不起金钱、美色和物欲等诱惑；有人目无法纪，不择手段，为所欲为；等等。最终或因生活作风的"缺口"，堕入了犯罪泥潭而难以自拔。现实警示我们，当前加强党员干部生活作风建设的任务，比以往任何时候都更加突出、更加紧迫，务必不能有丝毫的轻视和放松。

群众路线教育实践活动要想不走过场，取得实效，关键在于促进问政于民、问需于民、问计于民，切实解决人民群众反映强烈的民生问题。因此，通过群众路线教育实践活动，解决老百姓普遍关心的问题，积极呼应他们的经济诉求、政治诉求和文化诉求，维护好、发展好、落实好、保护好广大人民群众的利益，是这次群众路线教育实践活动的应有要求或必然收获之一。

第三节　推进科学发展观所需要的国际环境

科学发展观理论是解决国内从"加快发展"向"科学发展"转型的创新理论。随着中国加入世界贸易组织要遵循经济全球化的"游戏规则"，随着中国成为世界贸易大国国际依存度在世界金融危机时达67%（2012年降为47%），在中国要实现科学发展的条件系统中，国际环境的权重越来越大。因此，在学习贯彻科学发展观中，解决科学发展所需要的国际环境问题中的智慧也是十分重要的，这也是科学发展观推动下中国模式维度创新的重要组成部分。

一 在应对国际金融危机中增加发展机遇

"中国模式",按照邓小平同志的说法,主要内容与特征是关于中国发展的模式。以实现现代化、振兴中华为目标的发展,既是中国模式的主要内容,也是中国模式的"模式轴"。中国模式的完善与发展,也是以发展的经济模式轴为基础,向政治、文化、社会、生态、国际等领域的拓展。

值得注意的是,20 世纪八九十年代,中国模式的主要指向是国内的改革,虽然是从办特区、建立沿海开放带等开始的,但是,由于当时国内的改革发展对国际依存度并不高,中国模式的发展与完善在国际上的影响力并不突出。然而,随着中国现代化的飞速发展,以 2000 年加入世界贸易组织为标志,中国现代化建设对外依存度不断提高,国际经济、政治形势对中国模式的影响力也日益突出。尤其是 2008 年在美国率先爆发的"金融危机",使我们认识到了中国模式的发展、完善与国际之间的紧密关系。

2008 年下半年以来,由美国次贷危机引发的华尔街金融风暴,快速席卷整个国际金融市场,由此拉开一场席卷全球的、自 1929 年大萧条以来最为严重的金融危机的序幕。这场危机从局部性质演变成全球性金融危机,对世界各地的实体经济造成严重冲击,世界经济出现明显下滑,进而使发达国家几乎整体陷入衰退。

有应对 1997 年亚洲金融危机经验的中国共产党人,又开始了应对更大金融危机的战斗。在这场艰苦的战斗中,由于战略思路与举措正确,不仅"化危为机",中国共产党人还总体性地、创造性地交出了应对金融危机的合格答卷,发展与完善了中国特色的发展模式。

面对被称为"金融海啸"的 2008 年金融危机,中国共产党之所以能够从容应对,统筹好国内国际两个大局,是中央应对国际金融危机的重要方针。为此,党和政府在国际上积极呼吁用合作对抗金融危机,在国内采取了一系列果断措施稳定经济增长。

2008 年 11 月 15 日,20 国集团领导人金融市场和世界经济峰会在华盛顿举行,胡锦涛同志发表了《通力合作,共渡时艰》的重要讲话。胡锦涛指出,为了有效应对这场金融危机,世界各国应该增强信心、加强协调、密切合作。

2008年11月5日,国务院总理温家宝主持召开国务院常务会议,确定了进一步扩大内需、促进经济增长的十项措施。实施扩大内需的十项措施,到2010年年底约需投资4万亿元;2009年年初,在经济下行的背景下,为稳定经济增长,十大产业振兴规划相继出炉,制定了重点产业的振兴规划;珠江三角洲地区改革发展,重庆市统筹城乡改革和发展,上海加快发展现代服务业和先进制造业、建设国际金融中心和国际航运中心,加快建设海峡两岸经济区等区域振兴重要举措相继推出。2009年,在世界发达经济体普遍负增长的情形下,中国经济增长速度为8.7%,创造了"风景这边独好"的奇迹。

国际金融危机爆发之初,对我国的冲击主要表现为出口订单猛烈下降,表面上是对出口增速的冲击,实质上是对中国发展方式的冲击。因此,中国学术界在将应对金融危机引向调整结构、转变发展方式、创新驱动、进一步深化改革的"治本"努力中作出了突出贡献。国务院发展研究中心副主任卢中原说:"一定要抓住当前经济周期的绝好时机,促进结构优化、淘汰落后、体制创新和技术进步。必须按科学发展观要求,真正将保增长和调结构有机结合起来。"[①] 中国(海南)改革发展研究院院长迟福林认为,只有以更大的勇气推进改革,扫清阻碍科学发展的体制障碍,才能推动中国经济真正实现可持续的发展。国家行政学院决策咨询部研究员王小广也认为,要用结构调整的速度来衡量经济发展,稳增长是一种区间,不是一个点,如8%,而是6%—9%。中央的"稳中求进",不是指增长,而是指调结构和改革。

党的十八大以后,以习近平同志为总书记的党中央及其新一届政府,又把中国应对金融危机的实践提高到了新的水平。这主要是表现为启动了以"正确处理政府与市场的关系"为主要内容的改革,向改革要发展的"红利"。同时,推动开放向深度发展。2013年率先试点的上海自贸区,被认为是新一轮开放的典型标志;建设丝绸之路经济带、21世纪海上丝绸之路的构想,打造中国—东盟自贸区升级版,推进孟中印缅、中巴经济走廊建设,以及与瑞士、冰岛签署自由贸易协定等,都体现了中国新一轮对外开放正在向深度拓展。习近平同志在多次讲话中明

[①] 卢中原:《贯彻落实科学发展观,切实转变经济发展方式》,在纪念改革开放30周年论坛上的演讲,《中国福建》2008年12月8日。

确提出了"世界命运共同体"与"合作共赢"的战略思想,为中国新的以建立新型大国关系、建立新型的国际关系为重点的新一轮开放提供了理论基础。① 可以相信,在习近平同志为总书记的党中央领导下,中国共产党以及中国人民一定能够在各种国际风云变幻的考验中,实现我们的发展目标。

二 "和文化"的国际影响力不断增长

中国是一个有悠久"和文化"传统的国家。"君子和而不同",这句古代名言,反映了中国人对"和"的智慧。和,不是消除异己,不是一个样的统一,而是在"不同"基础上的"和"。开放、包含,是中国"和文化"的主要特征。

改革开放以来,在市场经济、民主法制基础上"不同"与"和"的要求都在增长。"不同"的增加,主要是社会矛盾加剧,当然也可以在此基础上构建和谐社会。因为中国现代化需要的是和谐发展,而不是社会的冲突或撕裂。所以党中央及时提出了在国内构建和谐社会的号召。

国内构建和谐社会,固然可以为中国现代化提供必需的环境,同时,中国现代化还需要一个和平、合作的国际环境,二者缺一不可。于是,我们自觉地向国际社会传播和谐理念,明确提出了构建"和谐世界"的主张,使中国的"和文化"的世界影响力不断增加。

2005年4月22日,胡锦涛主席参加雅加达亚非峰会,在讲话中提出,亚非国家应"推动不同文明友好相处、平等对话、发展繁荣,共同构建一个和谐世界"。这是"和谐世界"理念第一次出现在国际舞台。

2005年7月1日,胡锦涛出访莫斯科,"和谐世界"写入《中俄关于21世纪国际秩序的联合声明》,第一次确认为国与国之间的共识,标志着这一全新理念逐渐进入国际社会的视野。

2009年9月,胡锦涛同志在第六十四届联大一般性辩论时的讲话中指出:用更广阔的视野审视安全,维护世界和平稳定;用更全面的观点看待发展,促进共同繁荣;用更开放的态度开展合作,推动互利共赢;用更宽广的胸襟相互包容,实现和谐共处。

---

① 孙精武:《坚持开放的发展、合作的发展、共赢的发展》,《光明日报》"光明专论"2013年7月25日。

有学者认为，中国构建和谐世界主张的主要内容是以下四个方面。①

（1）坚持多边主义，实现共同安全。和平是人类社会实现发展目标的根本前提。没有和平，不仅新的建设无以推进，而且以往的发展成果也会因战乱而毁灭。无论对小国弱国还是大国强国，战争和冲突都是灾难。因此，各国应该携起手来，共同应对全球安全威胁。我们要摒弃冷战思维，树立互信、互利、平等、协作的新安全观，建立公平、有效的集体安全机制，共同防止冲突和战争，维护世界和平与安全。

（2）坚持互利合作，实现共同繁荣。发展事关各国人民的切身利益，也事关消除全球安全威胁的根源。没有普遍发展和共同繁荣，世界难享太平。经济全球化趋势的深入发展，使各国利益相互交织，各国发展与全球发展日益密不可分。经济全球化应该使各国特别是广大发展中国家普遍受益，而不应该造成贫者愈贫、富者愈富的两极分化。联合国应该采取切实措施，落实千年发展目标，特别是要大力推动发展中国家加快发展，使21世纪真正成为"人人享有发展的世纪"。

（3）坚持包容精神，共建和谐世界。文明多样性是人类社会的基本特征，也是人类文明进步的重要动力。在人类历史上，各种文明都以自己的方式为人类文明进步作出了积极贡献。存在差异，各种文明才能互相借鉴、共同提高；强求一律，只会导致人类文明失去动力、僵化衰落。各种文明有历史长短之分，无高低优劣之别。历史文化、社会制度和发展模式的差异不应成为各国交流的障碍，更不应成为相互对抗的理由。

（4）坚持积极稳妥方针，推进联合国改革。联合国宪章确立的各项宗旨和原则，符合和平、发展、合作的历史潮流，符合国际关系健康发展的本质要求，符合世界各国人民的根本利益。我们应该通过合理、必要的改革，维护联合国权威，提高联合国效率，更好地发挥联合国的作用，增强联合国应对新威胁新挑战的能力。

三　用扩大合作推进和谐世界的建设

当今世界虽然面临共同的发展时代主题或任务，但是，也面临着领土争端、宗教、种族、地缘政治等矛盾乃至冲突。怎样缓解矛盾、管控冲

---

① 陈俊宏：《中国特色社会主义理论核心观点解读》，中共中央党校出版社2011年版，第125页。

突,成为构建和谐世界的关键。我们用什么力量去缓解世界今天面临的各种国家、区域、民族、文化等矛盾与冲突?党的基本办法是扩大合作。

2010年10月12日,胡锦涛同志在纪念辛亥革命100周年大会的讲话中说,要坚持和平发展、合作,推动建设和谐世界。胡锦涛同志指出,辛亥革命100年来的历史表明,实现中华民族发展进步,不仅要有安定团结的国内环境,也需要和平稳定的国际环境。环顾当今世界,和平、发展、合作的时代潮流更加强劲。中国的前途命运日益紧密地同世界的前途命运联系在一起。在走向民族复兴的伟大征程上,我们必须坚定不移高举和平、发展、合作旗帜。

中共中央党校国际战略研究所教授刘建飞,提出了确立合作主义理念与和谐世界不可分割的观点。[①] 刘建飞教授认为,合作是建设和谐世界的根本途径。通过合作来推动建设和谐世界,是今天国际关系现实的选择。当今世界仍然是以主权国家为基本行为体的世界,尚不存在一个能号令各国的世界政府。在这样的世界里,各国相互交往的最好方式就是合作,尤其是在有共同利益的事务上。在政治上,如果各国不是在平等的基础上进行合作,共同推进国际关系民主化,而是奉行霸权主义、强权政治,那么势必导致对方的抵制、反抗,如此,相关国家间的关系必然紧张、对立,进而诱发冲突甚至战争。在安全上,如果各国之间不相互信任,不寻求合作并用和平方式解决国际争端,那么世界和平稳定就很难得以维护。在文化上,如果各国之间不相互借鉴、相互尊重、相互合作,共同促进人类文明繁荣进步,而是寻求文化霸权、唯我独尊,那么就必然会引起"文明的冲突"。在经济上,如果各国之间不寻求优势互补,共同推动经济全球化朝着均衡、普惠、共赢方向发展,而是损人利己、以邻为壑,那么经济全球化之舟就会在反全球化浪潮中搁浅,世界经济这列快车就有可能出轨。在环保上,如果各国之间不相互帮助、协力推进,而是我行我素、推卸责任,或者是对己对人实行双重标准,或者是将环保问题政治化,那么地球的生态环境只能是越来越恶化。

刘建飞还认为,要"让合作成为主义"。为了促使世界更多的国家和人民认识到合作的重要性,接受合作精神,举起合作这面旗帜,应当让合作上升为一种意识形态,成为一种"主义",成为指导和谐世界建设的理论。

---

① 刘建飞:《合作主义与和谐世界》,《中国党政干部论坛》2008年第9期。

用合作办法促进和谐世界的建设，经济合作是主要内容。2007年11月24日，亚太总裁与省市长国际合作大会指出，经济全球化和区域一体化的深入发展，为各国在更广领域、更大规模、更高层次上开展合作提供了有利的条件。而国际合作全球经济一体化条件下是通往和谐世界的唯一道路，是实现人类共同利益的切实路径。因此，积极构造和谐的经济合作关系符合当今经济全球化和区域经济的时代潮流，而且也是中国与世界各国优势互补、共同发展的客观需要。会议特别指出，对全球经济发展而言，"合则共赢，抗则俱伤"。

目前全球已有多个自由贸易区和自由贸易协议。进入21世纪，欧盟、北美等各大区都把扩大与加强区域经济一体化合作作为提升其经济水平和竞争力的一个重要战略。如欧盟正在实施"东扩南进"计划，北美正在实施建立美洲自由贸易区的种种磋商。在这种新的发展形势下，作为和谐经济一体化的一部分，亚太地区人民更应该加快发挥各国比较优势，扬长避短，发展平等、公正的自由竞争，通过各种手段进行合作。因为合作发展是全球一大趋势。

在国际合作中，大国合作的地位特别突出，是建设和谐世界的重要保证。胡锦涛主席在联合国成立60周年峰会上所作的一系列重要讲话中指出，实现建设和谐世界的美好愿望，需要全世界人民的共同努力，更需要大国团结协作，求同存异，切实承担起维护和平与促进发展的责任来。简而言之，大国合作是建设持久和平、共同繁荣的和谐世界的重要保证。

在今天的世界上，中国与美国、俄国这样的具有特别影响力的大国合作，又具有举足轻重的地位。过去，尽管中美关系也几经风雨，但是，胡锦涛主席与奥巴马总统成功实现互访，并12次见面。习近平总书记在奥巴马总统连任以后，同他互致信函，两国领导人就中美共同建设相互尊重、互利共赢的合作伙伴关系，探索构建新型大国关系达成了重要的共识。"探索构建新型大国关系"，是中美关系建设的主旋律，中美关系的"新型"内涵还是合作。杨洁篪在2013年"两会"期间答记者问时说，中美这种新型大国关系应该是以尊重为前提、合作为途径、共赢为目标。中国与俄国的关系应该说总体是好的。2013年"两会"实现中国党和国家最高权力换届后，习近平同志在3月下旬出访的首个国家就是俄罗斯。

从合作到发展、从合作到和谐，应该是全世界的"春风"。但是，发展同周边国家与地区的合作的重要性似乎又特别值得关注。中国通过上海合作组织、东盟友好合作组织等载体,开创了同周边国家合作、发展、共赢的大好局面,这是值得总结的。特别是中国与东盟的关系,过去经历了疏远到和谐的发展过程。成立于1967年的东盟,尽管是以共促本地区平等、协作、和平、稳定为宗旨,但通过区域结盟以防范包括中国在内的大国威胁,乃是当初众所周知的主要目的。1991年7月,东盟首次邀请中国外长出席其外长会议,由此开始,中国正式与东盟建立对话关系;1996年,东盟将中国从"磋商伙伴"升格为"对话伙伴"。1997年12月,在共同对付亚洲金融危机的背景下,中国与东盟建立"面向21世纪的睦邻互信伙伴关系",并开始10+1对话机制。2003年10月,中国加入《东南亚友好合作条约》,双方进一步升格为"面向和平与繁荣的战略伙伴关系"。尽管从2012年以来,中国同周边日本、菲律宾、越南因领土争端,合作受到了阻碍,但是,我们既不能对分歧与争端不以为然,也不能对合作"主流"丧失信心。杨洁篪在2013年"两会"期间答记者问时还说,亚洲人是聪明的,不比别人差。许多国家看得清他们本国和本地区的利益所在,他们认为同中国的合作很务实,互惠互利。进一步开拓合作,共同营造稳定繁荣的地区环境,是中国和广大周边国家的共同愿望。

四 "管控分歧"是构建和谐世界的新理念

矛盾、冲突,在国际社会中常常以"分歧"形式存在。分歧如果不能得到理性、法律基础上的管控,则会酿成失控的灾难性矛盾冲突。所以,矛盾、冲突、分歧之间实际上存在一个以"分歧"为界限的节点。今天的世界上要没有反映矛盾与冲突的分歧是不可能的,这是今天世界之"不同";管控,则是世界从不同走向和谐的关键点。

2012年7月25日,习近平同志在北京人民大会堂会见美国总统国家安全事务助理托马斯·多尼隆时指出,时代在变化,中美两国也在发展,中美关系正处在重要历史关头,双方要着眼长远,加强全方面、多层次交流,增进互信、合作和友好,妥善管控分歧,推动中美关系沿着两国元首共同确定的建设相互尊重、互利共赢的合作伙伴关系方向不断向前发展,探索出一条中美新型大国关系之路,造福两国人民和世界人民。

2013年3月17日,李克强同志在北京人民大会堂与中外记者见面并回答记者提问时也说,中美之间要管控好分歧,可使共同利益超越分歧。

从历史上看,中国共产党是一个具有管控分歧成功经验与传统的党。

抗日战争时期，由于日本帝国主义大举进攻，在民族危亡的关键时刻，国、共两党建立了抗日民族统一战线，但是，国、共两党因阶级基础与意识形态分歧"摩擦"曾几度危及抗战大局。在毛泽东同志"有理、有节、有利"斗争方针指导下，中国共产党团结全国人民既打退了国民党内右翼发动的"三次反共高潮"，也维护了抗战大局，是管控分歧的成功范例。1969 年春天，中、苏关系因"珍宝岛事件"陷入了战争边缘，后通过周恩来总理与苏联部长会议主席柯西金在北京机场的会晤，成功地避免了中、苏全面冲突的爆发，这也是管控分歧的成功范例。

《晶报》编委管姚认为，"管控分歧就是管控危机"。他还认为，美国前国务卿希拉里在北京的对话会上道出了一个事实，世界上任何一个重大问题的解决，都离不开美中两国的合作。那么，合作前提是什么？增进互信，减少互疑。如分歧管控不当，战略互疑将进一步增加，持续增加的后果，不排除酿成危机。[①] 所以，管控危机与管控分歧，可能会成为中国外交未来面临的两大长期任务。当然，两大任务各有侧重：管控危机主要适用于周边地区，管控分歧则主要适用于中美大国关系。

2012 年 2 月，王公龙在中央党校《学习时报》上著文认为，[②]"管控分歧"思路理应具有如下特征。(1)引导性。"管控分歧"最基本的目标在于通过双方的努力，引导中美关系沿着正确的方向前行，防止两国分歧的恶性发展冲撞中美关系的基本定位，破坏中美关系大局的稳定。(2)务实性。客观而言，就是正视分歧的存在，客观地对其进行理性评估，在此基础上找出有效控制和管理分歧的思路和措施，将有助于避免分歧和矛盾的恶性发展。(3)主动性。要求双方应该强化管理和控制的意识，在分歧尚处于萌芽状态时就积极主动地加以管理，或对已经出现的常规性分歧进行有效控制，降低发生严重冲突的风险，极力避免走向对抗甚至战争的状态。(4)挑战性。相比外交斗争的目标单一性和方式的确定性，"管控分歧"的难度更高，实施起来更具有挑战性。不仅目标的确定、手段的选择需要慎重把握，而且需要避免各种分歧的议题相互交织、彼此联动。在施展空间上，不仅要关注对方、指向对方、作用于对方，而且还要把握好自身国内复杂的利益集团的关系，引导好国内社会主流舆论

---

① 管姚：《管控分歧与管控危机》，《晶报》2012 年 5 月 18 日。
② 王公龙：《管控分歧：中美关系的新理念》，《学习时报》2012 年 2 月 13 日。

的倾向，甚至还要处理好复杂的国际关系，营造有利于"管控分歧"的外部环境。关于如何"管控分歧"？文章也总结了一些操作策略：首先，建立对话机制。对话机制的基本功能在于增进对彼此间观点和立场的了解和理解，寻找可以实现利益交换或妥协的空间，增加合作的机会，减少误判的可能。其次，建立分歧管理机制。主要有建立在共同协商基础上的常规性的管理机制，建立跨越部门之间的协调性机制，建立对突发性分歧的应急管理机制等。最后，建立分歧控制机制。在官方层面，政府的高级官员应着眼于两国关系的大局，不仅应避免发表可能造成战略误判的言论，而且要防止言与行相背离，损害两国的战略互信；在非官方层面，要积极引导或控制两国舆论，不让那些鼓吹敌意的声音占上风，避免误解的扩大和新误解的产生。

"管控分歧"，不仅是习近平同志为总书记的党中央在 21 世纪促进国际和平与和谐，扩大开放的理论创新成果，更是在处理当下中美、中日、中越在南海争议中的指导思想和基本原则。

2014 年 4 月，北京大学国际关系学院教授朱锋在接受《大公报》记者采访时认为，中美关系已经进入了管控分歧的新时代，"管控分歧是大国博弈明智之举"。

管控分歧的实践，关键在两点：一是树立正确的安全观，二是管控中美、中日大国之间的分歧以及处理好与周边国家以"岛屿争端"为内容的分歧。

早在 2002 年 7 月 31 日，参加东盟地区论坛外长会议的中国代表团就向大会提交了《中方关于新安全观的立场文件》，全面系统地阐述了中方在新形势下的安全观念和政策主张。中国认为，新安全观的核心应是互信、互利、平等、协作。2014 年 4 月 15 日，习近平同志在主持召开中央国家安全委员会第一次会议的讲话中再次强调，要准确把握国家安全形势变化新特点新趋势，坚持总体国家安全观，走出一条中国特色国家安全道路。2014 年 5 月 20 日，习近平同志在亚信第四次峰会上指出，我们应该积极倡导共同安全、综合安全、合作安全、可持续安全的亚洲安全观，创新安全理念，搭建地区安全合作新架构，努力走出一条共建、共享、共赢的亚洲安全之路。

像中国、美国这样的大国之间分歧的管控的基础是什么？2013 年 6 月，中国社会科学院美国研究所研究员陶文钊认为，中美关系是最大的发达国家与最大的发展中国家的关系，而且就经济规模来说，中国在今后若干年内会超过美国。中美关系因此变得非常复杂，也比较难处。这是一对既合作又竞争的关系。两国之间既有重大的多方面的共同利益，又有不同的甚至是冲突的利益；既有广泛的不断发展的合作，又有竞争，而且现在合作与竞争也交织在一起。但是总体说来，还是共同利益大于分歧。由于中美关系的这种特点，要构建新型大国关系也要从两方面入手，即发展两国的共同利益，管理好两国之间的分歧。

将管控分歧的理论运用于处理中日关系，也是十分重要的。中国与日本既是近邻，又因是世界第二、第三经济体而互为重要的贸易伙伴，中日贸易额达 4000 多亿美元。但是，因日本右翼势力近年不断抬头，挑起了钓鱼岛"国有化"的"改变现状"事端、修改"和平宪法"以及包括首相在内的政要参拜供奉有第二次世界大战甲级战犯的靖国神社，使中日关系因历史问题与岛屿争端而日益处于危险境地。面对中国与日本之间经济上的共同利益与历史和岛屿争端等政治分歧，怎么办？学术界的基本主张仍然是管控分歧，认为我们在钓鱼岛、靖国神社、反对"修宪"等原则问题上必须同日本右翼势力进行"有理、有节、有利"的斗争，但是，也不能因为这些斗争而放弃中国与日本人民的友好大局以及中国与日本互利的经贸关系。2014 年 6 月 5 日，中国原国务委员唐家璇赴日本长崎市出席"新中日友好 21 世纪会议"。唐家璇在出席日本福冈 2014 年度九州中日友好交流大会时指出，领土问题不应轻易碰撞，中国在钓鱼岛上没有退让余地。他呼吁，中日应从大局出发，拿出超越分歧的智慧，才能确保中日友好的"大船"不偏离正确的方向。唐家璇的讲话，在日本民间引起了广泛共鸣。可见，当下似乎惊涛骇浪的中日关系，也可以通过管控分歧，而得到"有惊无险"的结果。

"管控分歧"靠什么？一靠能力，二靠策略。国家海洋局长刘赐贵同志说，中国要从海洋大国变成海洋强国，不断提高海洋管控能力是重要的。管控海洋能力，也应该体现在应对海洋纷争的有理、有节、有利斗争策略上面。应该说，中国在应对南海复杂斗争中将正确的能力与策略结合充分表现出来了。

管控分歧的理论运用于处理中国与南海菲律宾、越南的岛屿争端，是世界关注的焦点。2013 年 10 月，习近平主席和李克强总理，在 14 天时间里，先后访问 5 个东南亚国家并出席亚太经合组织领导人非正式会议和东亚领导人系列峰会，其间多次就中国与东盟关系以及南海问题发表意见，基本主张是：管控分歧共同开发海上合作。

目前我们看到的是，菲律宾在南海的黄岩岛岛屿争端中的特点是"跳得凶"。菲律宾时而企图把东盟会议变成围攻中国的平台，时而要搞"国际仲裁"。中国面对菲方挑衅，一方面用公务船执法彰显实力，另一方面坚决主张通过个别谈判途径沟通而反对"岛屿争端国际化"。这体现了我们管控分歧的原则性和灵活性。

越南在南海西沙争端中的特点是"铁了心"。越南纵容民众多次搞反华游行，打砸中资企业；上千次冲击中国西沙的海上"981"石油平台。如何让越南在南海闹事中回归理智，是管控分歧的关键。2013年10月14日，国务院总理李克强在河内会见越共中央总书记阮富仲时指出，能否处理好南海问题，不仅事关两国人民之间的感情，而且涉及双方拓展基础设施投资等大规模合作的政治与安全环境。因此，要妥善管控分歧，不让南海问题干扰两国合作大局。2014年6月8日，中国外交部向全世界公布了1974年前越南历届政府承认西沙是中国领土的文件以及越南63艘船只1416次冲击中国西沙的海上"981"石油平台的事实与细节。2014年6月9日，中国驻联合国代表又将中国外交部的相关文件呈交给联合国秘书长潘基文，要求将文件散发给全体会员国，以正国际视听。

管控分歧是一个长期、复杂的过程。在习近平同志为总书记的党中央领导下，我们一定可以管控分歧，为中国发展营造出有利的国际环境。

第十二章

"中国梦"的战略创新"中国模式"

引导词：

党的十八大以后，以习近平为总书记的党中央提出了实现"中国梦"的重大战略，创新和丰富着"中国模式"。

"中国梦"的提出，是中国共产党人立足于中国和世界形势的重大研判，有着深刻的时代背景和时代价值。实现"中国梦"也有着坚实的战略基础、战略支撑和战略动力。

"中国梦"也丰富着中国特色社会主义理论体系的内容。实现"中国梦"必须坚持走中国道路，必须弘扬中国精神和凝聚中国力量。

每个民族都有自己的梦想，这个梦想凝结着民族的理想信念，是民族理想信念的历史映照和时代强音。党的十八大以来，习近平同志站在全局和战略的高度，针对中国和世界的发展战略，提出了实现中国梦、全面深化改革和全面推进依法治国等一系列治国理政、兴党为民的新思想、新观点和新论断。习近平系列重要讲话显示了对世情、国情、党情的深刻把握，体现了时代性、规律性、创新性的有机统一，既为坚持和发展中国特色社会主义注入了新的内涵，丰富了马克思主义发展理论，同时又为中国模式的形成作出了新的贡献。

第一节 "中国梦"的提出及其战略背景

注重用战略思维谋划全局问题是中国共产党人的战略智慧。习近平同志善于从全局角度和世界大势、以历史维度和长远眼光看问题，从整体上把握中国社会发展趋势和方向，提出了实现中国梦的战略目标，为全党全国人民加强战略思维、增强战略定力提出了明确要求。

实现中华民族伟大复兴的中国梦，蕴涵着源远流长、根深蒂固、生生不息的民族理想信念。畅想中国梦、实现中国梦，就是传承和张扬中华民族共同坚守的理想信念，是中华民族强大生命力的创新实践。

一　"中国梦"的提出及内涵

1."中国梦"的提出

2012年11月29日，习近平在参观《复兴之路》展览时首次提出了实现中华民族伟大复兴的中国梦。习近平讲：每个人都有理想和追求，都有自己的梦想。我以为，实现中华民族伟大复兴，就是中华民族近代以来最伟大的梦想。这个梦想，凝聚了几代中国人的夙愿，体现了中华民族和中国人民的整体利益，是每一个中华儿女的共同期盼。习近平提出了实现"中国梦"的三大路径：一是必须坚持走中国道路，即走中国特色社会主义道路；二是必须弘扬中国精神，即以爱国主义为核心的民族精神和以改革为核心的时代精神；三是必须凝聚中国力量，即中国各族人民大团结的力量。他指出："实现中华民族伟大复兴是一项光荣而艰巨的事业，需要一代又一代中国人共同为之努力。空谈误国，实干兴邦。"[①]

2."中国梦"的基本内涵

"中国梦"的提出具有丰富的内涵。中国梦不是美国梦，也不是俄罗斯梦，而是中国人自己的梦想。它是承载了中华民族多少代人对国家富强、民族振兴和人民幸福的期望。习近平讲，中国梦包含了国家的梦、民族梦和人民的梦想。

第一，民族的梦。振兴中华民族，实现中华民族的伟大复兴，是中国共产党人的一个重大战略。习近平"中国梦"的提出，本质内含着中华民族的伟大复兴，这也是总书记对"中国梦"最精辟的一个界定。习近平接着讲了中华民族的伟大复兴就是指国家复兴、民族振兴、人民幸福。接着他讲了两个100年，这就是我们十八大所讲的：我们到建党

[①] 习近平：《承前启后　继往开来　继续朝着中华民族伟大复兴目标奋勇前进》，《光明日报》2012年12月1日。

100年即2020年的时候要全面建成小康社会；到新中国成立100年2050年的时候，我们要建成富强、民主、文明、和谐的社会主义国家。这就把我们的"中国梦"具体内容，包括我们的路线图、时间表都给列了出来。

第二，人民的梦。人民是国家的主人，也是实现中国梦的主体力量。实现中华民族伟大复兴的中国梦，也是中国人民多少代人的梦想。这一梦想中，包含了民生梦、尊严梦和成功梦等。一是人民梦就是民生梦。民生问题是中国百姓非常关切的问题，它包含了老百姓梦想的经济富裕、工作稳定、社会安定，有可靠的医疗，有稳定的社会保障，有更好的居住环境等。二是人民梦也是尊严梦。毛泽东讲，中国人民从此站立起来了。这是世代中国人的梦想，也是中国人民的尊严。近代以来，由于中国经济的落后和国家软弱，我们中国人长期受列强欺侮，失去了中国人应有的尊严，在世界上没有得到应有的尊重。实现中国梦，能使国家富强和民族经济振兴，中国人民的政治地位和经济地位得到提高，民族尊严得到显示。三是人民梦也记载着成功梦。中国梦这一战略激励着亿万中国人民为了实现这一梦想而奋斗，会让更多的人展示才华。习近平讲，会让每个人都有人生出彩的机会，每个人都有梦想成真的机会。祖国会更加富强，人民更加幸福，更多人在这一过程中得到事业成功。习近平同志2013年3月17日在十二届全国人大上讲话强调，"中国梦归根结底是人民的梦"。[1]

第三，世界的梦。中国梦也是世界梦。中国是一个古老的文明大国，在世界文明发展的博览馆中，中国有汉唐时的辉煌，有康乾盛世的富足，中华民族为世界文明作出了重要的贡献。在中国近代的发展中，也有将近100年的屈辱。中国梦的实现，会让中华民族再展雄风，创造出影响世界的中国特色社会主义的金融、经济体系，创造更多物质财富惠及世界；中国梦的实现，会创造出中国特色的社会主义政治文明，中国特色社会主义的文化影响世界；中国梦的实现，会在中国大地上创造更好的生态文明，整个神州青山绿水，让全世界更加美丽。

中国梦是中国人民在中国共产党领导下探索国家富强、民族振兴、人民幸福和社会和谐的伟大梦想。

---

[1] 习近平：《中国梦归根结底是人民的梦》，新华网，2013年3月17日。

二 "中国梦"的时代价值和时代特征

1. "中国梦"提出的时代价值

一个国家选择什么样的发展道路,应由这个国家的人民从客观实际出发作出选择。习近平坚持把实事求是作为治国理政的根本原则,来思考和处理中国与世界的问题。他指出,坚持实事求是,就是坚持一切从实际出发来研究和解决问题。中国梦的提出,就是根据中国的实际和世界经济的发展这一现实提出来的。

第一,"中国梦"的时代解读。中国梦指国家富强、民族振兴、人民幸福与社会和谐。这是国家的梦,也是国人的梦。中国梦是中国人民在中国共产党领导下探索国家富强、民族振兴、人民幸福与社会和谐的伟大梦想。从"中国梦"的时代解读视角看:首先,它是全体中国人民都可以认同和追求的共同的理想,即中国特色社会主义共同理想的具体化,也是中国共产党人实现共产主义的一个具体的阶段性理想;其次,"中国梦"是在生产力发展基础上中国人民追求的共同富裕、公平正义、民主法制、诚信友爱、充满活力、安定有序、人与自然和谐相处的梦想。习近平同志在2013年"两会"上提出了实现"中国梦"的三大要求:实现中国梦必须走中国道路,必须弘扬中国精神,必须凝聚中国力量。

第二,"中国梦"的时代价值。中国梦对国家的富强、民族的振兴、人民的幸福与社会的和谐具有非常重要的价值和意义。从历史来讲,中国梦记录着中华民族从饱受屈辱到赢得独立解放的非凡历史,深刻道出了中国近代以来历史发展的主题主线,深情描绘了近代以来中华民族生生不息、不断求索、不懈奋斗的历史;从现实来讲,提出中国梦,是因为它具有最大限度为实现国家富强、民族复兴、人民幸福而凝聚人心的作用,给人以希望、给人以信心、给人以力量;对世界来讲,实现"中国梦"是中华民族对世界的重大贡献;对人类社会的发展来讲,实现"中国梦"是我们与国际社会互利共赢和平发展的崭新实践,为人类社会向更高级的文明形式演进提供新的范式,它为探索人类文明多样化发展道路开辟了更加光明的前景。

第三,"中国梦"是中华民族根本利益的集中反映。习近平总书记指出,中华民族的昨天可以说是"雄关漫道真如铁",中华民族的今天可以说是"人间正道是沧桑",中华民族的明天可以说是"长风破浪会有时"。

习近平总书记指出，中国梦的本质是国家富强、民族振兴、人民幸福。中国梦的最大特点，就是把国家、民族和个人作为一个命运共同体，把国家利益、民族利益和每个人的具体利益紧紧联系在一起，既给整个中华民族明确了一个高远的奋斗目标和辉煌的未来，同时也整合了全体中国人民的利益诉求，着眼于实现广大人民群众的根本利益、确保广大人民群众从中得到实惠，充分体现了新一届中央领导集体面向未来对全体人民的政治宣言与庄严承诺。

第四，"中国梦"为创新中国道路提供了强大动力。习近平提出的中国梦这个战略问题，深刻诠释了振兴中华民族的基本思想观点，进一步回答了事关坚持和发展中国特色社会主义的若干重大问题。这一战略，进一步为我们党的理论创新发展注入了新的时代内涵，从而把中国特色社会主义推进到新的更高境界。中国梦就是依据世情国情党情变化、把握我国发展阶段性特征、针对我国发展实践新要求提出的，蕴涵的是在多元化社会背景下寻求全体中华儿女、社会各个阶层的发展共识。

2. "中国梦"提出的时代特征

第一，屹立于世界富强民族之林的"实力特征"。中国梦必须以强大的物质基础作为支撑。中国梦的实现会使我国社会生产力、经济实力、科技实力迈上一个大台阶；人民生活水平、居民收入水平、社会保障水平迈上一个大台阶；综合国力、国际竞争力、国际影响力迈上一个大台阶；中国梦必须坚持富国强兵、民族尊严、主权完整、国家统一。

第二，中华文明在民族复兴中的"创新发展特征"。实现中华民族的伟大复兴，必须是社会文明程度大大提升，国家文化软实力大幅提高，全民族文化创造活力增强。同时，整个社会实干富民、实干兴邦、敢于开拓、勇于担当的务实精神要得到发扬。中国梦的实现会提升我国的文化国际竞争力、国际影响力，提升我国的软实力。

第三，促进社会全面发展的"合力特征"。中国梦的实现，可以使我国经济腾飞、人民生活改善、物质极大进步，使物质文明成为国家全面发展重要的经济基础；使我国文化繁荣、教育进步、科技创新，精神文明为国家全面发展提供智力支持和精神动力；使我国公平正义、民主发展、法制健全，政治文明成为国家全面发展的制度保障；使我国社会和谐、管理规范、人民幸福，社会文明为国家全面发展提供和谐环境；使我国山清水秀、绿色发展、生态良好。

第四，公平正义的"价值特征"。习近平总书记强调："生活在我们伟大祖国和伟大时代的中国人民，共同享有人生出彩的机会，共同享有梦想成真的机会，共同享有同祖国和时代一起成长与进步的机会。"① 这"三个共同享有"，充分彰显了公平正义尤其是机会公平的价值理念。中国梦的提出告诉我们，空谈误国，实干兴邦。只有劳动，只有创造，只有奋斗才有收获。社会财富，人民公平共享。正如习近平主席所强调的，"保证人民平等参与、平等发展权利，维护社会公平正义"。

第五，促进中国社会建设的"和谐特征"。中国梦只有在社会法制规范、基本公共服务体系完善、社会保障体系健全的背景下实现，只有在社会的公德良好、社会人与人相互友爱和人民幸福的背景下进行。

第六，坚持走和平发展道路的"和睦友善特征"。实现中国梦会使我国继续高举和平、发展、合作、共赢的旗帜，坚定不移致力于维护世界和平、促进共同发展；我国将在国际事务中弘扬平等互信、包容互鉴、合作共赢的精神，共同维护国际公平正义；同时，始终不渝奉行开放战略，通过深化合作促进世界经济强劲、可持续、平衡增长，在坚持和平共处五项原则基础上全面发展同各国的友好合作。

三 提出"中国梦"的战略背景

中国梦如珍珠，贯古今，串未来。无论何时，文明古国的炎黄子孙从来不曾丢失梦想，梦想是救亡图存中的民族独立，是百废待兴中的国家富强，是一穷二白中的四个现代化。在人类社会发展历程上，中华民族曾创造过无数辉煌，从开天辟地到四大发明，从汉唐气象到康乾盛世，中国人民为世界的政治、经济、文化发展，为人类社会进步创造过辉煌成就，中国经济曾占世界总产值的三分之一左右。② 但鸦片战争以来，中华民族饱受西方列强坚船利炮的威胁和凌辱，从此，实现中华民族的伟大复兴成为中华儿女矢志不渝的梦想。实现"中国梦"不仅是从屈辱到独立解放、富强民主的历史表达，更是中华民族站在新的历史高度，高举团结奋斗的新旗帜，创造更加辉煌未来的现代阐释。

---

① 习近平：《只有共同享有机会，才能实现中国梦》，人民网，2013年3月17日。

② Paul Bairoch, "International Industrialization Levels from 1750 to 1980", *Journal of European Economic History*, Vol. 11, No. 1-2, 1982, p. 269.

1. "中国梦"的战略起点：中华民族的伟大复兴

1840年鸦片战争爆发，帝国列强入侵，中国很快沦为半殖民地、半封建社会，经济凋敝，社会动荡，人民生活困苦，中华民族到了亡国的危难时刻。无数的仁人志士四处奔走，他们是带领中国人放眼看世界的魏源和林则徐，是领导"平均主义"革新梦的洪秀全，是倡导资产阶级"戊戌变法梦"的康有为和梁启超，是发动"自强梦"和"洋务梦"的曾国藩和李鸿章，民族觉醒犹如燃烧的火种，点燃了"中华民族复兴"的梦想。我们可以看到，中华民族的近代史是百年浩劫，但在屈辱中交织着梦想与渴望，实现中华民族"伟大复兴"的梦想在呐喊中世代相传，延绵不断。

第一，"振兴中华"的资本主义共和梦。1894年由孙中山领导的兴中会成立，这是中国近代历史上第一个真正意义上的资产阶级革命团体。1905年，兴中会在日本联合华兴会、光复会组建同盟会，同盟会明确提出"驱除鞑虏，恢复中华，创立合众政府"。1911年，"辛亥革命"爆发，旨在推翻封建君主专制统治、建立共和政体。大批革命人士和爱国志士在民族、民权、民生的三民主义政治纲领引领下，高举"振兴中华"的伟大旗帜，发动武装起义，以巨大的震撼力推翻了两千多年的封建君主专制统治，是第一次"以鲜明的中国革命民主派立场，同中国改良派作了尖锐的斗争"，是中国近代革命历史上第一次"领导人民推翻帝制、建立共和国的丰功伟绩"。①"辛亥革命"为中华民族复兴开启了新的征程，但并没有改变中国半殖民地半封建社会的性质，也没有改变民族的屈辱地位和人民的悲惨命运，民族独立成为激励中华民族继续追梦的历史使命。

第二，"民族独立"的新民主主义革命梦。1917年俄国"十月革命"的爆发和胜利，为旧中国送来了马克思主义，提倡科学与民主、反对愚昧与专制，提倡新道德、反对旧道德，提倡新文学、反对旧文学的"文化启蒙"梦，帮助中国的知识分子寻找到"用无产阶级的宇宙观作为观察国家命运的工具"。② 1921年，中国共产党成立，旨在推动社会主义社会的伟大革命，建立一个自由平等的新中国，华夏大地上掀起了一场以中国共产党为领导的彻底的反帝反封建的新民主主义革命梦。从大革命的血雨

---

① 《毛泽东著作选读》（下册），人民出版社1986年版，第755页。
② 《毛泽东选集》第4卷，人民出版社1991年版，第1471页。

腥风到井冈山的星星之火,从反围剿的惨痛教训到雪山草地的艰难征程,从延安的抗日烟火到全国抗日联盟,共产党领导人民浴血奋战,赶走帝国列强,推翻反动统治,建立了和平民主的新中国,从此,中国人民饱受屈辱的历史一去不复返,开启了中华民族屹立于世界民族之林的新时代。

第三,"中国崛起"的社会主义道路梦。新中国成立后,走出战争阴霾的中华儿女被民族复兴的渴望激励着战胜各种艰难曲折,投入新中国建设的伟大事业中。从新中国初期工农业的恢复到社会主义改造的基本完成,从浮夸风、"大跃进"的破坏到"文化大革命"的冲击,从社会主义改革号角的吹响到全面实现小康梦的目标,中国梦是建设中国特色社会主义道路的。纵使在今天,现代化建设道路曲折艰难,改革开放困难重重,"民族复兴"的夙愿无时无刻不激励着各阶层的有识之士。以毛泽东为核心的党中央提出以实现社会主义现代化为梦想;以邓小平为领导核心的党中央提出以"三步走"战略来实现小康社会的梦想;以江泽民为核心的党中央提出了要在2020年建成高水平的小康社会的梦想;以胡锦涛为代表的中国共产党人提出了要科学发展,构建和谐社会的梦想;党的十八大以后,以习近平为代表的党中央提出了实现中国梦的号召。今天,每一次梦想的开启都是对中国特色社会主义建设道路的继承和超越。如今,勤劳善良的中国人民用智慧和汗水铸造了光明的前景,中国向世界展示着经济社会发展取得举世瞩目的伟大成就。从百废待兴到繁荣昌盛,社会主义市场经济体制逐步建立,并以惊人的速度持续增长,成为区域内第一大经济体和全球第二大经济体,综合国力日益增强,人民生活水平大大提高,中国人民第一次强烈地感受到"伟大复兴"的中国梦越来越近。

伟大的成就源自伟大的梦想,中华民族伟大复兴的中国梦是鸦片战争以来,中华民族所遭受的苦难与牺牲的历史概括,也是中华民族继承伟大灿烂的远古文明、复兴近代经济社会发展的辉煌成就,更是当下中国人民对未来的期盼和追寻,是应对即将面临的巨大挑战和危机的强大精神支撑。

2. "中国梦"的战略价值:国家富强、民族振兴、人民幸福

中国梦与国家富强、民族振兴、人民幸福同频共振。中国梦是近代以来中国人民争取"振兴中华"、"民族独立"、"中国崛起"的继承和发展,国家富强、民族振兴、人民富裕是中国梦追寻目标,是国家、社会、个体层面核心价值的高度概括和精练浓缩,蕴涵着凝聚共识和汇聚力量的

价值标准。

第一,从国家层面看"中国梦"的战略价值。中国梦的战略价值是凝聚全国各族人民的智慧和力量实现国家富强。这也是近现代以来,中华民族最强烈的期盼和使命。国家富强是指国家综合实力的显著提升,其内涵包括:一是拥有强大的经济硬实力,经济的持续健康发展是国家繁荣富强、人民幸福安康、社会和谐稳定的强大物质基础,中国梦战略必须坚持以经济建设为中心的兴国之要;二是拥有强大的文化软实力,文化是民族的精神家园,文化的大发展能有效推动经济增长、科技创新、精神引领、服务社会等,实现中华民族的伟大复兴,必须坚持推动社会主义社会文化大发展大繁荣;三是拥有强大的科技强实力,科学技术已跃升为第一生产力,科技进步和创新是增强国家综合实力的主要途径和方式,坚持科学技术作为核心竞争力,有利于推动生产力发展、经济增长、文化创新,是推动社会进步和发展的龙头;四是拥有强大的军事实力,着眼现代化的国防和军队建设是国家发展战略和安全战略的重要内容,是捍卫国家领土、领空和领海,维护民族尊严和主权完整的坚实后盾;五是勇担大国责任,维护世界和平,强大的经济支撑、现代科技引领、先进文化的交融与繁荣有利于国家在参与国际事务,解决地区争端、维护世界和平与稳定方面承担更多大国责任。

第二,从社会层面来看"中国梦"的战略价值。中国梦的战略价值是民族振兴,是具有最广泛民族共识、民族融合的中国梦。民族振兴是中华民族从饱受屈辱到独立解放、从贫穷落后到富足安康的强大的源泉动力,其内涵包括:一是坚持中国特色社会主义的道路自信、理论自信、制度自信是实现"民族振兴"的根本保证;二是坚持中国特色社会主义核心价值观引领社会思潮和凝聚民族共识,倡导富强、民主、文明、和谐,倡导自由、平等、公正、法治,倡导爱国、敬业、诚信、友善;三是弘扬以爱国主义为核心的民族精神和以改革开放为核心的时代精神,民族振兴是集体价值与个人价值的融合,集体梦想承载并融合个人的梦想,个人梦想丰富和汇聚成民族的共同理想,坚持社会主义改革开放的国策,不断推进理论创新、制度创新、科技创新、文化创新,形成引领社会不断前进的国家意志和民族意志,成为推动社会变革和发展的巨大力量。中华民族振兴并非霸权主义,中华民族曾拥有璀璨的经济、政治、科技、文化文明,中华民族的伟大复兴将秉承自强不息、独立自主,坚持走和平发展道路,始终奉行防御性国防政策,永远不称霸、不争霸、不扩张,为世界的文明发展增添风采。

第三,从个人层面来看"中国梦"的战略价值。中国梦的战略价值是以保障和改善民生为重点的人民幸福梦。国家富强、民族振兴从根本上是要实现人民的幸福梦,人民幸福是衡量中华民族伟大复兴事业成败的重要标志。正如习近平所说:"中国梦归根到底是人民的梦,必须紧紧依靠人民来实现,必须不断地为人民造福。"[①] 实现人民幸福需要坚持"以人为本",创造一个能够实现每个人自由全面发展的良好社会环境,充分实现学有所教、劳有所得、病有所医、老有所养、住有所居,坚持谋民生之利,解民生之忧,不断维护好、发展好最广大人民的根本利益,使发展的成果公平惠及全体社会成员,使人民过上更加富裕、更有尊严的生活。与美国梦不同,中国梦的个体层面不仅包括追求个人成功的目标,更是将个人成败融入集体、阶层中,深深烙上国家、集体、民族的意识和愿望的印记。改革开放以来,我国经济社会发展取得瞩目的成就,经济的持续增长大幅提升百姓的生活,从温饱不足到总体小康,文化服务体系不断完善,社会法治公正有效提升,社会和谐发展进一步提高,因此,国家富强包含人民幸福,人民幸福融入民族振兴。

3. "中国梦"的战略蓝图:两个一百年奋斗目标

梦想是美丽的蓝图,激发热情、催人奋进。以习近平为总书记的中共领导集体强调,实现中华民族伟大复兴的中国梦,是中国各族人民的共同愿景,"两个一百年"奋斗目标是实现中国梦的战略蓝图,两者具有内涵和目标的一致性。

中国梦与"两个一百年"具有内涵的一致性。继党的十五大报告首次提出"两个一百年"的奋斗目标后,党的十八大报告再次指出:在中国共产党成立100年时全面建成小康社会,在新中国成立100年时建成富强民主文明和谐的社会主义现代化国家。

第一个百年是到2020年,即中国共产党成立100年时,国内生产总值和城乡居民人均收入在2010年的基础上翻一番,全面建成惠及十几亿人口的小康社会。小康社会的建设是系统工程,包括经济建设、政治建设、文化建设、社会建设和生态文明建设"五位一体"的目标体系。

[①] 《习近平在十二届全国人大一次会议闭幕会上的讲话》,新华网,2013年3月17日。

第二个百年是到21世纪中叶,即中华人民共和国成立100年时,建成富强民主文明和谐的社会主义现代化国家。富强、民主、文明、和谐既是社会主义现代化国家的基本内涵,也是中国梦战略的基本内容。

为实现中华民族的伟大复兴,中国已经确定了"两个一百年"的奋斗目标,即全面建设小康社会,全面推进社会主义现代化建设。"两个一百年"既是全党和全国各族人民的百年期盼,实际上也描绘了实现中华民族伟大复兴"中国梦"的战略蓝图。习近平总书记指出,为实现中华民族的伟大复兴,我们将坚持把发展作为第一要务,坚持以人为本,坚持改革开放,全面推进经济建设、政治建设、文化建设、社会建设、生态文明建设,促进现代化建设各个方面、各个环节相协调。[①]

中国梦与"两个一百年"具有目标的一致性。中华民族伟大复兴的中国梦具有深厚的历史文化基础,承载着几代中国人从贫穷、落后、分裂、动荡、混乱到独立、安定、温饱、小康、富强、全面现代化的理想和夙愿,中国人民幸福生活是中国梦的根本,也是"两个一百年"奋斗目标的期盼,从根本上说,两者具有目标的一致性。

第二节 实现"中国梦"的战略支撑

中华民族伟大复兴的中国梦自近代产生以来,经历了无数艰难曲折的发展历程,终于依赖中国共产党将马克思主义的正确理论与中国革命、建设等实践相结合,破解实现中国梦的密码,即中国特色的社会主义,坚持道路自信、理论自信、制度自信,结束了近代以来的内忧外患,恢复了工农业生产,完成了社会主义改造,迅速发展了中国的政治、经济、文化、科技、军事、外交等事业,奠定了中华民族伟大复兴的坚实基础。

一 实现"中国梦"的经济基础

纵观国内外历史,从战国盛世、汉唐盛世到康乾盛世,从罗马盛世、英国的工业革命到美国的资本主义繁荣,每个历史时期的鼎盛繁荣都具有共同特征,如国家统一、经济繁荣、政局稳定、社会安定、国力强大、文

[①]《习近平致信财富论坛:中国已确定"两个一百年"的奋斗目标》,中国青年网,2013年6月6日。

化昌盛等,其中经济的繁荣发展是最坚实的基础。

经济学鼻祖亚当·斯密在《国富论》中谈道,"中国一向是世界上最富的国家,就是说,土地最肥沃,耕作最精细,人民最多而且最勤勉的国家"。[①] 1949年新中国成立后,中华民族在破败不堪的国土上恢复工农业发展,完成社会主义改造,凝聚全国各族人民的智慧和力量集中精力建设国家,实现了历史上的无数伟大创举,到改革开放前,中国初步建立起比较完整的国民经济体系,门类齐全、布局合理,为改革开放的发展奠定了工农业和现代化的基础。1979年党的十一届三中全会后,"家庭联产承包责任制"的落实和"经济特区"的建立,逐渐拉开了中国改革开放、建设现代化的序幕,1992年邓小平"南方谈话"后,中国开启了建立和发展社会主义市场经济体制的新时代,中国开始走上通向繁荣富强之路。据统计,1978年,中国GDP位居世界第10位,经过改革开放的经济腾飞,2005年年底,中国GDP增加16.8%,超过意大利,成为世界第六大经济体;2006年,中国经济规模超过英国,成为仅次于美国、日本和德国的世界第四大经济体;2007年,中国GDP数值增幅为13%,一举超越德国,成为全球第三大经济体;到2010年,中国GDP达到58783亿美元,超越日本,成为仅次于美国的世界第二大经济体。[②] 与此同时,中国的国家外汇储备、外商直接投资等指标高居世界首位。从竞争力角度来看,世界经济论坛发布的《2013—2014年全球竞争力报告》显示,中国的全球竞争力指数在148个经济体中排第29位,虽然与发达国家和地区还有一定差距,但在新兴经济体中表现最佳。[③] "中国崛起"和"中国奇迹"纷纷成为各国研究和学习的重要模式。虽然中国经济取得了举世瞩目的好成绩,但必须清醒地认识到,中国仍然是一个发展中国家,中国人均GDP只有日本的1/10,甚至不到世界平均水平的一半,经济总量大但实力不强,经济发展门类齐全但发展极不平衡,物质基础不够牢固,阶段结构不够合理、民生保障不健全、贫富差距较大、能源与环境发展不健康等问题

---

① [英]亚当·斯密:《国民财富的性质和原因的研究》(上卷),郭大力、王亚南译,商务印书馆1972年版,第65页。

② 国家统计局:《中国统计年鉴2010—2011》(光盘版),中国统计出版社2012年版。

③ Schwab K., World Economic Forum, *The Glole Competitiveness Report 2013 - 2014*, Geneva: SRO-Kundig, 2013, p.15,转引自康珂《试论"中国梦"视域下中国经济结构的战略性调整》,《桂海论丛》2014年第2期。

突出。中国梦的实现需进一步坚持走中国特色社会主义现代化道路,推进经济结构调整和发展方式转变,加快经济快速、平稳和持续健康发展。

二 实现"中国梦"的民主政治基础

政治昌明、社会稳定是先进政治制度的显著表现,民主是其核心。中国是五千多年的文明古国,尽管封建专制体制是传统政治模式的主体,但民主思想在中国却源远流长,从老子的"圣人无常心,以百姓心为心"的民本思想,到"大道之行也,天下为公"的"世界大同"思想,从韩非的"明法令"、"无法则乱"的法治思想,到农民起义军的"有田同耕,有衣同穿,有钱同使"的平均主义主张,先进的政治制度是社会和谐、安定有序的重要基础。近代以来,伴随着西方先进科学技术的漂洋过海,西方的民主政治制度也作为救国良药被引入中国,民主理论中"自由"、"平等"、"博爱"、"民主"等新生价值形态中的合理成分逐渐被吸纳和接收,形成贯穿民族独立主线的资产阶级民权主义思想。新中国成立后,现代民主政治的生成和发展孕育于中国独特的历史和现实国情,并伴随着社会经济的发展和现代化的推进不断衍生。社会主义民主政治在充分继承优良民主传统,借鉴西方民主政治理论精华,以马克思主义为指导,创造崭新内容和形式,形成中国民主政治制度的科学理论体系。中国社会特殊的历史发展逻辑和独特的国情,决定了当代中国的民主政治发展必须坚持中国特色社会主义政治道路,坚持中国共产党的领导、人民当家做主、依法治国有机统一。

改革开放以来,中国民主政治发展遵循以制度建设为根本,以执政党的民主建设为核心,发挥民主文化建设的引领作用,不断探索民主政治建设实践,完善民主政治权力运行机制、政治监督机制、合作协商机制、选举机制等,充分保障人民当家做主的权益,构建以人民代表大会制度、中国共产党领导的多党合作与政治协商制度、民族区域自治制度、基层民主制度为主要内容的中国特色社会主义基本政治制度,促进民主政治发展的制度化、规范化、科学化、法制化前景。实践证明,中国特色的民主政治制度有利于更广泛的民主参与,近年来选举制度改革的推进以及基层民主的发展,进一步健全了人民代表大会制度,民主参与更具广泛性和真实性;中国共产党领导的多党合作、政治协商制度消除了西方政党间的恶斗,协商决策有利于提高效率,增加百姓福祉;民族区域自治制度实现了少数民族自己管理自己内部事务，增强了各民族间的团结和融合，有利于社会稳定、和谐发展。中国民主政治建设在吸纳和借鉴世界先进政治文明的共性中，彰显自身独有的政治形态个性，逐步形成了中国特色社会主义民主政治发展模式，为中国梦的实践奠定了重要基础。

三 实现"中国梦"的科技文化基础

文化是国家经济、政治发展的重要支撑，是社会发展和进步的灵魂，如今，科学技术高度发达，科技文化软实力竞争已经成为国际竞争的重要内容，努力提高科技文化软实力有利于弘扬科技文化精神，提升国家综合国力，推动经济社会发展。

科技文化是社会发展到特定历史阶段的崭新文化形式，是一个国家和民族文化软实力的重要内容。当今社会，科学技术突飞猛进、蓬勃发展，对人类社会的生产方式、生活方式、行为方式和思维方式产生革命性的变革，有力地诠释了"科学技术是第一生产力"的论断。在德国哲学家卡西尔看来，"不同历史时期的文化形式表征着人类社会发展过程中不同阶段所达到的水平和层次，文化形式的依次更迭，使之成为人类自身进化标志的'里程碑'"[1]。

纵观历史，科学技术是推动社会全面进步的事业，从某种意义上说，地球上所有的社会进步可以显然地归功于科学，[2] 它是人类文明进步的最重要标志。中国是四大文明古国之一，辉煌的科技成就不容置疑。早在距今三千多年前的古代中国就有关于日食的记载，距今两千多年前《考工记》就准确地记载了六种不同成分的铜锡合金及其不同用途，以及造纸技术、火药、指南针、活字印刷等由中国推广至世界，并得到广泛的应用。著名英国科学家李约瑟博士认为，中国在3—13世纪保持一个西方所望尘莫及的科学知识水平，在《中国科学技术史》中，他进一步指出，在科学革命前长达14个世纪的时期内，中国文化能够比欧洲文化更有效地了解自然，而且更能把有关自然的知识用来造福人类；他还认为古代和

---

[1] 杨怀中：《科技文化的历史地位及当代价值》，《自然辩证法研究》2007年第2期。

[2] Sal Restivo, *Science, Society and Values: Toward a Sociology of Objectivity*, London and Toronto: Associated University-Presses, 1994, p. 49, 转引自杨怀中《科技文化的历史地位及当代价值》，《自然辩证法研究》2007年第2期。

中古时期中国有着一整套自然理论体系，有着系统的有记录的实验，而且有许多其精确性令人震惊的测量。以上论述充分说明，古代中国曾经取得科学技术的辉煌成就。但近代以来，中国对外长期的"闭关锁国"政策，使中国科学技术发展迅速落后于西方，并逐渐拉开了更大的差距。新中国成立后，中国的科学技术在一片"废墟"上重建，大批科研院所逐渐成立，华罗庚、钱学森等爱国志士放弃国外的优厚待遇纷纷回国效力，"向科学进军"号召将新中国领入一个科学技术蓬勃发展的新时代，在此期间，我国科技事业得到迅速发展，原子弹、氢弹的研发成功，生物学家在世界上首次人工合成牛胰岛素，物理学家发现反西格玛负超子等科研创新成果，为中国科学技术的发展奠定了坚实基础。改革开放后，我国提出科教兴国战略，科学技术发展逐渐取得可喜成绩。据《中国科学技术发展报告》统计，2011 年，我国中央财政科技拨款达到 2469 亿元，比上年增长 20.7%，地方财政科技拨款与中央同步增长；全国科学研究与实验发展人员达到 288.29 万人/年，位居世界首位；国际科学论文和专利授权总量继续位居世界前列，论文被引用数上升到世界第七位；国家知识产权局受理发明专利申请量首次超过 50 万件，同比增长 34.5%。[①] 近年来，我国科技事业取得了一系列重大自主创新成果，特别是"神十"与"天宫一号"成功自动对接，"嫦娥三号"成功登月，"蛟龙号"载人潜水器创新的下潜记录，标志我国在太空科技、海洋技术等领域均取得了重要突破，科技竞争力和国际影响力显著增强，为中国梦的实现奠定了坚实的科技文化基础。

四 实现"中国梦"的社会建设基础

党的十七大从中国特色社会主义事业长远发展战略出发，提出"坚持中国特色社会主义经济建设、政治建设、文化建设、社会建设的基本目标"，四位一体的建设目标为我国社会主义现代化建设提出了新的总体布局。社会建设是一个综合性概念，范围甚广，囊括满足人类共同生活以及安宁幸福的各种事业，其基本任务包括发展教育、医疗、社会保障等公共事业，优化社会结构，完善社会服务功能，促进社会组织发展等。社会建

[①] 《中国科学技术发展报告》（2011 年），http://www.most.gov.cn/kjfz/kjlc/，2014 年 4 月 10 日。

设既具有改革性质,也具有创新性质,是固有之文物制度的革新,也是社会发展制度之创新。作为固有文物之制度,社会建设在中国传统文化中已有丰富的思想基石,从管仲的"凡治国之道,必先富民"到孔子的"克己复礼为仁",从儒家的"人性本善"之"仁"、"义"、"礼"、"智"到法家强调的"不别亲疏、不殊贵贱、一断于法",可见,公平正义、依法治国、社会救助等社会治理的思想源远流长。作为现代之创新制度,社会建设是构建社会主义和谐社会的重要内容之一。改革开放后,我国经济高速增长,区域之间、城乡之间、收入分配等领域矛盾突出,为纠正单纯强调GDP、单纯强调经济增长的偏差,实现社会总体利益增长,维护最广大人民群众的最大利益,缓和社会矛盾,促进和谐发展,社会建设实现了理论发展的重要创新。社会建设目标的提出,是中国共产党对中国特色社会主义事业的新认识和新概括,有利于维护社会稳定、保障最广大人民根本利益、促进社会和谐发展,具有重要的理论和实践意义。

党的十七大后,按照中国特色社会主义事业总体布局的要求,我国社会建设取得了显著成效。一是教育、医疗、社会保障等公共事业发展取得新的成绩,上学难、看病难、住房难、养老难等问题得到普遍关注和不同程度的解决,城乡免费义务教育全面实现,城乡基本养老保险制度全面建立,新兴社会救助体系基本形成,全民医保基本实现,保障性住房稳步推进。二是优化城乡二元社会结构,统筹城乡一体化建设取得新的进展,城乡差距不断缩小,社会矛盾不断化解,城乡区域发展协调性不断增强,优化教育资源,改善医疗卫生条件,各种惠农富农政策的落实,使广大农民平等地分享现代化成果。三是完善社会服务功能,解决政府"归位"、"缺位"、"越位"、"错位"有了新的思路,政府管理体制中的"管办不分"逐渐转变为经济调节、市场监管、社会管理和公共服务等职能,不断推进社会事业建设的市场化和社会化进程。四是促进社会组织发展,实现社会资源有效配置,协调和化解社会矛盾取得新的突破。积极发挥各类社会组织的作用,充分利用社会力量和公众有序参与社会管理,实现城市社区、农村村委会的基层管理体系的构建,为维护社会安定团结发挥重要作用。

党的十八大后,党对社会建设提出了更多高屋建瓴的新要求:一是在改善民生和创新管理中加强社会建设,重点突出社会建设的科学化、系统化和制度化趋势;二是明确提出构建中国特色社会主义社会管理体系的

"二十字"方针,即党委领导、政府负责、社会协同、公众参与、法治保障。改革开放以来,中国共产党在社会建设方面的历史经验和改革创新,为实现中华民族伟大复兴的中国梦奠定了重要基础。

五 实现"中国梦"的民族团结基础

纵观历史轨迹,历史盛世的出现必须依赖于国家统一,各民族团结和睦相处、共同发展,因此,实现中华民族伟大复兴的中国梦,必须始终依靠中华民族的每一个人,必须充分调动和发挥中华民族每一个人的积极性和创造性,中国梦属于中华民族的全体成员,各民族团结是中华民族伟大复兴中国梦的坚实基石。

在悠悠中华民族的历史长河中,民族团结、和睦共处是各族人民的共同愿望,也是民族关系的主流。近代中国,内忧外患的社会现状促进中华民族团结意识的日益觉醒,在国家分裂、生死存亡的危急时刻,民族团结成为抵抗日本帝国主义侵略的有力武器。在《为抗日救国告全国同胞书》的号召下,全国各族人民团结一心,同仇敌忾,建立坚固的革命统一战线,维护国家主权和领土完整,实现国家和民族独立。其中,多支以少数民族为主力的抗日游击队成立,成为全国抗日联盟的重要力量。在此期间,中国共产党创造性地开展各项民族工作,提出成立少数民族委员会,管理各民族相关的事务,调节各民族间的关系;为解决抗战中蒙古民族问题,提出将民族区域自治作为解决民族团结的主要政策等。新中国成立后,中国共产党遵循我国基本国情,坚持民族平等团结的基本原则,通过《中国人民政治协商会议共同纲领》《关于保障一切散居的少数民族成分享有民族平等权利的决定》《中华人民共和国民族区域自治实施纲要》《中华人民共和国宪法》等进一步明确在少数民族地区推行民族区域自治,并坚持"社会主义的民族政策,就是要使所有的民族得到发展,得到繁荣",[1] 这是社会主义在民族政策上的根本立场。为进一步加快少数民族地区经济社会发展,中国共产党将发展经济文化、改善人民生活作为民族工作的主要任务,通过民族互助帮扶政策,解放生产力,变革生产关系,加快民族地区工业布局,促进经济快速增长。改革开放以来,中国各族人民团结的形式更加多元化,政治权利的参政与自治、基础设施建设的

---

[1] 宋蜀华、陈克进主编:《中国民族概论》,中央民族大学出版社2001年版,第283页。

投入与保障、自然资源的开发与利用、财政政策的倾斜与补贴、文化教育权利保障等,尤其是西部大开发的发展战略的实施,有效缩小了东西部差距,促进地区的可持续和均衡发展,为加强民族团结具有重要的理论意义和实践意义。

对于一个现代国家而言,最首要也是最基本的问题乃是加强民族国家一体化制度建设特别是国族一体化建设,保障国家权力不被国内各族群、各地方势力所分割和侵蚀,从制度上防止公民矛盾演化为族群矛盾,特别是从制度上防止族群矛盾演化为分裂问题。[①] 民族区域自治是马克思主义民族理论与中国国情、社会主义革命和建设实践相结合的伟大创举,有利于保障民族平等和各民族团结,实现少数民族当家做主的权利,充分发挥各族人民在社会主义建设中的积极性和创造性,实现各族人民大团结、大繁荣,是全面建设小康社会、加快推进社会主义现代化建设的现实需要,也是开创中国特色社会主义事业新局面,实现中华民族伟大复兴的必然要求。

六 实现"中国梦"的国防实力

当今世界,和平和发展是时代的主题,经济全球化、世界多极化、文化多样化、社会信息化深入发展,总体平稳是国际形势的主流态势。与此同时,国际形势总体和平与局部战争并存、总体平稳与局部动荡并存、经济全球化与霸权主义并存、世界多极化与强权政治并存,各地区的领土争端、军事竞争日趋激烈,国际安全问题仍然十分严峻。中国面临多元复杂的国际安全威胁和挑战,尤其是美国亚太安全战略的挑战,亚太地区日益成为世界经济发展和大国战略博弈的重要舞台。新的历史时期,中国需紧紧抓住机遇,积极应对挑战,坚定不移地走和平发展的道路,奉行防御性国防政策,打造与中国经济实力、国际地位相适应的,符合国家安全和发展利益的国防实力,反对各种形式的霸权主义和强权政治,维护国家统一和主权完整,保障国家和人民根本利益,推动世界和平稳定发展。

实现中华民族伟大复兴的中国梦,在某种意义上是实现军事强国梦。近代惨痛的历史事实换来了血的教训,"弱国无国防",强大的国防实力

---

① 胡鞍钢、胡联合:《中国梦的基石是中华民族的国族一体化》,《清华大学学报》2013年第4期。

是捍卫祖国领土完整,维护民族尊严,推动经济增长社会繁荣、人民安居乐业的保障和支撑。改革开放以来,我国现代化建设取得了举世瞩目的成绩,经济的快速增长,综合国力的大幅提升,国际竞争力和影响力不断提高,人民军队的现代化建设也取得了巨大成就。一是由过去单一军种发展成为诸军兵种合成的强大军队。据国防部2013年发布的《国防白皮书》,目前我国武装力量拥有85万陆军、23.5万海军、39.8万空军、第二炮兵、人民武装警察部队以及民兵群众武装组织。[①] 近年来,陆军积极推进由区域防卫型向全域机动型转变,陆军航空兵、轻型机械化部队和特种作战部队的发展,以及数字化部队建设,两栖装甲车的服役等大大提升了部队的作战实力;空军的主要任务是侦察预警、空中进攻、防空反导、战略投送,北斗卫星定位导航系统和隐形战斗机的研发与应用,雷达侦测技术和导弹武器性能的提升,大大增强了空军的打击和防御的能力;海军是海上作战行动的主体力量,主要由潜艇部队、水面舰艇部队、航空兵、陆战队、岸防部队等兵种组成,目前,第一艘航空母舰"辽宁舰"的交接入列,先进潜艇、驱逐舰、护卫舰等装备的研发和应用,将大大增强海军的战略威慑和反击能力;第二炮兵是中国战略威慑的核心力量,科技进步推动了武器装备的自主创新能力,各类型导弹部队的现代化有效推动了军队精确打击能力的稳步提升;武警部队和民兵群众武装组织在国家经济建设、维护社会秩序、抢险救灾等社会建设和发展事务中担当着重要角色。我国已经构建起平战结合、军民结合、军兵种结合的中国特色现代军事力量体系。二是军队的现代化和信息化进程不断推进。为适应世界军事发展新趋势,中国人民解放军在军队建设指导思想、军队编制训练、制度建设、战略战备等方面实现系列变革,逐步推进科技强军战略,逐步实现由数量规模型向质量效能型、由人力密集型向科技密集型转变,走以机械化为基础、信息化为主导的跨越式发展道路。[②] 随着新型信息化作战平台、武器装备的运用,中国人民解放军的作战实力不断增强。美国国防部发布的2012年度中国军力报告指出,中国在综合防空、水下战争、核威慑与

---

① 国防白皮书:《中国武装力量的多样化运用》,http://www.mod.gov.cn/auth/2013 - 04/16/content_ 4443008.htm,2014年4月10日。

② 国防白皮书:《2010年中国的国防》,http://www.mod.gov.cn/reports/201101/bpsz/2011 - 03/31/content_ 4235224.htm,2014年4月10日。

战略打击、作战指挥控制能力、陆海空协同训练和演习等方面取得了长足进步。

随着中国社会现代化建设的不断推进、经济的快速增长和综合国力的不断提升，中国在国际社会中担当了更多新的角色和责任。中国致力于长期的全面军事现代化，希望通过加强国防建设旨在维护国家主权、完全、领土完整，保障国家和平发展，坚持和平共处五项原则，积极成为国家安全合作的倡导者、推动者和参与者，促进社会和谐稳定，世界和平发展。

七 实现"中国梦"的国际竞争力

在经济全球化的背景下，国际竞争力理论及其评价标准和体系迅速成为社会关注的热点，由于构成和影响国际竞争力因素的复杂性，相关机构对国际竞争力内涵的诠释也存在差异，最具代表性的组织是世界经济论坛（World Economic Forum，WEF）、瑞士国际管理发展学院（International Institute for Management Development，IMD）、经济合作与发展组织（Organization for Economic Co-operation and Development，OECD）。国际竞争力的概念从早期的微观意义上的企业的国际竞争力发展成为一个多层次、综合性的宏观概念。经济与合作组织将国际竞争力划分为宏观竞争力、微观竞争力和结构竞争力。宏观竞争力是指国家法规、教育、技术层次的竞争力，微观竞争力是与企业取得市场和增加利润相关的竞争力，结构竞争力是技术基础设施、投资结构、生产类型、外部性等相关的竞争力。[1] 世界经济论坛竞争力指决定一个国家生产力水平的政策、制度和因素的集合。全球竞争力指数（GCI）由基础条件、效率推进、创新与成熟性三大因素决定；三大因素又被具化为12项一级指标来衡量一国综合竞争力状况。竞争力指数的总分就是这些指标的综合计分结果。12项指标为：制度、创新、宏观经济环境、医疗卫生和基础教育、高等教育与培训、商品市场效率、劳动力市场效率、金融市场发展水平、技术就绪度、市场规模、商业成熟度及创新。[2] 综合西方关于国际竞争力理论的发展，国际竞争力是指一个国家或地区提供持续竞争环境的能力，是指国家整体的经济发展水

---

[1] OECD, *Technology and The Economy: The Key Relationships*, Paris, 1992, p. 243.

[2] WEF, *The Global Competitiveness Report 2004*, 2004.

平和发展潜力。①

近年来,随着我国市场经济体制改革的不断推进,宏观经济环境状况良好,经济快速增长,人民生活水平不断提升,我国的国际竞争力整体排名不断上升,从2006年排名第54位,逐渐上升为2009年第29位,2011年第26位。根据世界经济论坛发布的《2013—2014年全球竞争力报告》(以下简称《报告》),在152个国家和地区中,中国的全球竞争力排名为第29位,竞争力指数为4.84,高于亚太经合平均指数4.78,也高于金砖四国平均指数4.41。②《报告》称影响中国全球竞争力的良好因素有"宏观经济环境"(第10位),中国经济增长率仍然保持在7%—7.5%的水平,以及通胀水平的下降和公共债务占比较低等。中国社会保持稳固的上涨趋势,不断提升在整个亚洲乃至世界的越来越重要的影响力,越来越多的国家更加依赖对中国的出口。影响中国竞争力的主要劣势包括,"腐败"(第68位)、"安全因素"(第75位)、"公信力"(第82位)、"商业道德标准"(第54位)以及"商品市场效率"(第61位),可见,与发达国家相比,中国的制度环境建设还存在较大差距,提升竞争力需继续加强和改善制度安排,有效推动国家可持续竞争力的增长。2012年中国在全球竞争力指数排名中首次出现下滑,从第26位跌落到第29位,2013年的排名与2012年的排名相同。《报告》合著者、世界经济论坛全球竞争力和基准网络研究中心副总监、经济学家蒂埃里·盖格(Thierry Geiger)指出,部署和改变一个140万人口的国家,要比改变一个14亿人口的巨型国家容易得多,在过去五年里,中国一直保持着前30位的位置,本身就是一种成就,由于国家规模庞大,中国竞争力水平的提升需要依赖于小的进步,而非跨越式的表现。③改革开放以来,中国经济发展方式发生了深刻变革,国家发展目标也从单纯的经济增长转变为多维度的国家实力和国家综合竞争力水平提升,中国特色的社会主义制度的不断完善有利于中国人民坚持制度自信,有效挖掘潜在增长点,有效应对国际竞争中的各种挑战并取得优异成绩。

---

① 唐任伍:《论中国的国际竞争力》,《北京邮电大学学报》2001年第4期。
② WEF, *The Global Competitiveness Report 2013 – 2014*,《世界经济论坛》2013年9月4日, p. 16.
③ 张璐晶:《复苏的经济——〈2013—2014年全球竞争力报告〉》,《中国经济周刊》2013年第9期。

八 实现"中国梦"的国际环境

经济全球化的发展，推动世界各国的交往不断扩大和深化，中国梦的实现不仅需要一个和平、共赢的国际环境，中国梦的实现也有利于中国人民与世界人民共享文明成果，共迎机遇与挑战，对推动世界和平发展具有重要影响。

爱好和平、友善相待是中国人民秉承的优良外交政策。大汉盛世的丝绸之路开启了中国与中亚之间密切的贸易交流，促进了盛唐时期经济和文化的对外开放。马可·波罗的中国游记刊发后，中国成为许多欧洲人向往的繁荣、富裕、文明的国度。新中国成立以来，中国人民积极应对国际环境中的诸多挑战，顺应世界潮流，奉行独立自主的外交政策，坚持和平共处五项基本原则，在艰难和曲折中走向世界舞台，我国外交事业取得举世瞩目的成绩，为和平发展创建了良好的国际关系环境。从新中国成立后的"另起炉灶"和"一边倒"的社会主义阵营外交，到毛泽东提出的"一条线"战略，即团结一切可以团结的力量，集中对付苏联的威胁；从"真正的不结盟"到"全方位外交战略"，进一步加强同发展中国家的团结与合作，努力发展大国间长期稳定的友好合作关系；从"合作"到"共赢"，致力于建立公平正义的国际体系和新型大国关系，在经济全球化背景下中国积极推动全面发展同各国的友好合作。

当前中国梦的实现处于重要的战略机遇时期，要正确研判国际环境，积极调整外交战略规划，为中国梦的实现创造有利的国际环境。中共十八大报告对国际环境作出了客观准确的研判，"世界多极化、经济全球化深入发展，文化多样化、社会信息化持续推进，科技革命孕育新突破，全球合作向多层次全方位拓展，新兴市场国家和发展中国家整体实力增强，国际力量对比朝着有利于维护世界和平方向发展，保持国际形势总体稳定具备更多有利条件……主张在国际关系中弘扬平等互信、包容互鉴、合作共赢的精神，共同维护国际公平正义"。[①] 因此，纵观国际国内大势，我国发展仍处于可以大有作为的重要战略机遇时期，习近平旗帜鲜明地强调："中国人民爱好和平。我们将高举和平、发展、合作、共赢的旗帜，始终

[①] 胡锦涛：《坚定不移沿着中国特色社会主义道路前进　为全面建成小康社会而奋斗》，人民出版社 2012 年版，第 10 页。

不渝走和平发展道路，始终不渝奉行互利共赢的开放战略，致力于同世界各国发展友好合作，履行应尽的国际责任和义务，继续同各国人民一道推进人类和平与发展的崇高事业。"① 事实证明，我国坚持的和平发展的外交道路，合作共赢的外交策略，为中国和世界赢得了良好的发展环境，"负责任"的大国意识在化解金融危机、维护世界和地区和平、促进世界经济增长等各个领域均树立了良好的国际形象。因此，中国的和平发展一定会对整个世界的发展产生更加积极的意义和影响。

第三节 实现"中国梦"的战略任务和根本动力

一 实现"中国梦"的战略任务

中国梦作为中国经济社会发展的一个重大战略，必然有重要的战略任务。

第一，实现"中国梦"，要坚定地走中国特色社会主义发展道路，实行"五位一体"的建设路径。中国特色社会主义发展道路是我们民族的复兴之路：一是坚定不移地走以经济建设为中心的经济发展道路，坚持以科学发展为主题，以转变经济发展方式为主线和全面深化经济体制改革，实施创新驱动发展战略和推进经济结构战略性调整；二是坚定不移地走中国特色社会主义政治发展道路，支持和保证人民通过人民代表大会行使国家权力，健全社会主义协商民主制度和基层民主制度等；三是坚定不移地走中国特色社会主义文化发展道路，加强社会主义核心价值体系建设，以全面提高公民道德素质和丰富人民精神文化生活，增强文化整体实力和竞争力等；四是在改善民生和创新管理中加强社会建设，以搞好教育和就业，增加居民收入和统筹推进城乡社会保障体系建设；五是加强社会生态文明建设，优化国土空间开发格局，全面促进资源节约，要加大自然生态系统和环境保护力度，加强生态文明制度建设。

第二，实现"中国梦"，必须坚持中国特色社会主义理论体系为指导。这就是：坚持用发展着的马克思主义，即中国特色社会主义理论体系的指导；坚持处理好马克思主义中国化过程中毛泽东思想和中国特色社会

---

① 《习近平在第十二届全国人民代表大会第一次会议上的讲话》，《人民日报》2013年3月18日。

主义理论体系之间一脉相承又坚持发展的关系；坚持处理好中国特色社会主义理论体系中邓小平理论、"三个代表"重要思想以及科学发展观一脉相承又坚持发展的关系；必须坚持解放思想、实事求是、与时俱进、求真务实这一科学发展观的精神实质。

第三，实现"中国梦"，必须加强社会主义核心价值体系的建设。这就是：一是社会主义核心价值体系是兴国之魂，决定着中国特色社会主义发展方向；二是推进马克思主义中国化、时代化、大众化，坚持不懈用中国特色社会主义理论体系武装全党、教育人民；三是坚持不懈地做好进行中国特色社会主义共同理想的教育；四是坚持不懈地做好以爱国主义为核心的民族精神和改革开放为核心的时代精神；五是深入开展爱国主义、集体主义、社会主义教育，丰富人民精神世界，增强人民精神力量；六是用社会主义核心价值体系引领社会思潮、凝聚社会共识。

第四，实现"中国梦"，必须坚持和完善中国特色社会主义制度。中国特色社会主义制度，是当代中国发展进步的根本制度保障：一是要坚持和完善包括人民代表大会制度这一根本政治制度、中国共产党领导的多党合作和政治协商制度、民族区域自治制度以及基层群众自治制度等构成的基本政治制度；二是要坚持和完善社会主义公有制为主体、多种所有制经济共同发展的基本经济制度；三是要坚持和完善以"民生为导向的，以和谐社会为特征的中国特色的社会制度；四是要坚持和完善以建设社会主义文化强国为目标的中国特色社会主义文化制度；五是要坚持和完善中国特色社会主义法律体系、经济体系和文化体系建设。

第五，实现"中国梦"，必须弘扬中国精神。弘扬中国精神：一是以爱国主义为核心的民族精神和改革创新为核心的时代精神。民族精神、时代精神是凝心聚力的兴国之魂、强国之魄。爱国主义始终是把中华民族坚强团结在一起的精神力量，改革创新始终是鞭策我们在改革开放中与时俱进的精神力量。二是要有知难而进、艰苦奋斗、自强不息的改革创新精神。三是要弘扬"富贵不能淫、贫贱不能移、威武不能屈"和"先天下之忧而忧、后天下之乐而乐"、清正廉洁、乐于奉献的中国传统的优良作风和精神。这样才能为实现中华民族伟大复兴"中国梦"提供强大的精神支撑。

第六，实现"中国梦"，必须凝聚中国力量。力量是一个国家生存发展的基础，是一个民族屹立于世界之林的根本。凝聚中国力量：一是中华民族几千年形成的爱国力量；二是以中国共产党为核心的领导力量；三是坚持中国特色社会主义的道路力量、理论力量和制度力量；四是坚持社会主义核心价值体系的精神力量，坚持依靠人民群众是历史创造者的主体力量；五是坚持改革来促进社会发展的创新力量；六是依靠中华各民族大团结来实现的民族力量；七是侨胞、同胞、爱国人士和宗教等方面形成的统战力量；八是建设强大的人民军队这一国防力量；九是我们的事业得到世界人民支持和拥护的国际力量；十是最大限度团结一切可以团结的力量，集聚正能量，以创造的精神开创中华盛世。

第七，实现"中国梦"，必须坚持改革开放的方针。改革开放是创新社会发展的重要途径和手段：一是改革开放对社会发展具有重要的推动作用；二是改革是坚持和完善中国特色社会主义制度的重要途径，实现"中国梦"这一共同理想的内驱动力；三是开放是吸收世界先进文明成果，实现"中国梦"这一共同理想的外部条件；四是改革是道路，就是在中国共产党领导下，立足基本国情，以经济建设为中心，坚持四项基本原则；五是处理好改革开放和独立自主、自力更生在实现中国特色社会主义共同理想的相互关系。

第八，实现"中国梦"，必须探索中国特色社会主义的发展规律。任何事物的发展都有规律可循，中国梦的实现也一样，对中国梦规律的把握和研究是我们的重要责任：一是探索中国特色社会主义的道路、理论体系和制度的关系；二是探索中国特色社会主义的本质、特征和形式的关系问题；三是探索中国特色社会主义的任务和动力问题；四是探索中国特色社会主义的若干重大战略问题；五是探索中国特色社会主义的若干战略关系；六是探索"中国梦"教育和"中国梦"的实现路径。

二 实现"中国梦"的战略动力

有人类生活的地方，就有梦想飞翔，梦想决定着人们奋发努力的方向。习近平总书记指出：每个人都有自己的梦想，每个民族也都有自己的梦想。实现中华民族伟大复兴，就是中华民族近代以来最伟大的梦想。这个梦想，凝聚了几代中国人的夙愿，体现了中华民族和中国人民的整体利益，是每一个中华儿女的共同期盼。

1. 中国特色社会主义为实现"中国梦"的确立提供了根本动力

中国梦是中国人民在中国共产党领导下探索国家富强、民族振兴、人民幸福和社会和谐的伟大梦想。中国特色社会主义是当代中国的共同理想，中国特色社会主义为实现中国梦确立了根本动力。

第一，中国特色社会主义发展道路为实现"中国梦"提供了根本路径。中国共产党90年来革命和建设中探索成功的，以中国国情为基础的中国特色社会主义道路为实现"中国梦"奠定了根本路径。这条道路坚持以经济建设为中心，它为实现"中国梦"创造了物质基础；这条道路以改革开放为动力，为实现"中国梦"提供了成功经验；这条道路以党的十八大提出的"必须坚持八项原则"，即：必须坚持人民主体地位、必须坚持解放和发展社会生产力、必须坚持推进改革开放、必须坚持维护社会公平正义、必须坚持走共同富裕道路、必须坚持促进社会和谐、必须坚持和平发展、必须坚持党的领导，为实现"中国梦"提供了政治保障。实践证明，中国特色社会主义道路是民族振兴之路、国家富强之路、人民幸福之路和社会和谐之路。

第二，中国特色社会主义理论体系为实现"中国梦"提供了行动指南。马克思主义中国化的最新理论成果——中国特色社会主义理论体系，是中国特色社会主义建设的行动指南，也是实现"中国梦"的科学理论保障。今天，我们要实现"中国梦"，就必须把中国特色社会主义理论体系作为行动指南。首先，必须坚持马克思主义中国化时代化大众化，把坚持不懈用中国特色社会主义理论体系武装全党作为实现"中国梦"的重要原则；其次，坚持加强社会主义核心价值体系建设，把坚持"24字方针"为内容的社会主义核心价值观作为实现"中国梦"的精神动力；最后，深入开展爱国主义、集体主义、社会主义教育，丰富人民精神世界内容的教育是实现"中国梦"永续发展的思想保障，决定着"中国梦"的发展方向。

第三，中国特色社会主义制度为实现"中国梦"提供了制度保障。中国特色社会主义制度，包括了中国特色社会主义的政治制度、经济制度、文化制度、社会制度和生态文明制度等，它为实现"中国梦"提供了制度保障。在今天，坚持中国特色社会主义的政治制度，就是要坚持以人民代表大会制度为基础的根本政治制度，坚持以中国共产党领导的多党合作和政治协商制度、民族区域自治制度以及基层群众自治制度的基本政治制度，为实现"中国梦"提供政治制度保障；坚持以公有制为主体、多种所有制经济共同发展的基本经济制度和经济管理制度，它为实现

"中国梦"提供了经济制度保障；坚持以建设社会主义文化强国为目标，走中国特色社会主义文化发展道路为内容的文化制度，它为实现"中国梦"提供了文化制度保障。同时，还要坚持和完善中国特色社会主义法律体系、社会体制等各项具体制度，它们为实现"中国梦"提供了社会制度保障。

第四，中国特色社会主义"三位一体"统一于实现"中国梦"的实践之中，并为它提供了根本动力。首先，坚持中国特色社会主义，就是要坚持中国道路，它是实现"中国梦"的重要路径；要坚持中国特色社会主义理论体系，它是行动指南；坚持中国特色社会主义制度，它是根本保障。三者统一于实现"中国梦"的实践之中。其次，坚持中国特色社会主义的总依据是我国还处在社会主义初级阶段；总布局是进行经济建设、政治建设、文化建设、社会建设和生态文明建设的"五位一体"。最后，实现"中国梦"的总任务是实现社会主义现代化和中华民族的伟大复兴。把坚持中国特色社会主义和实现"中国梦"有机统一起来，具有重要的目标导向价值，它为实现"中国梦"提供了根本动力。

2. 全面建成小康社会为实现"中国梦"提供了基础动力

党的十八大根据我国经济社会发展实际和人民群众新期待，综合考虑未来国际国内发展趋势和条件，为2020年全面建成小康社会规划了"时间表"和"路线图"。它是国家富强、民族振兴、人民幸福和社会和谐这一"中国梦"实现的第一步，全面建设成小康社会为中华民族伟大复兴的"中国梦"提供了基础动力。

第一，全面建成小康社会为实现"中国梦"创造了基础性条件。党的十八大提出2020年全面建成小康社会目标，全面建成小康社会为实现"中国梦"创造了基础性条件。这表现在：一是全面建成小康社会所带来的经济实力能为"中国梦"这一宏伟目标的实现打下重要的物质基础；二是全面建成小康社会的民主法治要求能为"中国梦"这一宏伟目标的实现打下重要的政治制度基础；三是全面建成小康社会的文化基础要求能为"中国梦"这一宏伟目标的实现提供重要的智力支撑和思想动力；四是全面建成小康社会的社会管理创新能为"中国梦"这一宏伟目标的实现打下重要的和谐社会基础；五是全面建成小康社会的美丽中国要求能为"中国梦"这一宏伟目标的实现创造资源节约型和环境友好型的生态社会基础。

第二，全面建成小康社会为实现"中国梦"提供了"五大优势"。实现中华民族的伟大复兴，凝聚了历代中国人的夙愿，是从1840年鸦片战争以来中华儿女矢志不渝的奋斗目标，是中国人民的跨世纪梦想。习近平总书记在参观《复兴之路》展览时的讲话中指出："现在，我们比历史上任何时期都更接近中华民族伟大复兴的目标，比历史上任何时期都更有信心、有能力实现这个目标。"[1] 习近平指出，我们实现"中国梦"有"五大优势"，即巨大的理论优势、巨大的政治优势、巨大的组织优势、巨大的制度优势和密切联系群众的优势。这些优势决定着我们党能够始终成为建设中国特色社会主义事业、实现中国梦的坚强领导核心。一是全面建成小康社会能够为实现"中国梦"提供巨大的理论优势。全面建成小康社会是实现"中国梦"的重要阶段，是中国特色社会主义的重要内容，它必然坚持以社会主义核心价值体系为主导，坚持以发展着的马克思主义——中国特色社会主义理论体系为指导，以中国特色社会主义的共同理想为精神动力，这就为实现"中国梦"提供了巨大的理论优势。二是全面建成小康社会能够为实现"中国梦"提供巨大的政治优势。全面建成小康社会是在中国共产党领导下来实现和完成的。全面建成小康社会必然要走中国特色社会主义政治发展道路，通过政治体制改革来完善国家各类政治管理机构和行政体制、加强民主法制建设，这就为实现"中国梦"提供了巨大的政治优势。三是全面建成小康社会能够为实现"中国梦"提供巨大的组织优势。全面建成小康社会能够凝聚我国各党派、各民族、各宗教团体、民主人士和爱国人士、同胞侨胞和国内外其他力量，组成爱国统一战线，高举社会主义和爱国主义两面旗帜，这就为实现"中国梦"提供了巨大的组织优势。四是全面建成小康社会能够为实现"中国梦"提供巨大的制度优势。全面建成小康社会必然要坚持中国特色社会主义制度，即坚持人民代表大会制度这一根本政治制度，坚持共产党领导的多党合作和政治协商制度、民族区域自治制度和基层群众自治制度，还包括中国特色社会主义的法律体制、政治文化体系等，它为实现"中国梦"提供了巨大的制度优势。五是全面建成小康社会能够为实现"中国梦"提供巨大的密切联系群众的优势。我们党提出全面建成小康社会反映了全国各民族的共同愿望，代表了最广大人民群众的根本利益，也是中国共产党

---

[1] 《习近平在参观〈复兴之路〉展览时的讲话》，《人民日报》2012年11月30日。

执政为民的重要体现，它为实现"中国梦"提供了巨大的密切联系群众的优势。

3. 社会主义核心价值体系建设为实现"中国梦"提供了重要的思想基础和精神动力

"中国梦"是中华民族伟大复兴的共同理想，它的实现需要强大的思想理论基础和精神动力，社会主义核心价值体系的提出为"中国梦"的实现提供了思想理论基础和精神动力。

第一，社会主义核心价值体系建设是实现"中国梦"的本质要求和重要的思想理论基础。首先，社会主义核心价值体系坚持马克思主义为指导、中国特色社会主义的共同理想、以爱国主义为核心的民族精神和以改革为核心的时代精神以及社会主义荣辱观，它是社会主义意识形态的本质体现；其次，它坚持发展的马克思主义即中国特色社会主义理论体系为指导，特别是要加强马克思主义中国化时代化大众化，是实现"中国梦"的重要思想理论基础；再次，社会主义核心价值体系坚持中国特色社会主义的共同理想，反映了全体中国人民的根本利益和共同愿望；最后，社会主义核心价值观"倡导富强、民主、文明、和谐，倡导自由、平等、公正、法治，倡导爱国、敬业、诚信、友善"，是实现"中国梦"的重要思想理论依据和行动规范。社会主义核心价值体系是振兴中华民族的兴国之魂，决定着"中国梦"的性质和发展方向。

第二，社会主义核心价值观体系建设为实现"中国梦"提供了精神动力。一是社会主义核心价值体系坚持以爱国主义为核心的民族精神和改革开放为核心的时代精神，是中华民族生生不息、薪火相传的精神动力；二是社会主义核心价值观倡导的富强、民主、文明、和谐是"中国梦"的崇高的价值目标；三是社会主义核心价值观倡导的自由、平等、公正、法治是实现"中国梦"的重要路径；四是社会主义核心价值体系是社会主义先进文化的精髓，是实现"中国梦"这一共同理想的文化支撑。

第三，社会主义核心价值体系为"中国梦"的实现提供了道德支撑。一是社会主义核心价值体系建设坚持"八荣八耻"的社会主义荣辱观，是实现"中国梦"的道德规范；二是社会主义核心价值观倡导的爱国、敬业、诚信、友善，是实现"中国梦"的道德选择；三是社会主义核心价值体系主导的中华民族传统美德、优秀革命道德、社会公德、职业道德、家庭美德是实现"中国梦"的道德支撑；四是社会主义核心价值体系主导的中华民族要开拓进取、改革创新是实现"中国梦"的道德追求。

4. 中国各民族的共同理想为实现"中国梦"提供了主体动力

"中国梦"深刻道出了中国近代以来历史发展的主题主线，深情描绘了近代以来中华民族生生不息、不断求索、不懈奋斗的历史。实现"中国梦"集中代表了我国各族工人、农民、知识分子和其他劳动者、爱国者的共同利益和愿望，这一共同利益和愿望是实现"中国梦"的主体动力。习近平说，中国梦是民族的梦，也是每个中国人的梦。实现"中国梦"必须凝聚中国力量，这就是中国各族人民大团结的力量。只要我们紧密团结，万众一心，为实现共同梦想而奋斗，实现梦想的力量就无比强大。

第一，中华民族赢得独立解放的奋斗历史是实现"中国梦"的强大动力。中华文明以其独有的特色和辉煌走在了世界文明发展的前列，为世界文明进步作出过巨大的贡献。1840 年爆发的中英第一次鸦片战争，不但打开了中国的国门，也打碎了"天朝之梦"，从此，中国逐步沦为半殖民地半封建社会。孙中山提出了建立资产阶级共和国的梦想，结果还是失败了。在唤醒中华民族萌发出中国梦的过程中，无数仁人志士屡踣屡起，不懈探索奋斗。马克思主义的传播，中国共产党的领导，新中国的成立，"中国梦"才迈出了赢得民族独立、人民解放的第一步。我们建立起具有中国自己特点、适合中国国情的社会主义根本制度，极大地解放和发展了社会生产力，创造出令世人惊叹的中国奇迹，中华民族才逐渐迈进全面建成小康社会这一重要时期。中华民族独立解放的奋斗轨迹是"中国梦"实现的强大动力。

第二，中国各民族的共同理想是实现"中国梦"的重要动力。人民群众对自己利益的追求是创造历史的强大动力。首先，中国梦描绘了民族复兴的光明前景，描绘了实现好维护好发展好最广大人民根本利益的宏伟蓝图，最大限度地兼顾和包容了各族人民的根本利益。实现中国梦，就能充分保障人民享有的经济、政治、文化、社会等各方面权益，让发展成果为广大人民所共享。其次，实现"中国梦"是中国最广大人民的根本利益和共同愿望，它内蕴着攻坚克难的强劲感召力，能为"中国梦"的实现提供主体动力。再次，实现"中国梦"要求进行社会主义、爱国主义和集体主义教育，揭示了国家富强、民族振兴、人民幸福与社会和谐这一"中国梦"的本质要求；有利于把全国人民更好地凝结成"利益共同体"、

"命运共同体",凝聚中国各民族大团结力量,这是实现"中国梦"的主体动力。

第三,"三个共同享有"为实现"中国梦"提供了公平正义的价值导向。习近平总书记强调:"生活在我们伟大祖国和伟大时代的中国人民,共同享有人生出彩的机会,共同享有梦想成真的机会,共同享有同祖国和时代一起成长与进步的机会。"① 这"三个共同享有",充分彰显了公平正义尤其是机会公平的价值理念。中国梦的提出告诉我们,空谈误国,实干兴邦。只有劳动,只有创造,只有奋斗才有收获。社会财富,人民公平共享。正如习近平主席所强调的,"保证人民平等参与、平等发展权利,维护社会公平正义"。中国梦告诉我们,每个人的前途命运都与国家和民族的前途命运紧密相连。国家好,民族好,大家才会好。实现中华民族伟大复兴的"中国梦"是一项光荣而艰巨的事业,需要一代又一代中国人共同为之努力。

第四节 实现"中国梦"的战略,创新着"中国模式"

实现中华民族的伟大复兴,即中国梦,是千百年来中国人的一个梦想,它创新着中国模式。著名学者林尚立指出:中国梦,既是中国发展的目标追求,也是中国发展的内在机制。作为目标追求,中国梦追求实现国家富强、民族复兴与人民幸福;作为内在机制,中国梦力图将国家的发展与每个人的发展紧密结合起来,通过激发每个人的积极性和创造性来推动国家的发展。所以,中国梦是中国发展模式的必然要求;同时也是中国发展模式取得最终成功的关键。②

一 实现"中国梦"的战略,推动着"中国模式"的发展

中国以超大规模的体量实现革命性转型与快速发展,无疑是一个历史奇迹。创造这种奇迹的关键在于中国独特的发展模式。经过长期的探索和实践,中国凭借中国共产党强有力领导和中国社会主义制度的独特优势,将国家的作为、个体的活力与社会的团结作为推动社会平稳转型与国家有

---

① 习近平:《只有共同享有机会,才能实现中国梦》,人民网,2013年3月17日。
② 林尚立:《中国梦与中国发展模式》,《解放日报》2013年12月10日。

效发展的核心要素，并努力将三大核心要素化合为国家发展的正能量。中国梦就是力图在新的时代背景下，更全面、更深刻地激发出这三大核心要素的能力，从而为中国的进一步发展提供动力和保障。

1. 中国梦给中国模式的发展确定了新目标

中国梦给人民创造以新期待，点燃了每个中国人对自己、对国家新的希望，从而使每个人能更好地规划和实践自我发展，并由此汇聚出中国发展所需要新的社会活力与新的发展动力。中国梦能使国家在未来的发展中，以更强的领导力来总揽中国发展全局，以更强的改革力来激活中国发展的动力，以更强的统筹力来把握中国发展的进程，以更强的治理力来保证中国发展的持续。进入21世纪，中共中央提出了中国梦的"三部曲"：第一部曲，实现"中国梦"这一共同理想的初级目标。到2020年，即中国共产党成立100年时候，全面建成小康社会。围绕这一核心目标系统地设计了经济建设、政治建设、文化建设、社会建设和生态文明建设"五位一体"的目标体系。第二部曲，实现"中国梦"这一共同理想的中级目标。到2050年，即中华人民共和国成立100周年的时候，把我国建成富强、民主、文明、和谐的社会主义现代化国家。第三部曲，实现"中国梦"这一共同理想的最终目标。即到21世纪末，实现中华民族伟大复兴。

2. 中国梦为坚持和发展中国模式打开新视野

实现中华民族伟大复兴的中国梦，与社会主义现代化的奋斗目标是高度统一的。这种统一性，为坚持和发展中国特色社会主义进一步打开了新视野。一是拓展了马克思主义中国化时代化大众化的新空间。实现中国梦，是从中国实际出发，运用马克思主义基本原理来解决这一时代课题，必将开辟马克思主义在中国发展的新境界。二是确立了中国道路、中国精神、中国力量的新导向。中国梦是中国各族人民利益的汇合点，是中国力量的着力点、聚焦点、落脚点，各族人民只有向着中国梦的目标共同奋斗，才能真正形成大团结的磅礴力量。三是明确了在中国特色社会主义总布局下推进改革和建设的新要求。党的十八大确定了经济、政治、文化、社会和生态文明建设"五位一体"的中国特色社会主义建设总布局。

3. 中国梦为创新中国模式凝聚了智慧和力量

中国梦为凝聚全国人民智慧和力量提供了新动力：一是中国梦内蕴着攻坚克难的强劲动力。实现中国梦，就能充分保障人民享有的经济、政治、文化、社会等各方面权益,让发展成果为广大人民所共享。人民群众对自己利益的追求是创造历史的强大动力。二是中国梦彰显了公平正义的价值理念。习近平总书记强调:"生活在我们伟大祖国和伟大时代的中国人民,共同享有人生出彩的机会,共同享有梦想成真的机会,共同享有同祖国和时代一起成长与进步的机会。"[1] 这"三个共同享有",充分彰显了公平正义尤其是机会公平的价值理念。三是中国梦展示了民族复兴的光明前景。在中国梦的鼓舞下,中华民族一定会在复兴之路上创造出一个又一个的"中国奇迹"、"中国震撼",铸就新的更大辉煌。

4. 中国梦为推动中国模式的国际环境创造了新条件

中国梦是发展自己与为人类文明作贡献的统一。当今时代,任何国家都是与世界紧密相连、密不可分的。中国的发展一定会给世界各国发展带来更多"红利",注入更多富于建设性的能量。一是中国梦是推进中华文明与丰富社会主义文明的统一。中国梦的实现需要包容性、开放性、进取性的优秀民族传统,这也是文明的重要内容。二是中国梦是与世界各国共享战略机遇与共同应对挑战的统一。随着经济全球化和科技信息化深入发展,各国利益相互交织,你中有我、我中有你,一个国家发展的机遇往往也会惠及他国,会面临共同困难。中国梦的实现要与其他国家一起共同战胜困难,共享战略机遇,分享全球红利。三是中国梦要求坚持走和平发展道路。首先继续高举和平、发展、合作、共赢的旗帜,坚定不移致力于维护世界和平、促进共同发展;其次弘扬平等互信、包容互鉴、合作共赢的精神,共同维护国际公平正义,坚持在和平共处五项原则基础上全面发展同各国的友好合作。

5. 中国梦为中国模式的软环境建设注入了新动能

"中国梦"就是中国特色社会主义共同理想的具体化,是全体中国人民都可以认同和追求的共同的理想:一是"中国梦"是在生产力发展基础上中国人民追求的共同富裕、公平正义、民主法制、诚信友爱、充满活力、安定有序、人与自然和谐相处的梦想,它的实现能使中国具有屹立于世界富强民族之林的实力。二是中国梦的实现能使社会生产力、经济实力、科技实力迈上一个大台阶,人民生活水平、居民收入水平、社会保障水平迈上一个大台阶,综合国力、国际竞争力、国际影响力迈上一个大台

---

[1] 习近平:《只有共同享有机会,才能实现中国梦》,人民网,2013 年 3 月 17 日。

阶。三是实现中国梦能坚持富国强兵、民族尊严、主权完整、国家统一，促进中国的社会和谐，使社会法制规范、基本公共服务体系完善、社会保障体系健全、社会的公德良好、社会人与人相互友爱和人民幸福。

6. 中国梦给社会团结以新共识

中国梦给社会团结以新共识，凝聚了国家发展所需要的全体人民的力量，从而使全体人民共同参与国家的进步与发展之中，确保国家发展有一体的结构、社会的共识和凝聚的合力。中国梦，充分体现了肩负国家和民族重任的使命担当，完整展示了中国时代发展全局的战略智慧，它在我们党治国理政各方面凸显强大推动力，已经成为凝聚全党全国各族人民团结奋斗的一面旗帜。

二 实现"中国梦"的战略，创新着"中国模式"

中国梦是中国发展模式的必然要求，也是中国发展模式取得最终成功的关键。中国梦给中国模式以新目标，创新着中国模式。

1. 中国梦创新着民主法治化的中国模式

建设社会主义政治文明，需要走有中国特色的政治发展道路，中国的民主政治发展要坚持自己的道路，创造出适合中国国情的政治发展模式。走中国自己的民主发展道路，就必须实行选举民主、协商民主和党内民主结合的民主制度。改革开放前的中国实行的是一种高度集中的中央计划体制和管理体制，社会权力萎缩，国家权力无限扩张，社会被国家所吞没。1992年提出建立社会主义市场经济体制目标后，中央与地方关系正在向着合理化和法制化方向调整并取得一定进展。社会成员自主意识、平等意识、权利意识、法律意识在不断增强；政治参与从动员型转向自主型，政治参与制度化程度在提高；政治发展道路的选择从追求激进转向寻求渐进；人们开始用现代民主价值观来作为自己的政治评判标准；党和国家开始适度分离；公民社会开始出现；社会主义法治国家被确定为政治发展的目标；直接选举和自治的范围在扩大；政企在分开；地方政府成为民主治理的创新主体并进行了一系列制度创新；从实行闭关自守政策转向全面的、全方位的对外开放。① 改革开放以来，中国民主政治发展历程体现出

---

① 俞可平：《积极实行增量政治改革，加快建设社会主义政治文明》，《理论动态》2003年第1595期。

了自己的基本特征：自主性发展、主导性发展、稳定性发展、渐进性发展。自主性发展是指自主选择本国的政治发展模式和政治发展道路，它在某种程度上也是一种内源式发展。主导性发展是指中国共产党及其领导核心在政治发展中发挥着主导性作用，建设社会主义民主政治是"在党的领导下有步骤、有秩序地推进"，这种主导性发展是与党和国家相对于社会所享有的高度自主性联系在一起的。稳定性发展是指政治稳定和政治发展不能偏废，要在稳定中推进改革发展，在改革发展中实现稳定。渐进性发展是指政治发展需要循序渐进，稳步推进。[①]

党的十八大提出，法治是治国理政的基本方式，要加快建设社会主义法治国家，全面推进依法治国；到2020年，依法治国基本方略全面落实，法治政府基本建成，司法公信力不断提高，人权得到切实尊重和保障。

习近平在党的十八届三中全会上进一步提出，建设法治中国，必须坚持依法治国、依法执政、依法行政共同推进，坚持法治国家、法治政府、法治社会一体建设。全面贯彻落实这些部署和要求，关系加快建设社会主义法治国家，关系落实全面深化改革顶层设计，关系中国特色社会主义事业长远发展。

在党的十八届四中全会上，习近平进一步指出：法律是治国之重器，法治是国家治理体系和治理能力的重要依托。全面推进依法治国，是解决党和国家事业发展面临的一系列重大问题，解放和增强社会活力、促进社会公平正义、维护社会和谐稳定、确保党和国家长治久安的根本要求。习近平强调指出：加快建设社会主义法治国家，必须全面推进科学立法、严格执法、公正司法、全民守法进程，强调坚持党的领导，更加注重改进党的领导方式和执政方式；依法治国，首先是依宪治国；依法执政，关键是依宪执政；新形势下，我们党要履行好执政兴国的重大职责，必须依据党章从严治党、依据宪法治国理政；党领导人民制定宪法和法律，党领导人民执行宪法和法律，党自身必须在宪法和法律范围内活动，真正做到党领导立法、保证执法、带头守法。

2. 中国梦创新着经济市场化的中国模式

经济发展是民主政治发展最重要的动力机制。经济发展意味着经济总量的增加、结构的调整和质量的提高。经济发展状况由财富、工业化、城

---

① 桑玉成、袁峰：《世纪之交的中国政治发展》，《政治学研究》1998年第3期。

市化、沟通等指标构成。研究经济发展与政治发展之间的关系是20世纪政治学研究中一个经久不衰的主题。中国经济市场化始于20世纪70年代末期，是以计划经济为起点的渐进式的市场化。中国经济市场化具有很多重要特点：一是市场在资源配置中起决定性作用和更好发挥政府作用；二是渐进式的市场化发展；三是以公有制为主体、多种经济共同发展；四是在中国共产党领导之下，国有经济的控制力量和政府管理经济是主导力量；五是实行"看不见的手"和"看得见的手"的有机结合。中国的经济市场化主要包括三个方面原则：一是经济体制的市场化变化，继续提升非公有制经济的地位；二是现代市场体系的完善，更加强调市场在经济发展中的决定性作用；三是调控的市场化，更加完善行政调控和市场决定之间的互动关系。

在党的十八届三中全会上，习近平指出：必须毫不动摇巩固和发展公有制经济，坚持公有制主体地位，发挥国有经济主导作用，不断增强国有经济活力、控制力、影响力。市场决定资源配置是市场经济的一般规律，市场经济本质上就是市场决定资源配置的经济。健全社会主义市场经济体制必须遵循这条规律，着力解决市场体系不完善、政府干预过多和监管不到位问题。作出"使市场在资源配置中起决定性作用"的定位，有利于在全党全社会树立关于政府和市场关系的正确观念，有利于转变经济发展方式，有利于转变政府职能，有利于抑制消极腐败现象。习近平强调：发展社会主义市场经济，既要发挥市场作用，也要发挥政府作用，但市场作用和政府作用的职能是不同的。我们要强调科学的宏观调控，有效的政府治理，是发挥社会主义市场经济体制优势的内在要求。

3. 中国梦创新着文化多样化的中国模式

文化是一个民族的灵魂与血脉，不同国家与民族独特的文化和传统，是其赖以生存、延续的条件。2002年9月，在联合国约翰内斯堡"可持续发展首脑会议"上，法国总统希拉克曾经说过："文化是与经济、环境和社会并列的可持续发展的第四大支柱"，[①] 日本学者池田大作则说，文化是以调和性、主体性和创造性为骨干的，是人的生命力的强韧产物。

文化多样性是指各群体和社会借以表现其文化的多种不同形式。文化多样性主要指民族文化的多样性，表现形式主要有语言文字、宗教信仰、

---

① ［法］希拉克：《尊重文化多样性》，（国际论坛），人民网，2005年10月23日。

思想理论、文学艺术、民居建筑、风俗习惯等各个方面。透过民族节日和文化遗产，我们可以深切地感受民族文化多姿多彩的魅力。这些表现形式在他们内部及其间传承。文化多样性不仅体现在人类文化遗产通过丰富多彩的文化表现形式来表达、弘扬和传承的多种方式，也体现在借助各种方式和技术进行的艺术创造、生产、传播、销售和消费的多种方式。文化多样性是人类社会的基本特征，是人类文明进步的重要动力，也是人类不断发展的源泉。对待文化多样性的正确态度应是：既要认同本民族文化，又要尊重其他民族文化，相互借鉴，求同存异，尊重世界文化多样性，共同促进人类文明繁荣进步。

因此，尊重文化多样性是发展本民族文化的内在要求，也是实现世界文化繁荣的必然要求。保护文化多样性，前提是认识与尊重文化多样性。越是民族的，就越是世界的，其意就在强调文化的多样性。文化能趋同，文化亦可立异。尊重文化多样性，就要尊重文化的独立性、异质性和完整性。

联合国教科文组织所通过的《世界文化多样性宣言》曾写道："文化是当代围绕认同、社会凝聚以及知识经济的发展的各种争论的核心。"多样性的文化必然有冲突，这种冲突或停留在文化层面，或扩张至经济领域，甚或延伸至政治世界。要协和万邦，就需要跨文化对话、越国界沟通，实现文化上的"和而不同"。全球化时代保护文化多样性，必然需要"同桌面沟通"，最终达到和谐共处、多样并存。

文化是习近平出访必不可少的元素之一，从参观访问到发表演讲，他多次提及中国文化和对外交流。

习近平非常重视提倡文化多样性。在墨西哥国会参议院演讲时，习近平说："中拉要加强文明对话和文化交流，不仅'各美其美'，而且'美人之美，美美与共'，成为不同文明和谐共处、相互促进的典范。"在印度尼西亚谈到中国与东盟关系时，习近平说："这里是充满多样性的区域，各种文明在相互影响中融合演进，为中国和东盟国家人民相互学习、相互借鉴、相互促进提供了重要文化基础。"[1]

习近平担任国家主席后首访欧洲时指出，中国积极参与联合国教科文组织各方面工作，将会在环境保护、可持续发展、气候变化、非物质文

---

[1] 习近平：《中国对文化多样性主张》，《北京青年报》2014年3月27日。

遗产保护和妇女、女童教育等领域给予联合国教科文组织有力支持。习近平在对外介绍中国文化时，谈的既有传统文化，也有流行文化。在对俄罗斯的访问中，同俄罗斯汉学家和学习汉语的青年进行了广泛的交流；在访问南非时，习近平表示将和南非互办"国家年"，在南非设立中国文化中心；在刚果共和国，习近平为恩古瓦比大学图书馆设立的中国馆揭牌。在荷兰之行中，媒体称习近平和荷兰国王在宴会上聊到了明代历史。习近平在访荷兰时宣布，中方决定在荷兰建立中国文化中心。

习近平在印度尼西亚国会演讲时用《红楼梦》来讲中印友好交往，说《红楼梦》对来自爪哇的奇珍异宝有着形象描述，而印度尼西亚国家博物馆（微博）则陈列了大量中国古代瓷器。在坦桑尼亚尼雷尔国际会议中心演讲时，他讲到了中国电视剧《媳妇的美好时代》在坦桑尼亚的热播等问题。①

2014年9月24日，习近平在人民大会堂举行的纪念孔子诞辰2565周年国际学术研讨会暨国际儒学联合会第五届会员大会上作了重要讲话。习近平在会上提出的尊重文化多样性四项原则受到学者们的普遍认同。这四项原则是：一要维护世界文明多样性，二要尊重各国各民族文明，三要正确进行文明学习借鉴，四要科学对待文化传统。宁夏大学副校长、民族伦理学专家李伟认为，这四项原则不仅在讲正确对待不同国家和民族的文明的必要，正确对待传统文化和现实文化的关系，而且阐述了中国在新时期的文化政策和指导方针。提升中国优秀传统文化，是中国在倡导道路自信、理论自信、制度自信"三个自信"过程中打造的"第四个自信"——文化自信。中国从上到下需要这样一种"文化自信"。

习近平不是在单讲儒学，而是结合了儒、释、道讲中华传统文化，从中可见从"中原儒学"到"中华儒学"、从"大陆儒学"到"世界儒学"的宏大视野。系统阐释中华民族的精神、性格、思想、核心价值观，也是对当前"国学热"、"传统文化热"的一种指导。我们继承传统文化，不是食古不化，而是发扬光大，结合今天的需要给儒学思想赋予新的内涵。在谈到爱好和平在儒家思想中的深刻渊源时，习近平引用了"协和万邦"、"亲仁善邻，国之宝也"、"四海之内皆兄弟也"、"远亲不如近邻"、

---

① 刘一：《习近平首访教科文组织，阐述文化多样性主张》，《北京青年报》2014年3月27日。

"亲望亲好，邻望邻好"、"国虽大，好战必亡"等中国传统文化中的和平思想。

习近平在讲话中也总结了包括儒家思想在内的中国优秀传统文化中蕴藏的解决当代人类面临难题的重要启示，比如，关于道法自然、天人合一的思想，关于天下为公、大同世界的思想，关于自强不息、厚德载物的思想，关于仁者爱人、以德立人的思想，关于以诚待人、讲信修睦的思想，关于清廉从政、勤勉奉公的思想，等等。①

习近平多次在多种场合提到中国文化，多次强调要发挥中国文化的积极作用，此外，他还把中国文化作为决定中国要走独特发展道路的重要因素之一。

4. 中国梦创新着治理法治化的中国模式

社会治理是中国梦的有机构成部分。社会治理创新通过完善社会治理体制，形成维护群众利益的各项机制，以依法治理、综合治理和源头处置为基本手段，消除各种不稳定不和谐的因素，可以在减缩社会代价的基础上，增进社会进步、增强社会活力，使不同社会群体各得其所、各安其位，和谐共处。

现代国家与社会治理，就是法治化治理。习近平非常重视社会治理问题，在浙江工作时就提出"法治浙江"，他强调，在建设"法治浙江"进程中，各级党委、政府要从坚持科学执政、民主执政、依法执政的战略高度，进一步提高推进基层法治建设重要性和紧迫性的认识，坚持工作重心下移，把基础放在基层、重点放在基层、关爱送到基层，切实加强基层依法治理工作，要加强基层依法治理工作，就是要完善基层执政方式，建立和规范基层利益协调、矛盾处理、社会建设和社会管理机制，引导基层组织和基层干部依法办事，引导基层群众以理性合法的形式表达自己的利益要求，从而促进社会的和谐与稳定。习近平强调，加强基层依法治理工作，是完善党在基层执政方式的重要举措，是建设基层民主政治的重要保障。②

习近平针对当前社会矛盾多发、发展不平衡等涉及社会稳定大局的各种问题，针对人们对公平正义的追求以及对司法权威与效能的要求，提出

---

① 《习近平倡传统文化　尊重文化多样性四原则受认同》，中国新闻网，2014年9月24日。
② 周咏南：《加强基层依法治理　提高基层法治水平》，《浙江日报》2006年2月9日。

要集中把社会管理纳入国家治理战略整体考量,要求国家治理的法治化、规则化。他在中央政法工作会议上发表重要讲话强调,要把维护社会大局稳定作为基本任务,把促进社会公平正义作为核心价值追求,把保障人民安居乐业作为根本目标。习近平在中央政法工作会议上指出,"确保党的政策和国家法律得到统一正确实施,正确处理坚持党的领导和确保司法机关依法独立公正行使职权的关系"。[1] 在十八届三中全会上,他首次提出"国家治理体系和治理能力现代化"。[2]

全面深化改革开放进程中,司法体制改革也是重头戏。立足当前社会现实,司法体制改革被赋予新内容和新期待。无论是集中化解复杂的社会矛盾,还是有效调节纷繁的利益诉求,传统权力手段越来越不适用,司法的作用日益凸显,社会稳定大局越来越需要司法提供"稳压器"作用。习总书记说,"要处理好治理和秩序的关系,坚持系统治理、依法治理、综合治理、源头治理",总之,就是要强化法律在化解矛盾中的权威地位。[3]

创新社会治理,将为科学发展指导下的国家富强与民族振兴的中国梦提供有力保障。譬如,通过社会治理创新,建立健全重大决策社会稳定风险评估机制,从源头上防止和化解社会矛盾,为经济社会发展创造良好环境;强化公共安全体系和企业安全生产基础建设,遏制重特大安全事故,保障经济生产安全运行;深化平安建设,完善立体化社会治安防控体系,依法防范和惩治违法犯罪活动,保障人民生命财产安全;另外,通过完善国家安全战略,高度警惕和坚决防范敌对势力分裂、渗透、颠覆活动,确保国家安全,也从内外部为科学发展基础上的国家富强和民族振兴提供强力保障。

社会治理为深化改革保驾护航。当前的改革已经进入深水区,涉及利益格局的再调整,但"触动利益比触及灵魂还难"。从维护广大人民群众根本利益的高度出发,创新社会治理、协调社会关系、规范社会行为、解决社会问题、化解社会矛盾、促进社会公正、应对社会风险,能够充分解

---

[1] 习近平:《严格执法公正司法》,新华网,2014年1月9日。
[2] 习近平:《中共中央关于全面深化改革推进依法治国若干重要问题的决定》,人民出版社2013年版,第5页。
[3] 肖畅:《法治化治理是社会稳定前提》,《长江日报》2014年1月10日。

决好人民最关心最直接最现实的利益问题。一方面，通过畅通规范群众诉求表达、利益协调、权益保障渠道，统筹各方面利益关系，充分调动各方面积极性，形成全体人民各尽所能、各得其所又和谐相处的局面。以社会治理理念创新助推中国梦。在中国梦这一宏伟目标的指引下，社会治理创新应当跳出维稳讲维稳、跳出管理讲管理，形成"大维稳大和谐"的社会治理新理念。未来的社会治理工作应做到以服务为先导，通过寓社会管理于社会服务中，强调管理与服务并重，使管理以服务的形式体现出来，在无形之中实现社会治理目标。这种治理与服务的新型关系，体现了社会治理的服务化发展趋势，与中国人民的安全和谐幸福之梦的内涵遥相呼应，为实现和维持社会长期和谐稳定提供了基本保障，也值得其他领域在实现中国梦的伟大征程中借鉴。①

正是这样，党的十八届四中全会通过了《中共中央关于全面推进依法治国若干重大问题的决定》（以下简称《决定》），这是我国法治建设上的重要性文件。从《决定》来看，我国现在面临的几乎所有重大任务和目标，例如全面改革、全面小康、环境保护等的实现，都离不开法治的保障。只有实现从行政保障到法治保障的转变，中国才能摆脱行政过度干预和行政权力滥用现象，建立起现代的治理体系。

同时，中国梦也创新着环境清新这一生态化的中国模式。改革开放30多年来，中国环境的状况是有目共睹的，特别是弥漫的雾霾，让我们到了不得不改变的时候，而这个变革思路就是生态化。生态包括两个方面：环境和生物链，有一个优美的环境，且这个环境中有完整合理的生物链。但环境美化容易，生物链完善则难。在许多山区，虽然封山育林不少年，但以前被破坏的生物链并没有建立起来，生物链的恢复需要上百年甚至更长时间，这是一个任重道远的事业。

中国梦也创新着政党廉洁化的中国模式。围绕治理腐败、建设一个廉洁的政党，习近平总书记已经采取了不少措施，现在党内生活也已经进入了新常态。但未来在如何约束党员，尤其是党员领导干部腐败方面还应该有更长效的机制，在党的建设上应该建立腐败的一票否决制，一旦发现腐败，即使是苗头，哪怕腐败金额没有达到惩处的标准，也应调离重要岗位甚至直接免除领导职务，以免带病上岗、带病提拔，而不是口头教育、警

---

① 洪向华、王道勇：《实现中国梦需要社会治理创新》，《光明日报》2014年2月23日。

告了事。①

历史学家金冲及在《二十世纪中国史纲》中说:"实现中华民族的伟大复兴,在整个20世纪一直是中国无数志士仁人顽强追求的目标,一直是时代潮流中的突出主题。中国的革命也好,建设也好,改革也好,归根到底是为了实现这个目标。"② "中国梦"具有最大限度为实现国家富强、民族复兴、人民幸福而凝聚人心的伟力。

第五节 推进"四个全面",为创新"中国模式"提供战略保障

习近平总书记2014年12月在江苏调研时强调,要"协调推进全面建成小康社会、全面深化改革、全面推进依法治国、全面从严治党,推动改革开放和社会主义现代化建设迈上新台阶"。③ "四个全面"的提出,使当前和今后一个时期,党和国家各项工作关键环节、重点领域、主攻方向更加清晰,内在逻辑更加严密,更反映出新一届中央领导集体治国理政总体框架更加完整,日臻成熟。"四个全面"的提出和推进,为"中国模式"创新和建设提供了战略保障。

一 推进"四个全面"的科学内涵和时代价值

1. 全面建成小康社会能为"中国模式"建设和发展提供物质基础

全面建成小康社会是党的十八大提出的重大战略任务。党的十八大报告提出了"确保到二〇二〇年实现全面建成小康社会宏伟目标"的时间表,以及"经济持续健康发展","人民民主不断扩大","文化软实力显著增强","人民生活水平全面提高","资源节约型、环境友好型社会建设取得重大进展"等具体内涵。

全面建成小康社会,作为我们党提出的一个管长远管全局的重大战略目标,其重要科学内涵有五个方面:一是指全面建成小康社会覆盖人群之全面,即"要在本世纪头二十年,集中力量,全面建设惠及十几亿人口

---

① 《习近平打造中国模式》,《人民日报》2014年11月26日。
② 金冲及:《二十世纪中国史纲》,社会科学文献出版社2009年版,第1353页。
③ 刘军涛:《习近平在江苏调研》,人民网,2014年12月14日。

的更高水平的小康社会"；二是指全面建成小康社会覆盖领域之全面，也就是"六个更加"，即"使经济更加发展、民主更加健全、科教更加进步、文化更加繁荣、社会更加和谐、人民生活更加殷实"；三是指实现国民经济发展之全面，即推动实现我国国民经济全面发展，以利于缓解一系列重大矛盾；四是指我们党在 21 世纪之初要推动建设的三大文明协调发展之全面，即要推动实现社会主义物质文明、精神文明、政治文明协调发展；五是指人的发展之全面，就是要在社会生产力不断发展基础上，逐步实现人的全面发展，即更加关注并努力满足中国十几亿人口特别是普通人的多方面发展需要。①

全面建成小康社会的重大战略意义在于，它体现了我们党把发展作为执政兴国第一要务的大局观，体现了以人为本、为民造福、让全体中国人民共享改革发展成果的执政观，体现了实现速度和结构质量效益相统一、经济发展与人口资源环境相协调的发展观，体现了我们为国家谋富强、为人民谋幸福的共产党人价值观。②

2. 全面深化改革能为"中国模式"的建设和发展提供内生动力

第一，全面深化改革的总目标明确。党的十八届三中全会审议通过了《中共中央关于全面深化改革若干重大问题的决定》，提出一是全面深化改革的总目标是完善和发展中国特色社会主义制度，推进国家治理体系和治理能力现代化。二是全面深化改革涉及我国经济社会发展的方方面面。这包括了要对经济体制改革、政治体制改革、文化体制改革、社会体制改革、生态文明体制改革和党的建设制度改革等内容。三是分目标明确具体。在这个总目标统领下，明确了经济体制、政治体制、文化体制、社会体制、生态文明体制和党的建设制度深化改革的分目标。这是改革进程本身向前拓展提出的客观要求，同时也体现了我们党对改革目标认识的深化。四是一系列重大改革举措配套。同这个总目标紧密相连的是，全面深化改革还围绕完善国家现代治理体系即我们党领导下管理国家的制度体系，提出了一系列重大改革举措，强调坚决破除一切妨碍科学发展的思想观念和体制机制弊端，构建系统完备、科学规范、运行有效的制度体系，使各方面制度更加成熟、更加定型和配套。

---

① 施芝鸿：《"四个全面"战略布局是怎样形成的》，人民网，2015 年 3 月 2 日。
② 同上。

第二，全面深化改革是实现中国梦的重要举措。党的十八届三中全会通过的《中共中央关于全面深化改革若干重大问题的决定》，提出了到2020年全面深化改革的时间表、路线图，描绘了全面深化改革的新蓝图、新愿景、新目标，是对全党全社会积极投身全面深化改革的一次总部署、总动员，是实现中国梦的重要举措。

第三，全面深化改革具有重要战略价值。在新常态下，全面深化改革关系到我们党和国家工作全局；关系到全面建成小康社会、加快推进社会主义现代化；关系到更好坚持和发展中国特色社会主义、实现中华民族伟大复兴的中国梦；关系到进一步解放思想、解放和发展社会生产力、解放和增强社会活力。全面深化改革能为中国特色社会主义事业提供内生动力。

3. 全面推进依法治国能为"中国模式"的建设和发展提供法制保障

法治体系是国家治理体系的骨干工程，加快建设中国特色社会主义法治体系，就是要加快形成完备的法律法规体系、高效的法治实施体系、严密的法治监督体系、有力的法治保障体系，形成完善的党内法规体系。

十八届四中全会作出了《中共中央关于全面推进依法治国若干重大问题的决定》，提出了"全面推进依法治国，总目标是建设中国特色社会主义法治体系，建设社会主义法治国家"。《中共中央关于全面推进依法治国若干重大问题的决定》对全面推进依法治国的原则、任务、布局进行了全面部署。可以讲，全面依法治国是深刻总结我国社会主义现代化建设成功经验和深刻教训所作出的重大战略抉择，是全面建成小康社会和全面深化改革的重要保障，是着眼于实现中华民族伟大复兴中国梦、实现党和国家长治久安的长远考虑。

第一，全面依法治国的总目标。这就是建设中国特色社会主义法治体系，建设社会主义法治国家。这既明确了全面依法治国的性质和方向，又突出了全面依法治国的工作重点和总抓手，是贯穿十八届四中全会《中共中央关于全面推进依法治国若干重大问题的决定》全篇的一条主线，对全面依法治国具有纲举目张的意义。

第二，全面依法治国的工作布局。一是坚持依法治国、依法执政、依法行政共同推进，坚持法治国家、法治政府、法治社会一体建设。党的十八届四中全会指出，"依法治国是我国宪法确定的治理国家的基本方略，而依法执政则是我们党治国理政的基本方式"，能不能实现依法治国，关键在于我们党能不能坚持依法执政，各级政府能不能坚持依法行政。二是要坚持依法治国、依法执政、依法行政，就是要推进依法执政制度化、规范化、程序化。推进严格规范公正文明执法，坚持法定职责必须为、法无授权不可为。三是要坚持法治国家、法治政府、法治社会一体建设。因为这三者各有侧重、相辅相成，全面推进法治国家、法治政府建设需要全社会共同参与，需要全社会法治观念增强。所以，必须在全社会弘扬社会主义法治精神、树立法律权威，建设社会主义法治文化，培育社会成员办事依法、遇事找法、解决问题靠法的良好环境，自觉维护法治权威，自觉抵制违法行为。

第三，全面依法治国要着力推进科学立法、严格执法、公正司法、全民守法。科学立法是前提，严格执法是关键，公正司法是防线，全民守法是基础。一是推进科学立法，关键是完善立法体制，提高立法质量，深入推进科学立法、民主立法；二是推进严格执法，重点是解决执法不规范、不严格、不透明、不文明以及不作为、乱作为等突出问题；三是推进公正司法，重点是优化司法职权配置。健全司法权力分工负责、相互配合、相互制约的制度安排；四是推进全民守法，主要是把全民普法和守法作为全面依法治国的长期基础性工作，着力增强全民法治观念，使遵纪守法成为全民的自觉行动。

第四，全面依法治国是一个系统工程。它体现在坚定不移推进法治领域改革，坚决破除束缚全面推进依法治国的体制机制障碍。党的十八届四中全会研究部署的法治领域改革共提出了190项重要举措，涉及改革发展稳定、内政外交国防、治党治国治军各领域。这表明，全面依法治国是一个系统工程，是国家治理领域一场广泛而深刻的革命。

第五，全面依法治国的重大战略价值。它是深刻总结我国社会主义现代化建设成功经验和深刻教训所作出的重大战略抉择，是全面建成小康社会和全面深化改革的重要保障，是着眼于实现中华民族伟大复兴中国梦、实现党和国家长治久安的法律保障。

4. 全面从严治党能为"中国模式"的建设和发展提供政治定力

第一，从严治党是我们党在新常态下加强党的建设的重要举措。习近平总书记2014年10月8日在党的群众路线教育实践活动总结大会的讲话中指出了加强党的作风建设、全面推进从严治党的部署。习近平总书记在2014年12月调研时指出，"从严治党的重点，在于从严管理干部，要做到管理全面、标准严格、环节衔接、措施配套、责任分明"。① 我们认为，党要管党，关键是要管好干部；全面从严治党，重点是要严格管理干部。习近平总书记在 2014 年 12 月召开的全国组织部长会议上，明确提出了坚持从严治党、思想建党、制度治党的指导思想。中共中央政治局常委、中央书记处书记刘云山出席会议并讲话，强调要突出全面从严治党这个主线，坚持思想教育从严、干部管理从严、作风要求从严、组织建设从严、制度执行从严，统筹推进党的建设和组织工作各项任务，为全面建成小康社会、全面深化改革、全面推进依法治国提供坚强组织保证。他还提出要坚持从健全教育机制、导向机制、预警机制等方面着手，推动从严管理干部，让干部清正有为，促进了干部健康成长成才，为全面建成小康社会提供了坚实的干部保障。

第二，全面从严治党体现了四大内涵。全国政协社会和法制委员会副主任施芝鸿指出，对于管党治党来说，"全面"二字至少包含三个层面。一是内容无死角，涵盖党的思想建设、组织建设、作风建设、反腐倡廉建设和制度建设各个领域。二是主体全覆盖，从严管党治党不仅是党中央的责任，党的各级组织都必须贯彻从严治党要求。同时，落实管党治党主体责任，意味着一把手不仅仅"独善其身"，还要把班子成员管好。三是劲头不松懈，要把从严治党常态化、制度化。全面从严治党的科学内涵主要有四个方面：一是内容无死角，二是主体全覆盖，三是劲头不松懈，四是把守纪律、讲规矩摆到更加重要位置。②

二 科学理解"四个全面"的逻辑关系

习近平总书记指出，要全面建成小康社会、全面深化改革、全面依法治国、全面从严治党。这四个"全面"，每一个都具有重大战略意义。全面建成小康社会是我们的战略目标，全面深化改革、全面依法治国、全面从严治党是三大战略举措。四个"全面"之间是相辅相成、相互促进、相得益彰的关系。

我们讲的相得益彰，就是几个关联事物之间，彼此间互关互联，有机统一，互促共进。

---

① 刘军涛：《习近平在江苏调研》，人民网，2014 年 12 月 14 日。
② 施芝鸿：《习近平 2 个月 11 次论"四个全面"有深意》，人民网，2015 年 3 月 3 日。

全面建成小康社会战略是总体目标，改革是途径和动力，法治是根本保障，党的建设是核心和根本。全面建成小康社会的战略，需要全面深化改革，全面推进依法治国，全面从严治党才能实现。

全面深化改革也离不开法治的推进和保障，特别是今天中国的全面改革进入关键时刻，各种深层次矛盾必然表现出来。现在，各领域的改革工作骨头难啃，矛盾多发，"更需要以法律明晰各利益方的权利边界、行为边界，既要防止既得利益者死守着旧制度下不义之利的甜头不放，又要防止后来者借规则制定之便、以破旧立新之名而自肥，制造新的不公。法治的作用就是为改革营造一个规范、有序、清爽的环境和氛围，最大程度降低改革的成本"。

全面推进依法治国是实现"三个全面"的重要保障。同时，全面推进依法治国不能离开其他的"三个全面"，我们谈全面依法治国，也需把它放在"四个全面"的战略布局中来把握。小康社会战略目标，是实现全面推进依法治国的物质基础，全面深化改革是实现全面推进依法治国的根本动力，党的领导也是全面推进依法治国的领导核心。依法治国离不开从严治党，必须加强党对法制建设的领导作用。它们的关系是，党带领人们制定法律，一旦法律制定后，党必须在宪法法律范围内活动。国因法而强，民因法而富，党因法而治，各项改革事业因法而趋成。

在"四个全面"中，党的领导是根本保证。全面建成小康社会战略是总体目标，全面深化改革和全面推进依法治国，都必须通过党的领导来实现。党是中国特色社会主义建设的领导核心，是实现社会主义现代化建设的政治定力和政治保障。中国共产党是执政党，党必须依法执政和依法行政。目前还存在着以言代法、以权压法、徇私枉法等问题。习近平讲，要把权力关进制度的笼子里。这个制度既有党的各项纪律、各种规矩，当然也包括各种法律、法规。要通过从严治党，来实现权由法定、权依法使，使权力能在法治之下运行，让权力为民造福。

推进"四个全面"的战略已成为以习近平为总书记的党中央治国理政的全新布局。我们要深刻认识"四个全面"的内在逻辑关系。在新常态下，"四个全面"的战略布局具有战略意义。全面建成小康社会、全面深化改革、全面依法治国、全面从严治党，四个"全面"相得益彰，相互促进。因此，我们只有从思想上深刻认识和理解这个战略布局，才能在实践中提高贯彻落实好这个战略布局的自觉性坚定性。

参考文献

[1]《马克思恩格斯选集》第1—4卷,人民出版社1972年版。

[2]《列宁选集》第1—4卷,人民出版社1972年版。

[3]《毛泽东选集》第1—4卷,人民出版社1991年版。

[4]《毛泽东文集》第7卷,人民出版社1999年版。

[5]《邓小平文选》第1—3卷,人民出版社1993—1994年版。

[6]《江泽民论有中国特色社会主义》,中央文献出版社2002年版。

[7] 胡锦涛:《在中国共产党第十七次全国代表大会上的报告》,人民出版社2007年版。

[8] 胡锦涛:《在中国共产党第十八次全国代表大会上的报告》,人民出版社2011年版。

[9] 赵剑英、吴波主编:《论中国模式》,中国社会科学出版社2010年版。

[10] 程中原:《中国是怎样走上成功之路的?》,《中国井冈山干部学院学报》2005年第2期。

[11] 秦宣:《"中国模式"概念之辨析》,《前线》2010年第2期。

[12] 郑永年:《国际发展格局中的"中国模式"》,《中国社会科学》2009年第5期。

[13] 李君如:《对"中国道路"的几点看法》,《北京日报》2009年11月16日。

[14] 漆思:《全球比较视野下中国模式之反思》,《江海学刊》2009年第5期。

[15] 郑杭生:《会学视野下的"中国经验"》,《光明日报》2009年12月3日。

[16] 魏礼群:《中国经济体制改革的回顾与前瞻》,《国家行政学院学报》2008年第5期。

[17] 郑必坚：《中国不会对外输出革命和发展模式》，新华网，2006年9月22日。
[18] 吴敬琏：《让历史照亮未来的道路：论中国改革的市场经济方向》，《经济社会体制比较》2009年第5期。
[19] 罗晓梅等：《科学发展观的范式创新研究》，中国社会科学出版社2011年版。
[20] 程礼伟：《理论创新不应当回避"中国模式"问题》，《马克思主义研究》2012年第11期。
[21] [美]托马斯·库恩：《科学革命的结构》，金吾伦、胡新和译，北京大学出版社2003年版。
[22] 乔榛：《"中国模式"：中国经济体制改革的重要成果》，《学术交流》2008年第8期。
[23] 程恩富、辛向阳：《论中国模式的若干基本问题》，《贵州师范大学学报》2012年第3期。
[24] 徐崇温：《如何理解中国模式的问题》，《中共中央党校学报》2010年第2期。
[25] 辛向阳：《中国模式内涵探析》，《理论探讨》2010年第5期。
[26] 赵燕敏：《改革开放进程助推中国模式形成的理论范式》，《南京理工大学学报》2012年第4期。
[27] 郭玉亮、史瑞琼：《中国模式的生成及价值》，《唯实》2011年第5期。
[28] 高飞：《关于"中国模式"与"中国特色社会主义的思考"》，《山东社会科学》2010年第5期。
[29] 周林玲：《关于"北京共识"与"中国模式"的思考》，《改革与开放》2010年第14期。
[30] 宋林飞：《中国模式的成功与未来》，《社会科学战线》2006年第2期。
[31] 郑永年：《中国模式》，浙江人民出版社2010年版。
[32] 徐牧：《大变局——中国模式的崛起与西方模式的衰落》，九州出版社2010年版。
[33] 丁学良：《辩论"中国模式"》，社会科学文献出版社2011年版。
[34] 刘杰：《中国政治发展进程——2011年》，时事出版社2011年版。

后　记

　　经过课题组三年多的努力，国家社会科学基金项目——《科学发展观与中国模式创新》（批准号：11XKS024）终于完成了全部研究工作，全国社会科学规划办公室以"良好"成绩批准结项。课题最终成果为《中国道路与中国模式创新研究》，由中国社会科学出版社出版。

　　党的十七大报告的标题："高举中国特色社会主义伟大旗帜，为夺取全面建设小康社会新胜利而奋斗"；党的十八大报告的标题："坚定不移沿着中国特色社会主义道路前进，为全面建成小康社会而奋斗"。如果把党的两次全国代表大会政治报告的标题进行比较研究可以发现，十七大强调的是"举什么旗"，十八大强调的是"走什么路"，这两个问题都可以说是贯穿中国特色社会主义实践始终的根本问题。

　　仔细研究，要解决党的十八大提出的"走什么路"的问题，将可能凸显中国模式研究的理论与实践意义。因为中国特色社会主义实践的"道路"，与生活中的道路一样，存在着"从过去哪里来"、"现在处于什么位置"、"将向何处去"的历史与实践逻辑。还有一个人们创造历史的前提是，要形成"将向何处去"的当下共识，必须对"从哪里来"、"现在处于什么位置"进行梳理。

　　正如习近平同志在2013年8月19日的重要讲话中指出的，对中国特色的社会主义道路的认识必须提高到理性水平。而要把对中国特色的社会主义道路的认识提高到理性水平，不重新审视道路、模式、理论三者之间的关系是不行的。特别值得指出的是，离开了模式说道路，道路本身就可能缺乏历史的厚重感，缺乏从现实走向未来或链接未来的理论逻辑及其现实依据；离开模式说理论，理论体系之间、理论体系内部的各种理论式样及其内容的继承与创新性也难以得到科学的、实事求是的说明。

　　毋需讳言，当下中国特色社会主义的"主流"概念中，缺乏足以对中国特色社会主义实践的"道路"的"过去"与"现在"进行定型定格的范畴。我们认为，唯有"中国模式"概念，具有将中国特色社会主义实践的"道路"的"过去"与"现在"进行定型定格的理论与实践功能。

这是推动与支持我们坚持进行"中国模式"研究的根本原因与动力。

从一般学术研究条件与环境看，研究中国模式问题的条件并不那么成熟。因为中央、中国特色社会主义理论体系中，并未正式使用与明确肯定"中国模式"的提法。虽然邓小平同志20世纪80年代不止一次讲过"中国模式"，但是，并未对作为中国特色社会主义理论的基本概念进行定位。同时，中国学术界对"中国模式"问题的认识分歧甚大。

科学发展的动力来自实践需要。恩格斯说过，当实践一旦有需要，这种需要会比十所大学更能够把科学研究推向前进。2008年后，中国模式问题被"热议"，我们课题组通过研究发现了研究中国模式问题的理论创新空间与实践需求，本着学术研究无禁区的精神进行了课题申报的准备，并有幸于2011年被国家立项支持进行研究。

我们认为，"中国模式"是中国共产党把马克思主义与中国实践相结合的产物，是中国革命和建设实践的结晶，是中国共产党人长期探索的重大制度性成果，应该从理论上加以概括总结。

同时，我们认为，对"中国模式"的研究，存在着就"模式"来谈"模式"的现象，缺乏对"中国模式"内涵尤其是创新本质的深入研究。我们认为，只有揭示出"中国模式"创新的逻辑主线，才能把对"中国模式"的研究提高到科学化的水平。

我们认为，要以中国革命和建设时期"中国模式"的创新发展为主线，通过对我们党在不同历史时代推进"中国模式"发展和变化的进程进行系统研究，才能揭示出"中国模式"建设和发展的客观规律；要用我们党的最新理论成果来审视"中国模式"，才能对推动"中国模式"的创新进行系统地研究。

我们认为，"中国模式"是一个实证性很强的研究对象。要把"中国模式"置于特定的理论视野与实践阶段"情景"中考察，才能正确认识与把握它。值得特别重视的是，要把"中国革命模式"与"中国建设模式"，进行比较研究。模式是时代和实践的产物，又随着时代、实践的发展而发展。对"中国模式"的把握，应该建立在科学分析的学术基础上；

要重点研究模式轴与模式维度两种类型的"中国模式"创新；中国特色社会主义理论体系是"中国模式"维度创新的新战略；它对中国特色社会主义理论体系语境下"中国模式"的阶段化变化和实践中的发展创新提出了战略构建。

于是，在课题立项后，我们以中国特色社会主义理论体系和习近平一系列重要讲话为指导，以中国共产党90多年的革命与建设实践为基础，用马克思恩格斯开创的哲学与科学社会主义理论紧密结合的研究方法，努力从学术创新层面进行研究。通过对中国模式问题广泛的资料收集、整理、归类、研究，通过对写作提纲的反复修改并征求各行专家意见，通过发挥集体智慧对初稿进行分散写作、从课题严谨与统一规范进行统稿与修改，特别是课题组主研人员对初稿进行了七次独立的、负责的大修改，课题组经过三年多的努力，形成了由导论加三编12章内容的这份25万字的结项稿。

我们认为，已经在尽可能地广泛吸收各种关于模式与中国模式的研究成果基础上，对模式的理论基础、中国模式的不同质或模式轴的革命与建设模式、同质即维度的中国特色的发展模式从邓小平理论到科学发展观再到习近平的中国梦进行了创新性研究（具体情况已经在《导论》中作了较详细交代）。

习近平讲道：天下没有放之四海而皆准的经验，也没有一成不变的发展模式。中国特色社会主义必须随着形势和条件的变化而向前发展。我们愿意借鉴人类一切文明成果，但不会照抄照搬任何国家的发展模式。

如果中国模式的研究能够有利于凝聚全党全国人民对中国特色社会主义道路的共识与信心，有利于增强道路自信、理论自信、制度自信，助推十八大精神的进一步贯彻落实，将会促进21世纪全面建设小康社会目标的实现。习近平同志提出的"中国梦"这一战略，更创新着中国模式，也丰富着中国模式的内容。

课题研究分工如下。

陈纯柱：重庆邮电大学社会科学处处长、法学院教授，国务院颁发的政府特殊津贴专家。负责协助何关银教授申报课题、组织讨论、调查研究、资料的收集，组织统稿和课题的修改以及全书的定稿工作，并负责该书的导论、第三篇第七章和第八章的撰写。

何关银：中共重庆市委党校哲学教研部教授、国务院颁发的政府特殊津贴专家、担任课题负责人。负责主持课题的申报、资料的收集、组织讨论和统稿与修改,并负责该书的第一篇第一章和第二章的撰写。

罗晓梅:中共重庆市委党校副校长、国务院颁发的政府特殊津贴专家、重庆市学术技术带头人。负责课题的申报、资料的收集、组织讨论和统稿与修改,并负责该书第一篇第四章的撰写。

敖永春:重庆邮电大学宣传部新闻中心副主任、马克思主义学院副研究员。负责课题的讨论、参与调查研究、资料的收集,并担任第三篇第九章的撰写。

陈放:西南证券股份有限公司政策研究员,南京大学商学院金融学学士,澳大利亚国立大学经济与商学院金融学硕士、会计学硕士。负责课题的讨论、参与调查研究、资料的收集,并担任第三篇第十一章的撰写。

谢飞:中共合川市委宣传部理论科长、重庆市政府政策研究室干部。负责课题的讨论、参与调查研究、资料的收集,并担任第三篇第十章的撰写。

谢俊:重庆邮电大学社会科学处副处长、博士、副教授。负责课题的讨论、参与调查研究、资料的收集,并担任第三篇第十二章的撰写。

吕晗:中共重庆市大足区委党校教师。负责课题的讨论、参与调查研究、资料的收集,并担任第二篇第六章的撰写。

代正光:中共丰都县委组织部副部长,县委党校常务副校长、副教授。负责课题的讨论、参与调查研究、资料的收集,并担任第一篇第三章的撰写。

古静:中共重庆市委党校哲学硕士生。负责课题的讨论、参与调查研究、资料的收集,并担任第二篇第五章的撰写。

课题在研究过程中,得到中共重庆市委党校、重庆邮电大学和重庆邮电大学网络社会发展问题研究中心的大力支持,重庆市社会科学重点研究基地——网络社会发展问题研究中心给予了出版资助。

《中国道路与中国模式创新研究》编写组

2014 年 11 月 26 日